JOHANN WOLFGANG GOETHE

Die Wahlverwandtschaften

Vor dem Hintergrund einer malerischen Kulisse entfaltet Johann Wolfgang Goethe einen Liebesreigen von psychologischer Raffinesse und philosophischer Tiefe. Baron Eduard lebt mit seiner Frau Charlotte harmonisch auf einem einsamen Landgut, bis sie zwei Hausgäste aufnehmen: den Hauptmann Otto und Charlottes Nichte Ottilie. Als sich Eduard in Ottilie und Charlotte in den Hauptmann verliebt, nimmt die Tragödie ihren Lauf.

Das Ringen um Leidenschaft und Moral bestimmt Goethes Roman von 1809, der, im Spannungsfeld zwischen Weimarer Klassik und Romantik stehend, uneindeutig bleibt und beim zeitgenössischen Publikum zunächst auf Unverständnis stieß. Heute gilt er als Goethes komplexestes und zugleich modernstes Werk.

JOHANN WOLFGANG GOETHE

Die Wahlverwandtschaften

Ein Roman

Mit einem Nachwort
von Benedikt Jeßing

RECLAM

Erster Teil

Erstes Kapitel

Eduard – so nennen wir einen reichen Baron im besten Mannesalter – Eduard hatte in seiner Baumschule die schönste Stunde eines Aprilnachmittags zugebracht, um frisch erhaltene Pfropfreiser auf junge Stämme zu bringen. Sein Geschäft war eben vollendet; er legte die Gerätschaften in das Futteral zusammen und betrachtete seine Arbeit mit Vergnügen, als der Gärtner hinzutrat und sich an dem teilnehmenden Fleiße des Herrn ergötzte.

Hast du meine Frau nicht gesehen? fragte Eduard, indem er sich weiterzugehen anschickte.

Drüben in den neuen Anlagen, versetzte der Gärtner. Die Mooshütte wird heute fertig, die sie an der Felswand, dem Schlosse gegenüber, gebaut hat. Alles ist recht schön geworden und muss Euer Gnaden gefallen. Man hat einen vortrefflichen Anblick: unten das Dorf, ein wenig rechter Hand die Kirche, über deren Turmspitze man fast hinwegsieht; gegenüber das Schloss und die Gärten.

Ganz recht, versetzte Eduard; einige Schritte von hier konnte ich die Leute arbeiten sehen.

Dann, fuhr der Gärtner fort, öffnet sich rechts das Tal und man sieht über die reichen Baumwiesen in eine heitere Ferne. Der Stieg die Felsen hinauf ist gar hübsch angelegt. Die gnädige Frau versteht es; man arbeitet unter ihr mit Vergnügen.

Geh zu ihr, sagte Eduard, und ersuche sie, auf mich zu warten. Sage ihr, ich wünsche die neue Schöpfung zu sehen und mich daran zu erfreuen.

Der Gärtner entfernte sich eilig und Eduard folgte bald.

Dieser stieg nun die Terrassen hinunter, musterte im Vorbeigehen Gewächshäuser und Treibebeete, bis er ans Wasser, dann über einen Steg an den Ort kam, wo sich der Pfad nach den neuen Anlagen in zwei Arme teilte. Den einen, der über den Kirchhof ziemlich gerade nach der Felswand hinging, ließ er liegen um den andern einzuschlagen, der sich links etwas weiter durch anmutiges Gebüsch sachte hinaufwand; da wo beide zusammentrafen, setzte er sich für einen Augenblick auf einer wohlangebrachten Bank nieder, betrat sodann den eigentlichen Stieg, und sah sich durch allerlei Treppen und Absätze auf dem schmalen, bald mehr oder weniger steilen Wege endlich zur Mooshütte geleitet.

An der Türe empfing Charlotte ihren Gemahl und ließ ihn dergestalt niedersitzen, dass er durch Tür und Fenster die verschiedenen Bilder, welche die Landschaft gleichsam im Rahmen zeigten, auf einen Blick übersehen konnte. Er freute sich daran in Hoffnung, dass der Frühling bald alles noch reichlicher beleben würde. Nur eines habe ich zu erinnern, setzte er hinzu: die Hütte scheint mir etwas zu eng.

Für uns beide doch geräumig genug, versetzte Charlotte.

Nun freilich, sagte Eduard, für einen Dritten ist auch wohl noch Platz.

Warum nicht? versetzte Charlotte, und auch für ein Viertes. Für größere Gesellschaft wollen wir schon andere Stellen bereiten.

Da wir denn ungestört hier allein sind, sagte Eduard, und ganz ruhigen heiteren Sinnes, so muss ich dir gestehen, dass ich schon einige Zeit etwas auf dem Herzen habe, was ich dir vertrauen muss und möchte, und nicht dazu kommen kann.

Ich habe dir so etwas angemerkt, versetzte Charlotte.

Und ich will nur gestehen, fuhr Eduard fort, wenn mich der Postbote morgen früh nicht drängte, wenn wir uns nicht heut entschließen müssten, ich hätte vielleicht noch länger geschwiegen.

Was ist es denn? fragte Charlotte freundlich entgegenkommend.

Es betrifft unsern Freund, den Hauptmann, antwortete Eduard. Du kennst die traurige Lage, in die er, wie so mancher andere, ohne sein Verschulden gesetzt ist. Wie schmerzlich muss es einem Manne von seinen Kenntnissen, seinen Talenten und Fertigkeiten sein, sich außer Tätigkeit zu sehen und – ich will nicht lange zurückhalten mit dem, was ich für ihn wünsche: ich möchte, dass wir ihn auf einige Zeit zu uns nähmen.

Das ist wohl zu überlegen und von mehr als einer Seite zu betrachten, versetzte Charlotte.

Meine Ansichten bin ich bereit dir mitzuteilen, entgegnete ihr Eduard. In seinem letzten Briefe herrscht ein stiller Ausdruck des tiefsten Missmutes; nicht dass es ihm an irgendeinem Bedürfnis fehle: denn er weiß sich durchaus zu beschränken, und für das Notwendige habe ich gesorgt; auch drückt es ihn nicht, etwas von mir anzunehmen: denn wir sind unsre Lebzeit über einander wechselseitig uns so viel schuldig geworden, dass wir nicht berechnen können, wie unser Kredit und Debet sich gegeneinander verhalte – dass er geschäftlos ist, das ist eigentlich seine Qual. Das Vielfache, was er an sich ausgebildet hat, zu andrer Nutzen täglich und stündlich zu gebrauchen, ist ganz allein sein Vergnügen, ja seine Leidenschaft. Und nun die Hände in den Schoß zu legen, oder noch weiter zu studieren, sich weitere Geschicklichkeit zu verschaffen, da er das nicht brauchen kann, was er in vollem Maße besitzt – genug, liebes Kind, es ist eine peinliche Lage, deren Qual er doppelt und dreifach in seiner Einsamkeit empfindet.

Ich dachte doch, sagte Charlotte, ihm wären von verschiedenen Orten Anerbietungen geschehen. Ich hatte selbst um seinetwillen an manche tätige Freunde und Freundinnen geschrieben, und soviel ich weiß, blieb dies auch nicht ohne Wirkung.

Ganz recht, versetzte Eduard; aber selbst diese verschiedenen Gelegenheiten, diese Anerbietungen machen ihm neue Qual, neue Unruhe. Keines von den Verhältnissen ist ihm gemäß. Er soll nicht wirken; er soll sich aufopfern, seine Zeit, seine Gesinnungen, seine Art zu sein, und das ist ihm unmöglich. Je mehr ich das alles betrachte, je mehr ich es fühle, desto lebhafter wird der Wunsch ihn bei uns zu sehen.

Es ist recht schön und liebenswürdig von dir, versetzte Charlotte, dass du des Freundes Zustand mit so viel Teilnahme bedenkst; allein erlaube mir dich aufzufordern, auch deiner, auch unser zu gedenken.

Das habe ich getan, entgegnete ihr Eduard. Wir können von seiner Nähe uns nur Vorteil und Annehmlichkeit versprechen. Von dem Aufwande will ich nicht reden, der auf alle Fälle gering für mich wird, wenn er zu uns zieht; besonders wenn ich zugleich bedenke, dass uns seine Gegenwart nicht die mindeste Unbequemlichkeit verursacht. Auf dem rechten Flügel des Schlosses kann er wohnen, und alles andere findet sich. Wie viel wird ihm dadurch geleistet, und wie manches Angenehme wird uns durch seinen Umgang, ja wie mancher Vorteil! Ich hätte längst eine Ausmessung des Gutes und der Gegend gewünscht; er wird sie besorgen und leiten. Deine Absicht ist, selbst die Güter künftig zu verwalten, sobald die Jahre der gegenwärtigen Pächter verflossen sind. Wie bedenklich ist ein solches Unternehmen! Zu wie manchen Vorkenntnissen kann er uns nicht verhelfen! Ich fühle nur zu sehr, dass mir ein Mann dieser Art abgeht. Die Landleute haben die rechten Kenntnisse; ihre Mitteilungen aber sind konfus und nicht ehrlich. Die Studierten aus der Stadt und von den Akademien sind wohl klar und ordentlich, aber es fehlt an der unmittelbaren Einsicht in die Sache. Vom Freunde kann ich mir beides versprechen; und dann entspringen noch hundert andere Verhältnisse daraus, die ich mir alle gern vorstellen mag, die auch auf dich Bezug haben und wovon ich viel Gutes voraussehe. Nun danke ich dir, dass du mich freundlich angehört hast; jetzt sprich aber auch recht frei und umständlich und sage mir alles was du zu sagen hast; ich will dich nicht unterbrechen.

Recht gut, versetzte Charlotte: so will ich gleich mit einer allgemeinen Bemerkung anfangen. Die Männer denken mehr auf das Einzelne, auf das Gegenwärtige, und das mit Recht, weil sie zu tun, zu wirken berufen sind; die Weiber hingegen mehr auf das, was im Leben zusammenhängt, und das mit gleichem Rechte, weil ihr Schicksal, das Schicksal ihrer Familien, an diesen Zusammenhang geknüpft ist, und auch gerade dieses Zusammenhängende von ihnen gefordert wird. Lass uns deswegen einen Blick auf unser gegenwärtiges, auf unser vergangenes Leben werfen, und du wirst mir eingestehen, dass die Berufung des Hauptmanns nicht so ganz mit unsern Vorsätzen, unsern Planen, unsern Einrichtungen zusammentrifft.

Mag ich doch so gern unserer frühsten Verhältnisse gedenken! Wir liebten einander als junge Leute recht herzlich; wir wurden getrennt: du von mir, weil dein Vater, aus nie zu sättigender Begierde des Besitzes, dich mit einer ziemlich älteren reichen Frau verband; ich von dir, weil ich, ohne sonderliche Aussichten, einem wohlhabenden, nicht geliebten, aber geehrten Manne meine Hand reichen musste. Wir wurden wieder frei; du früher, indem dich dein Mütterchen in Besitz eines großen Vermögens ließ; ich später, eben zu der Zeit, da du von Reisen zurückkamst. So fanden wir uns wieder. Wir freuten uns der Erinnerung, wir liebten die Erinnerung, und konnten ungestört zusammenleben. Du drangst auf eine Verbindung; ich willigte nicht gleich ein: denn da wir ungefähr von denselben Jahren sind, so bin ich als Frau wohl älter geworden, du nicht als Mann. Zuletzt wollte ich dir nicht versagen, was du für dein einziges Glück zu halten schienst. Du wolltest von allen Unruhen, die du bei Hof, im Militär, auf Reisen erlebt hattest, dich an meiner Seite erholen, zur Besinnung kommen, des Lebens genießen; aber auch nur mit mir allein. Meine einzige Tochter tat ich in Pension, wo sie sich freilich mannigfaltiger ausbildet, als bei einem ländlichen Aufenthalte geschehen könnte; und nicht sie allein, auch Ottilien, meine liebe Nichte, tat ich dorthin, die vielleicht zur häuslichen Gehülfin unter meiner Anleitung am besten herangewachsen wäre. Das alles geschah mit deiner Einstimmung, bloß damit wir uns selbst leben, bloß damit wir das früh so sehnlich gewünschte, endlich spät erlangte Glück ungestört genießen möchten. So haben wir unsern ländlichen Aufenthalt angetreten. Ich übernahm das Innere, du das Äußere und was ins Ganze geht. Meine Einrichtung ist gemacht, dir in allem entgegenzukommen, nur für dich allein zu leben; lass uns wenigstens eine Zeitlang versuchen, inwiefern wir auf diese Weise miteinander ausreichen.

Da das Zusammenhängende, wie du sagst, eigentlich euer Element ist, versetzte Eduard: so muss man euch freilich nicht in einer Folge reden hören, oder sich entschließen euch recht zu geben, und du sollst auch recht haben bis auf den heutigen Tag. Die Anlage, die wir bis jetzt zu unserm Dasein gemacht haben, ist von guter Art; sollen wir aber nichts weiter darauf bauen, und soll sich nichts weiter daraus entwickeln? Was ich im Garten leiste, du im Park, soll das nur für Einsiedler getan sein?

Recht gut! versetzte Charlotte, recht wohl! Nur dass wir nichts Hinderndes, Fremdes hereinbringen. Bedenke, dass unsre Vorsätze, auch was die Unterhaltung betrifft, sich gewissermaßen nur auf unser beiderseitiges Zusammensein bezogen. Du wolltest zuerst die Tagebücher deiner Reise mir in ordentlicher Folge mitteilen, bei dieser Gelegenheit so manches dahin Gehörige von Papieren in Ordnung bringen, und unter meiner Teilnahme, mit meiner Beihülfe, aus diesen unschätzbaren, aber verworrenen Heften und Blättern ein für uns und andere erfreuliches Ganze zusammenstellen. Ich versprach dir an der Abschrift zu helfen, und wir dachten es uns so bequem, so artig, so gemütlich und heimlich, die Welt, die wir zusammen nicht sehen sollten, in der Erinnerung zu durchreisen. Ja der Anfang ist schon gemacht. Dann hast du die Abende deine Flöte wieder vorgenommen, begleitest mich am Klavier; und an Besuchen aus der Nachbarschaft und in die Nachbarschaft fehlt es uns nicht. Ich wenigstens habe mir aus allem diesem den ersten wahrhaft fröhlichen Sommer zusammengebaut, den ich in meinem Leben zu genießen dachte.

Wenn mir nur nicht, versetzte Eduard indem er sich die Stirne rieb, bei alle dem, was du mir so liebevoll und verständig wiederholst, immer der Gedanke beiginge, durch die Gegenwart des Hauptmanns würde nichts gestört, ja vielmehr alles beschleunigt und neubelebt. Auch er hat einen Teil meiner Wanderungen mitgemacht; auch er hat manches, und in verschiedenem Sinne, sich angemerkt: wir benutzen das zusammen, und alsdann würde es erst ein hübsches Ganze werden.

So lass mich denn dir aufrichtig gestehen, entgegnete Charlotte mit einiger Ungeduld, dass diesem Vorhaben mein Gefühl widerspricht, dass eine Ahnung mir nichts Gutes weissagt.

Auf diese Weise wäret ihr Frauen wohl unüberwindlich, versetzte Eduard: erst verständig, dass man nicht widersprechen kann, liebevoll, dass man sich gern hingibt, gefühlvoll, dass man euch nicht wehtun mag, ahnungsvoll, dass man erschrickt.

Ich bin nicht abergläubisch, versetzte Charlotte, und gebe nichts auf diese dunklen Anregungen, insofern sie nur solche wären; aber es sind meistenteils unbewusste Erinnerungen glücklicher und unglücklicher Folgen, die wir an eigenen oder fremden Handlungen erlebt haben. Nichts ist bedeutender in jedem Zustande, als die Dazwischenkunft eines Dritten. Ich habe Freunde gesehen, Geschwister, Liebende, Gatten, deren Verhältnis durch den zufälligen oder gewählten Hinzutritt einer neuen Person ganz und gar verändert, deren Lage völlig umgekehrt wurde.

Das kann wohl geschehen, versetzte Eduard, bei Menschen, die nur dunkel vor sich hinleben, nicht bei solchen, die schon durch Erfahrung aufgeklärt sich mehr bewusst sind.

Das Bewusstsein, mein Liebster, entgegnete Charlotte, ist keine hinlängliche Waffe, ja manchmal eine gefährliche, für den, der sie führt; und aus diesem allen tritt wenigstens so viel hervor, dass wir uns ja nicht übereilen sollen. Gönne mir noch einige Tage; entscheide nicht!

Wie die Sache steht, erwiderte Eduard, werden wir uns auch nach mehreren Tagen immer übereilen. Die Gründe für und dagegen haben wir wechselsweise vorgebracht; es kommt auf den Entschluss an, und da wär' es wirklich das Beste, wir gäben ihn dem Los anheim.

Ich weiß, versetzte Charlotte, dass du in zweifelhaften Fällen gerne wettest oder würfelst; bei einer so ernsthaften Sache hingegen würde ich dies für einen Frevel halten.

Was soll ich aber dem Hauptmann schreiben? rief Eduard aus, denn ich muss mich gleich hinsetzen.

Einen ruhigen, vernünftigen, tröstlichen Brief, sagte Charlotte.

Das heißt so viel wie keinen, versetzte Eduard.

Und doch ist es in manchen Fällen, versetzte Charlotte, notwendig und freundlich, lieber nichts zu schreiben, als nicht zu schreiben.

Zweites Kapitel

Eduard fand sich allein auf seinem Zimmer, und wirklich hatte die Wiederholung seiner Lebensschicksale aus dem Munde Charlottens, die Vergegenwärtigung ihres beiderseitigen Zustandes, ihrer Vorsätze, sein lebhaftes Gemüt angenehm aufgeregt. Er hatte sich in ihrer Nähe, in ihrer Gesellschaft so glücklich gefühlt, dass er sich einen freundlichen, teilnehmenden, aber ruhigen und auf nichts hindeutenden Brief an den Hauptmann ausdachte. Als er aber zum Schreibtisch ging und den Brief des Freundes aufnahm, um ihn nochmals durchzulesen, trat ihm sogleich wieder der traurige Zustand des trefflichen Mannes entgegen; alle Empfindungen, die ihn diese Tage gepeinigt hatten, wachten wieder auf, und es schien ihm unmöglich, seinen Freund einer so ängstlichen Lage zu überlassen.

Sich etwas zu versagen, war Eduard nicht gewohnt. Von Jugend auf das einzige, verzogene Kind reicher Eltern, die ihn zu einer seltsamen, aber höchst vorteilhaften Heirat mit einer viel ältern Frau zu bereden wussten, von dieser auch auf alle Weise verzärtelt, indem sie sein gutes Betragen gegen sie durch die größte Freigebigkeit zu erwidern suchte, nach ihrem baldigen Tode sein eigner Herr, auf Reisen unabhängig, jeder Abwechselung, jeder Veränderung mächtig, nichts Übertriebenes wollend, aber viel und vielerlei wollend, freimütig, wohltätig, brav, ja tapfer im Fall – was konnte in der Welt seinen Wünschen entgegenstehen!

Bisher war alles nach seinem Sinne gegangen, auch zum Besitz Charlottens war er gelangt, den er sich durch eine hartnäckige, ja romanenhafte Treue doch zuletzt erworben hatte; und nun fühlte er sich zum ersten Mal widersprochen, zum ersten Mal gehindert, eben da er seinen Jugendfreund an sich heranziehen, da er sein ganzes Dasein gleichsam abschließen wollte. Er war verdrießlich, ungeduldig, nahm einige Mal die Feder und legte sie nieder, weil er nicht einig mit sich werden konnte, was er schreiben sollte. Gegen die Wünsche seiner Frau wollte er nicht, nach ihrem Verlangen konnte er nicht; unruhig wie er war, sollte er einen ruhigen Brief schreiben, es wäre ihm ganz unmöglich gewesen. Das Natürlichste war, dass er Aufschub suchte. Mit wenig Worten bat er seinen Freund um Verzeihung, dass er diese Tage nicht geschrieben, dass er heut nicht umständlich schreibe, und versprach für nächstens ein bedeutenderes, ein beruhigendes Blatt.

Charlotte benutzte des andern Tags, auf einem Spaziergang nach derselben Stelle, die Gelegenheit das Gespräch wieder anzuknüpfen, vielleicht in der Überzeugung, dass man einen Vorsatz nicht sicherer abstumpfen kann, als wenn man ihn öfters durchspricht.

Eduarden war diese Wiederholung erwünscht. Er äußerte sich nach seiner Weise freundlich und angenehm: denn wenn er, empfänglich wie er war, leicht aufloderte, wenn sein lebhaftes Begehren zudringlich ward, wenn seine Hartnäckigkeit ungeduldig machen konnte; so waren doch alle seine Äußerungen durch eine vollkommene Schonung des andern dergestalt gemildert, dass man ihn immer noch liebenswürdig finden musste, wenn man ihn auch beschwerlich fand.

Auf eine solche Weise brachte er Charlotten diesen Morgen erst in die heiterste Laune, dann durch anmutige Gesprächswendungen ganz aus der Fassung, so dass sie zuletzt ausrief: Du willst gewiss, dass ich das, was ich dem Ehemann versagte, dem Liebhaber zugestehen soll.

Wenigstens, mein Lieber, fuhr sie fort, sollst du gewahr werden, dass deine Wünsche, die freundliche Lebhaftigkeit, womit du sie ausdrückst, mich nicht ungerührt, mich nicht unbewegt lassen. Sie nötigen mich zu einem Geständnis. Ich habe dir bisher auch etwas verborgen. Ich befinde mich in einer ähnlichen Lage wie du, und habe mir schon eben die Gewalt angetan, die ich dir nun über dich selbst zumute.

Das hör' ich gern, sagte Eduard; ich merke wohl, im Ehestand muss man sich manchmal streiten, denn dadurch erfährt man was voneinander.

Nun sollst du also erfahren, sagte Charlotte, dass es mir mit Ottilien geht, wie dir mit dem Hauptmann. Höchst ungern weiß ich das liebe Kind in der Pension, wo sie sich in sehr drückenden Verhältnissen befindet. Wenn Luciane, meine Tochter, die für die Welt geboren ist, sich dort für die Welt bildet, wenn sie Sprachen, Geschichtliches und was sonst von Kenntnissen ihr mitgeteilt wird, sowie ihre Noten und Variationen vom Blatte wegspielt; wenn bei einer lebhaften Natur und bei einem glücklichen Gedächtnis sie, man möchte wohl sagen, alles vergisst und im Augenblicke sich an alles erinnert; wenn sie durch Freiheit des Betragens, Anmut im Tanze, schickliche Bequemlichkeit des Gesprächs sich vor allen auszeichnet, und durch ein angebornes herrschendes Wesen sich zur Königin des kleinen Kreises macht; wenn die Vorsteherin dieser Anstalt sie als eine kleine Gottheit ansieht, die nun erst unter ihren Händen recht gedeiht, die ihr Ehre machen, Zutrauen erwerben und einen Zufluss von andern jungen Personen verschaffen wird; wenn die ersten Seiten ihrer Briefe und Monatsberichte immer nur Hymnen sind über die Vortrefflichkeit eines solchen Kindes, die ich denn recht gut in meine Prose zu übersetzen weiß: so ist dagegen, was sie schließlich von Ottilien erwähnt, nur immer Entschuldigung auf Entschuldigung, dass ein übrigens so schön heranwachsendes Mädchen sich nicht entwickeln, keine Fähigkeiten und keine Fertigkeiten zeigen wolle. Das wenige, was sie sonst noch hinzufügt, ist gleichfalls für mich kein Rätsel, weil ich in diesem lieben Kinde den ganzen Charakter ihrer Mutter, meiner wertesten Freundin, gewahr werde, die sich neben mir entwickelt hat und deren Tochter ich gewiss, wenn ich Erzieherin oder Aufseherin sein könnte, zu einem herrlichen Geschöpf heraufbilden wollte.

Da es aber einmal nicht in unsern Plan geht, und man an seinen Lebensverhältnissen nicht so viel zupfen und zerren, nicht immer was Neues an sie heranziehen soll, so trag' ich das lieber, ja ich überwinde die unangenehme Empfindung, wenn meine Tochter, welche recht gut weiß, dass die arme Ottilie ganz von uns abhängt, sich ihrer Vorteile übermütig gegen sie bedient, und unsre Wohltat dadurch gewissermaßen vernichtet.

Doch wer ist so gebildet, dass er nicht seine Vorzüge gegen andre manchmal auf eine grausame Weise geltend machte? Wer steht so hoch, dass er unter einem solchen Druck nicht manchmal leiden müsste? Durch diese Prüfungen wächst Ottiliens Wert; aber seitdem ich den peinlichen Zustand recht deutlich einsehe, habe ich mir Mühe gegeben, sie anderwärts unterzubringen. Stündlich soll mir eine Antwort kommen, und alsdann will ich nicht zaudern. So steht es mit mir, mein Bester. Du siehst, wir tragen beiderseits dieselben Sorgen in einem treuen freundschaftlichen Herzen. Lass uns sie gemeinsam tragen, da sie sich nicht gegeneinander aufheben.

Wir sind wunderliche Menschen, sagte Eduard lächelnd. Wenn wir nur etwas, das uns Sorge macht, aus unserer Gegenwart verbannen können, da glauben wir schon, nun sei es abgetan. Im Ganzen können wir vieles aufopfern, aber uns im Einzelnen herzugeben, ist eine Forderung, der wir selten gewachsen sind. So war meine Mutter. Solange ich als Knabe oder Jüngling bei ihr lebte, konnte sie der augenblicklichen Besorgnisse nicht loswerden. Verspätete ich mich bei einem Ausritt, so musste mir ein Unglück begegnet sein; durchnetzte mich ein Regenschauer, so war das Fieber mir gewiss. Ich verreiste, ich entfernte mich von ihr, und nun schien ich ihr kaum anzugehören.

Betrachten wir es genauer, fuhr er fort, so handeln wir beide töricht und unverantwortlich, zwei der edelsten Naturen, die unser Herz so nahe angehen, im Kummer und im Druck zu lassen, nur um uns keiner Gefahr auszusetzen. Wenn dies nicht selbstsüchtig genannt werden soll, was will man so nennen! Nimm Ottilien, lass mir den Hauptmann, und in Gottes Namen sei der Versuch gemacht!

Es möchte noch zu wagen sein, sagte Charlotte bedenklich, wenn die Gefahr für uns allein wäre. Glaubst du denn aber, dass es rätlich sei, den Hauptmann mit Ottilien als Hausgenossen zu sehen, einen Mann ungefähr in deinen Jahren, in den Jahren – dass ich dir dieses Schmeichelhafte nur gerade unter die Augen sage – wo der Mann erst liebefähig und erst der Liebe wert wird, und ein Mädchen von Ottiliens Vorzügen?

Ich weiß doch auch nicht, versetzte Eduard, wie du Ottilien so hoch stellen kannst! Nur dadurch erkläre ich mir's, dass sie deine Neigung zu ihrer Mutter geerbt hat. Hübsch ist sie, das ist wahr, und ich erinnre mich, dass der Hauptmann mich auf sie aufmerksam machte, als wir vor einem Jahre zurückkamen und sie mit dir bei deiner Tante trafen. Hübsch ist sie, besonders hat sie schöne Augen; aber ich wüsste doch nicht, dass sie den mindesten Eindruck auf mich gemacht hätte.

Das ist löblich an dir, sagte Charlotte, denn ich war ja gegenwärtig; und ob sie gleich viel jünger ist als ich, so hatte doch die Gegenwart der ältern Freundin so viele Reize für dich, dass du über die aufblühende versprechende Schönheit hinaussahest. Es gehört auch dies zu deiner Art zu sein, deshalb ich so gern das Leben mit dir teile.

Charlotte, so aufrichtig sie zu sprechen schien, verhehlte doch etwas. Sie hatte nämlich damals dem von Reisen zurückkehrenden Eduard Ottilien absichtlich vorgeführt, um dieser geliebten Pflegetochter eine so große Partie zuzuwenden: denn an sich selbst, in Bezug auf Eduard, dachte sie nicht mehr. Der Hauptmann war auch angestiftet, Eduarden aufmerksam zu machen; aber dieser, der seine frühe Liebe zu Charlotten hartnäckig im Sinne behielt, sah weder rechts noch links, und war nur glücklich in dem Gefühl, dass es möglich sei, eines so lebhaft gewünschten und durch eine Reihe von Ereignissen scheinbar auf immer versagten Gutes endlich doch teilhaft zu werden.

Eben stand das Ehepaar im Begriff die neuen Anlagen herunter nach dem Schlosse zu gehen, als ein Bedienter ihnen hastig entgegenstieg und mit lachendem Munde sich schon von unten herauf vernehmen ließ. Kommen Euer Gnaden doch ja schnell herüber! Herr Mittler ist in den Schlosshof gesprengt. Er hat uns alle zusammengeschrien, wir sollen Sie aufsuchen, wir sollen Sie fragen, ob es nottue? Ob es nottut, rief er uns nach: hört ihr? aber geschwind, geschwind!

Der drollige Mann! rief Eduard aus, kommt er nicht gerade zur rechten Zeit, Charlotte? Geschwind zurück! befahl er dem Bedienten: sage ihm: es tue not, sehr not! Er soll nur absteigen. Versorgt sein Pferd, führt ihn in den Saal, setzt ihm ein Frühstück vor; wir kommen gleich.

Lass uns den nächsten Weg nehmen, sagte er zu seiner Frau, und schlug den Pfad über den Kirchhof ein, den er sonst zu vermeiden pflegte. Aber wie verwundert war er, als er fand, dass Charlotte auch hier für das Gefühl gesorgt habe. Mit möglichster Schonung der alten Denkmäler hatte sie alles so zu vergleichen und zu ordnen gewusst, dass es ein angenehmer Raum erschien, auf dem das Auge und die Einbildungskraft gerne verweilten.

Auch dem ältesten Stein hatte sie seine Ehre gegönnt. Den Jahren nach waren sie an der Mauer aufgerichtet, eingefügt oder sonst angebracht; der hohe Sockel der Kirche selbst war damit vermannigfaltigt und geziert. Eduard fühlte sich sonderbar überrascht, wie er durch die kleine Pforte hereintrat; er drückte Charlotten die Hand und im Auge stand ihm eine Träne.

Aber der närrische Gast verscheuchte sie gleich. Denn dieser hatte keine Ruh im Schloss gehabt, war spornstreichs durchs Dorf bis an das Kirchhoftor geritten, wo er stillhielt und seinen Freunden entgegenrief: Ihr habt mich doch nicht zum Besten? Tut's wirklich not, so bleibe ich zu Mittage hier. Haltet mich nicht auf: ich habe heute noch viel zu tun.

Da ihr Euch so weit bemüht habt, rief ihm Eduard entgegen, so reitet noch vollends herein, wir kommen an einem ernsthaften Orte zusammen, und seht, wie schön Charlotte diese Trauer ausgeschmückt hat.

Hier herein, rief der Reiter, komm' ich weder zu Pferde, noch zu Wagen, noch zu Fuße. Diese da ruhen in Frieden, mit ihnen habe ich nichts zu schaffen. Gefallen muss ich mir's lassen, wenn man mich einmal, die Füße voran, hereinschleppt. Also ist's ernst?

Ja, rief Charlotte, recht ernst! Es ist das erste Mal, dass wir neuen Gatten in Not und Verwirrung sind, woraus wir uns nicht zu helfen wissen.

Ihr seht nicht darnach aus, versetzte er: doch will ich's glauben. Führt ihr mich an, so lass' ich euch künftig stecken. Folgt geschwinde nach; meinem Pferde mag die Erholung zugut kommen.

Bald fanden sich die dreie im Saale zusammen; das Essen ward aufgetragen, und Mittler erzählte von seinen heutigen Taten und Vorhaben. Dieser seltsame Mann war früherhin Geistlicher gewesen und hatte sich bei einer rastlosen Tätigkeit in seinem Amte dadurch ausgezeichnet, dass er alle Streitigkeiten, sowohl die häuslichen, als die nachbarlichen, erst der einzelnen Bewohner, sodann ganzer Gemeinden und mehrerer Gutsbesitzer, zu stillen und zu schlichten wusste. Solange er im Dienste war, hatte sich kein Ehepaar scheiden lassen, und die Landeskollegien wurden mit keinen Händeln und Prozessen von dorther behelliget. Wie nötig ihm die Rechtskunde sei, ward er zeitig gewahr. Er warf sein ganzes Studium darauf, und fühlte sich bald den geschicktesten Advokaten gewachsen. Sein Wirkungskreis dehnte sich wunderbar aus, und man war im Begriff ihn nach der Residenz zu ziehen, um das von oben herein zu vollenden, was er von unten herauf begonnen hatte, als er einen ansehnlichen Lotteriegewinst tat, sich ein mäßiges Gut kaufte, es verpachtete und zum Mittelpunkt seiner Wirksamkeit machte, mit dem festen Vorsatz, oder vielmehr nach alter Gewohnheit und Neigung, in keinem Hause zu verweilen, wo nichts zu schlichten und nichts zu helfen wäre. Diejenigen, die auf Namensbedeutungen abergläubisch sind, behaupten, der Name

Mittler habe ihn genötigt, diese seltsamste aller Bestimmungen zu ergreifen.

Der Nachtisch war aufgetragen, als der Gast seine Wirte ernstlich vermahnte, nicht weiter mit ihren Entdeckungen zurückzuhalten, weil er gleich nach dem Kaffee fort müsse. Die beiden Ehleute machten umständlich ihre Bekenntnisse; aber kaum hatte er den Sinn der Sache vernommen, als er verdrießlich vom Tische auffuhr, ans Fenster sprang und sein Pferd zu satteln befahl.

Entweder ihr kennt mich nicht, rief er aus, ihr versteht mich nicht, oder ihr seid sehr boshaft. Ist denn hier ein Streit? ist denn hier eine Hülfe nötig? Glaubt ihr, dass ich in der Welt bin, um Rat zu geben? Das ist das dümmste Handwerk, das einer treiben kann. Rate sich jeder selbst und tue, was er nicht lassen kann. Gerät es gut, so freue er sich seiner Weisheit und seines Glücks; läuft's übel ab, dann bin ich bei der Hand. Wer ein Übel los sein will, der weiß immer was er will; wer was Bessers will, als er hat, der ist ganz starblind – Ja ja! lacht nur – er spielt Blindekuh, er ertappt's vielleicht; aber was? Tut was ihr wollt: es ist ganz einerlei! Nehmt die Freunde zu euch, lasst sie weg: alles einerlei! Das Vernünftigste habe ich misslingen sehen, das Abgeschmackteste gelingen. Zerbrecht euch die Köpfe nicht, und wenn's auf eine oder die andre Weise übel abläuft, zerbrecht sie euch auch nicht. Schickt nur nach mir, und euch soll geholfen sein. Bis dahin euer Diener!

Und so schwang er sich aufs Pferd, ohne den Kaffee abzuwarten.

Hier siehst du, sagte Charlotte, wie wenig eigentlich ein Dritter fruchtet, wenn es zwischen zwei nahverbundenen Personen nicht ganz im Gleichgewicht steht. Gegenwärtig sind wir doch wohl noch verworrner und ungewisser, wenn's möglich ist, als vorher.

Beide Gatten würden auch wohl noch eine Zeitlang geschwankt haben, wäre nicht ein Brief des Hauptmanns im

Wechsel gegen Eduards letzten angekommen. Er hatte sich entschlossen, eine der ihm angebotenen Stellen anzunehmen, ob sie ihm gleich keineswegs gemäß war. Er sollte mit vornehmen und reichen Leuten die Langeweile teilen, indem man auf ihn das Zutrauen setzte, dass er sie vertreiben würde.

Eduard übersah das ganze Verhältnis recht deutlich und malte es noch recht scharf aus. Wollen wir unsern Freund in einem solchen Zustande wissen? rief er: du kannst nicht so grausam sein, Charlotte!

Der wunderliche Mann, unser Mittler, versetzte Charlotte, hat am Ende doch recht. Alle solche Unternehmungen sind Wagestücke. Was daraus werden kann, sieht kein Mensch voraus. Solche neue Verhältnisse können fruchtbar sein an Glück und an Unglück, ohne dass wir uns dabei Verdienst oder Schuld sonderlich zurechnen dürfen. Ich fühle mich nicht stark genug dir länger zu widerstehen. Lass uns den Versuch machen. Das Einzige, was ich dich bitte: es sei nur auf kurze Zeit angesehen. Erlaube mir, dass ich mich tätiger als bisher für ihn verwende, und meinen Einfluss, meine Verbindungen eifrig benutze und aufrege, ihm eine Stelle zu verschaffen, die ihm nach seiner Weise einige Zufriedenheit gewähren kann.

Eduard versicherte seine Gattin auf die anmutigste Weise der lebhaftesten Dankbarkeit. Er eilte mit freiem, frohem Gemüt, seinem Freunde Vorschläge schriftlich zu tun. Charlotte musste in einer Nachschrift ihren Beifall eigenhändig hinzufügen, ihre freundschaftlichen Bitten mit den seinen vereinigen. Sie schrieb mit gewandter Feder gefällig und verbindlich, aber doch mit einer Art von Hast, die ihr sonst nicht gewöhnlich war; und was ihr nicht leicht begegnete, sie verunstaltete das Papier zuletzt mit einem Tintenfleck, der sie ärgerlich machte und nur größer wurde, indem sie ihn wegwischen wollte.

Eduard scherzte darüber, und weil noch Platz war, fügte er eine zweite Nachschrift hinzu: der Freund solle aus diesen Zeichen die Ungeduld sehen, womit er erwartet werde, und nach der Eile womit der Brief geschrieben, die Eilfertigkeit seiner Reise einrichten.

Der Bote war fort und Eduard glaubte seine Dankbarkeit nicht überzeugender ausdrücken zu können, als indem er aber und abermals darauf bestand: Charlotte solle sogleich Ottilien aus der Pension holen lassen.

Sie bat um Aufschub und wusste diesen Abend bei Eduard die Lust zu einer musikalischen Unterhaltung aufzuregen. Charlotte spielte sehr gut Klavier; Eduard nicht ebenso bequem die Flöte, denn ob er sich gleich zuzeiten viel Mühe gegeben hatte, so war ihm doch nicht die Geduld, die Ausdauer verliehen, die zur Ausbildung eines solchen Talentes gehört. Er führte deshalb seine Partie sehr ungleich aus, einige Stellen gut, nur vielleicht zu geschwind; bei andern wieder hielt er an, weil sie ihm nicht geläufig waren, und so wär' es für jeden andern schwer gewesen ein Duett mit ihm durchzubringen. Aber Charlotte wusste sich darein zu finden; sie hielt an und ließ sich wieder von ihm fortreißen, und versah also die doppelte Pflicht eines guten Kapellmeisters und einer klugen Hausfrau, die im Ganzen immer das Maß zu erhalten wissen, wenn auch die einzelnen Passagen nicht immer im Takt bleiben sollten.

Drittes Kapitel

Der Hauptmann kam. Er hatte einen sehr verständigen Brief vorausgeschickt, der Charlotten völlig beruhigte. So viel Deutlichkeit über sich selbst, so viel Klarheit über seinen eigenen Zustand, über den Zustand seiner Freunde, gab eine heitere und fröhliche Aussicht.

Die Unterhaltungen der ersten Stunden waren, wie unter Freunden zu geschehen pflegt, die sich eine Zeitlang nicht gesehen haben, lebhaft, ja fast erschöpfend. Gegen Abend veranlasste Charlotte einen Spaziergang auf die neuen Anlagen. Der Hauptmann gefiel sich sehr in der Gegend und bemerkte jede Schönheit, welche durch die neuen Wege erst sichtbar und genießbar geworden. Er hatte ein geübtes Auge und dabei ein genügsames; und ob er gleich das Wünschenswerte sehr wohl kannte, machte er doch nicht, wie es öfters zu geschehen pflegt, Personen, die ihn in dem Ihrigen herumführten, dadurch einen üblen Humor, dass er mehr verlangte als die Umstände zuließen, oder auch wohl gar an etwas Vollkommneres erinnerte, das er anderswo gesehen.

Als sie die Mooshütte erreichten, fanden sie solche auf das lustigste ausgeschmückt, zwar nur mit künstlichen Blumen und Wintergrün, doch darunter so schöne Büschel natürlichen Weizens und anderer Feld- und Baumfrüchte angebracht, dass sie dem Kunstsinn der Anordnenden zur Ehre gereichten.

Obschon mein Mann nicht liebt, dass man seinen Geburts- oder Namenstag feire, so wird er mir doch heute nicht verargen, einem dreifachen Feste diese wenigen Kränze zu widmen.

Ein dreifaches? rief Eduard. Ganz gewiss! versetzte Charlotte: unseres Freundes Ankunft behandeln wir billig als ein Fest; und dann habt ihr beide wohl nicht daran gedacht, dass heute euer Namenstag ist. Heißt nicht einer Otto so gut als der andere?

Beide Freunde reichten sich die Hände über den kleinen Tisch. Du erinnerst mich, sagte Eduard, an dieses jugendlich

Freundschaftsstück. Als Kinder hießen wir beide so; doch als wir in der Pension zusammenlebten und manche Irrung daraus entstand, so trat ich ihm freiwillig diesen hübschen lakonischen Namen ab.

Wobei du denn doch nicht gar zu großmütig warst, sagte der Hauptmann. Denn ich erinnere mich recht wohl, dass dir der Name Eduard besser gefiel, wie er denn auch von angenehmen Lippen ausgesprochen einen besonders guten Klang hat.

Nun saßen sie also zu dreien um dasselbe Tischchen, wo Charlotte so eifrig gegen die Ankunft des Gastes gesprochen hatte. Eduard in seiner Zufriedenheit wollte die Gattin nicht an jene Stunden erinnern; doch enthielt er sich nicht, zu sagen: für ein Viertes wäre auch noch recht gut Platz.

Waldhörner ließen sich in diesem Augenblick vom Schloss herüber vernehmen, bejahten gleichsam und bekräftigten die guten Gesinnungen und Wünsche der beisammen verweilenden Freunde. Stillschweigend hörten sie zu, indem jedes in sich selbst zurückkehrte, und sein eigenes Glück in so schöner Verbindung doppelt empfand.

Eduard unterbrach die Pause zuerst, indem er aufstand und vor die Mooshütte hinaustrat. Lass uns, sagte er zu Charlotten, den Freund gleich völlig auf die Höhe führen, damit er nicht glaube, dieses beschränkte Tal nur sei unser Erbgut und Aufenthalt; der Blick wird oben freier und die Brust erweitert sich.

So müssen wir diesmal noch, versetzte Charlotte, den alten etwas beschwerlichen Fußpfad erklimmen; doch, hoffe ich, sollen meine Stufen und Steige nächstens bequemer bis ganz hinauf leiten.

Und so gelangte man denn über Felsen, durch Busch und Gesträuch zur letzten Höhe, die zwar keine Fläche, doch fortlaufende fruchtbare Rücken bildete. Dorf und Schloss hinterwärts waren nicht mehr zu sehen. In der Tiefe erblickte man ausgebreitete Teiche; drüben bewachsene Hügel, an denen sie sich hinzogen; endlich steile Felsen, welche senkrecht den letzten

Wasserspiegel entschieden begrenzten und ihre bedeutenden Formen auf der Oberfläche desselben abbildeten. Dort in der Schlucht, wo ein starker Bach den Teichen zufiel, lag eine Mühle halb versteckt, die mit ihren Umgebungen als ein freundliches Ruheplätzchen erschien. Mannigfaltig wechselten im ganzen Halbkreise, den man übersah, Tiefen und Höhen, Büsche und Wälder, deren erstes Grün für die Folge den füllereichsten Anblick versprach. Auch einzelne Baumgruppen hielten an mancher Stelle das Auge fest. Besonders zeichnete zu den Füßen der schauenden Freunde sich eine Masse Pappeln und Platanen zunächst an dem Rande des mittleren Teiches vorteilhaft aus. Sie stand in ihrem besten Wachstum, frisch, gesund, empor und in die Breite strebend.

Eduard lenkte besonders auf diese die Aufmerksamkeit seines Freundes. Diese habe ich, rief er aus, in meiner Jugend selbst gepflanzt. Es waren junge Stämmchen, die ich rettete, als mein Vater, bei der Anlage zu einem neuen Teil des großen Schlossgartens, sie mitten im Sommer ausroden ließ. Ohne Zweifel werden sie auch dieses Jahr sich durch neue Triebe wieder dankbar hervortun.

Man kehrte zufrieden und heiter zurück. Dem Gaste ward auf dem rechten Flügel des Schlosses ein freundliches geräumiges Quartier angewiesen, wo er sehr bald Bücher, Papiere und Instrumente aufgestellt und geordnet hatte, um in seiner gewohnten Tätigkeit fortzufahren. Aber Eduard ließ ihm in den ersten Tagen keine Ruhe; er führte ihn überall herum, bald zu Pferde, bald zu Fuße, und machte ihn mit der Gegend, mit dem Gute bekannt; wobei er ihm zugleich die Wünsche mitteilte, die er zu besserer Kenntnis und vorteilhafterer Benutzung desselben seit langer Zeit bei sich hegte.

Das Erste was wir tun sollten, sagte der Hauptmann, wäre, dass ich die Gegend mit der Magnetnadel aufnähme. Es ist das ein leichtes heiteres Geschäft, und wenn es auch nicht die größte Genauigkeit gewährt, so bleibt es doch immer nützlich und für den Anfang erfreulich; auch kann man es ohne große Beihülfe leisten und weiß gewiss, dass man fertig wird. Denkst du einmal an eine genauere Ausmessung, so lässt sich dazu wohl auch noch Rat finden.

Der Hauptmann war in dieser Art des Aufnehmens sehr geübt. Er hatte die nötige Gerätschaft mitgebracht und fing sogleich an. Er unterrichtete Eduarden, einige Jäger und Bauern, die ihm bei dem Geschäft behülflich sein sollten. Die Tage waren günstig; die Abende und die frühsten Morgen brachte er mit Aufzeichnen und Schraffieren zu. Schnell war auch alles laviert und illuminiert, und Eduard sah seine Besitzungen auf das deutlichste, aus dem Papier, wie eine neue Schöpfung hervorgewachsen. Er glaubte sie jetzt erst kennen zu lernen; sie schienen ihm jetzt erst recht zu gehören.

Es gab Gelegenheit über die Gegend, über Anlagen zu sprechen, die man nach einer solchen Übersicht viel besser zu Stande bringe, als wenn man nur einzeln, nach zufälligen Eindrücken, an der Natur herumversuche.

Das müssen wir meiner Frau deutlich machen, sagte Eduard.

Tue das nicht! versetzte der Hauptmann, der die Überzeugungen anderer nicht gern mit den seinigen durchkreuzte, den die Erfahrung gelehrt hatte, dass die Ansichten der Menschen viel zu mannigfaltig sind, als dass sie, selbst durch die vernünftigsten Vorstellungen, auf einen Punkt versammelt werden könnten. Tue es nicht! rief er: sie dürfte leicht irre werden. Es ist ihr, wie allen denen, die sich nur aus Liebhaberei mit solchen Dingen beschäftigen, mehr daran gelegen, dass sie etwas tue, als dass etwas getan werde. Man tastet an der Natur, man hat Vorliebe für dieses oder jenes Plätzchen; man wagt nicht dieses oder jenes Hindernis wegzuräumen, man ist nicht kühn genug etwas aufzuopfern; man kann sich voraus nicht vorstellen, was entstehen soll, man probiert, es gerät, es missrät, man verändert, verändert vielleicht, was man lassen sollte, lässt, was man verändern sollte, und so bleibt es zuletzt immer ein Stückwerk, das gefällt und anregt, aber nicht befriedigt.

Gesteh mir aufrichtig, sagte Eduard, du bist mit ihren Anlagen nicht zufrieden.

Wenn die Ausführung den Gedanken erschöpfte, der sehr gut ist, so wäre nichts zu erinnern. Sie hat sich mühsam durch das Gestein hinaufgequält und quält nun jeden, wenn du willst, den sie hinaufführt. Weder nebeneinander, noch hintereinander schreitet man mit einer gewissen Freiheit. Der Takt des Schrittes wird jeden Augenblick unterbrochen; und was ließe sich nicht noch alles einwenden.

Wäre es denn leicht anders zu machen gewesen? fragte Eduard.

Gar leicht, versetzte der Hauptmann; sie durfte nur die eine Felsenecke, die noch dazu unscheinbar ist, weil sie aus kleinen Teilen besteht, wegbrechen; so erlangte sie eine schön geschwungene Wendung zum Aufstieg und zugleich überflüssige Steine, um die Stellen heraufzumauern, wo der Weg schmal und verkrüppelt geworden wäre. Doch sei dies im engsten Vertrauen unter uns gesagt: sie wird sonst irre und verdrießlich. Auch muss man, was gemacht ist, bestehen lassen. Will man weiter Geld und Mühe aufwenden, so wäre von der Mooshütte hinaufwärts und über die Anhöhe noch mancherlei zu tun und viel Angenehmes zu leisten.

Hatten auf diese Weise die beiden Freunde am Gegenwärtigen manche Beschäftigung, so fehlte es nicht an lebhafter und vergnüglicher Erinnerung vergangener Tage, woran Charlotte wohl teilzunehmen pflegte. Auch setzte man sich vor, wenn nur die nächsten Arbeiten erst getan wären, an die Reisejournale zu gehen und auch auf diese Weise die Vergangenheit hervorzurufen.

Übrigens hatte Eduard mit Charlotten allein weniger Stoff zur Unterhaltung, besonders seitdem er den Tadel ihrer Parkanlagen, der ihm so gerecht schien, auf dem Herzen fühlte. Lange verschwieg er, was ihm der Hauptmann vertraut hatte; aber als er seine Gattin zuletzt beschäftigt sah, von der Mooshütte hinauf zur Anhöhe wieder mit Stüfchen und Pfädchen sich emporzuarbeiten; so hielt er nicht länger zurück, sondern machte sie nach einigen Umschweifen mit seinen neuen Einsichten bekannt.

Charlotte stand betroffen. Sie war geistreich genug, um schnell einzusehen, dass jene recht hatten; aber das Getane widersprach, es war nun einmal so gemacht; sie hatte es recht, sie hatte es wünschenswert gefunden, selbst das Getadelte war ihr in jedem einzelnen Teile lieb; sie widerstrebte der Überzeugung, sie verteidigte ihre kleine Schöpfung, sie schalt auf die Männer, die gleich ins Weite und Große gingen, aus einem Scherz, aus einer Unterhaltung gleich ein Werk machen wollten, nicht an die Kosten denken, die ein erweiterter Plan durchaus nach sich zieht. Sie war bewegt, verletzt, verdrießlich; sie konnte das Alte nicht fahrenlassen, das Neue nicht ganz abweisen; aber entschlossen, wie sie war, stellte sie sogleich die Arbeit ein und nahm sich Zeit, die Sache zu bedenken und bei sich reif werden zu lassen.

Indem sie nun auch diese tätige Unterhaltung vermisste, da indes die Männer ihr Geschäft immer geselliger betrieben und besonders die Kunstgärten und Glashäuser mit Eifer besorgten, auch dazwischen die gewöhnlichen ritterlichen Übungen fortsetzten, als Jagen, Pferdekaufen, -tauschen, -bereiten und -einfahren; so fühlte sich Charlotte täglich einsamer. Sie führte ihren Briefwechsel, auch um des Hauptmanns willen, lebhafter, und doch gab es manche einsame Stunde. Desto angenehmer und unterhaltender waren ihr die Berichte, die sie aus der Pensionsanstalt erhielt.

Einem weitläufigen Briefe der Vorsteherin, welcher sich wie gewöhnlich über der Tochter Fortschritte mit Behagen verbreitete, war eine kurze Nachschrift hinzugefügt, nebst einer Beilage von der Hand eines männlichen Gehülfen am Institut, die wir beide mitteilen.

Nachschrift der Vorsteherin

Von Ottilien, meine Gnädige, hätte ich eigentlich nur zu wiederholen, was in meinen vorigen Berichten enthalten ist. Ich wüsste sie nicht zu schelten und doch kann ich nicht zufrieden mit ihr sein. Sie ist nach wie vor bescheiden und gefällig gegen andere; aber dieses Zurücktreten, diese Dienstbarkeit will mir nicht gefallen. Euer Gnaden haben ihr neulich Geld und verschiedene Zeuge geschickt. Das Erste hat sie nicht angegriffen; die andern liegen auch noch da, unberührt. Sie hält freilich ihre Sachen sehr reinlich und gut, und scheint nur in diesem Sinn die Kleider zu wechseln. Auch kann ich ihre große Mäßigkeit im Essen und Trinken nicht loben. An unserm Tisch ist kein Überfluss; doch sehe ich nichts lieber, als wenn die Kinder sich an schmackhaften und gesunden Speisen satt essen. Was mit Bedacht und Überzeugung aufgetragen und vorgelegt ist, soll auch aufgegessen werden. Dazu kann ich Ottilien niemals bringen. Ja sie macht sich irgendein Geschäft, um eine Lücke auszufüllen, wo die Dienerinnen etwas versäumen, nur um eine Speise oder den Nachtisch zu übergehen. Bei diesem allen kommt jedoch in Betrachtung, dass sie manchmal, wie ich erst spät erfahren habe, Kopfweh auf der linken Seite hat, das zwar vorübergeht, aber schmerzlich und bedeutend sein mag. So viel von diesem übrigens so schönen und lieben Kinde.

Beilage des Gehülfen

Unsere vortreffliche Vorsteherin lässt mich gewöhnlich die Briefe lesen, in welchen sie Beobachtungen über ihre Zöglinge den Eltern und Vorgesetzten mitteilt. Diejenigen, die an Euer Gnaden gerichtet sind, lese ich immer mit doppelter Aufmerksamkeit, mit doppeltem Vergnügen: denn indem wir Ihnen zu einer Tochter Glück zu wünschen haben, die alle jene glänzenden Eigenschaften vereinigt, wodurch man in der Welt emporsteigt, so muss ich wenigstens Sie nicht minder glücklich preisen, dass Ihnen in Ihrer Pflegetochter ein Kind beschert ist, das zum Wohl, zur Zufriedenheit anderer und gewiss auch zu seinem eigenen Glück geboren ward. Ottilie ist fast unser einziger Zögling, über den ich mit unserer so sehr verehrten Vorsteherin nicht einig werden kann. Ich verarge dieser tätigen Frau keineswegs, dass sie verlangt, man soll die Früchte ihrer Sorgfalt äußerlich und deutlich sehen; aber es gibt auch verschlossene Früchte, die erst die rechten kernhaften sind, und die sich früher oder später zu einem schönen Leben entwickeln. Dergleichen ist gewiss Ihre Pflegetochter. Solange ich sie unterrichte, sehe ich sie immer gleichen Schrittes gehen, langsam, langsam vorwärts, nie zurück. Wenn es bei einem Kinde nötig ist, vom Anfange anzufangen, so ist es gewiss bei ihr. Was nicht aus dem Vorhergehenden folgt, begreift sie nicht. Sie steht unfähig, ja stöckisch vor einer leicht fasslichen Sache, die für sie mit nichts zusammenhängt. Kann man aber die Mittelglieder finden und ihr deutlich machen, so ist ihr das Schwerste begreiflich.

Bei diesem langsamen Vorschreiten bleibt sie gegen ihre Mitschülerinnen zurück, die mit ganz andern Fähigkeiten immer vorwärts eilen, alles, auch das Unzusammenhängende, leicht fassen, leicht behalten und bequem wieder anwenden. So lernt sie, so vermag sie bei einem beschleunigten Lehrvortrage gar nichts, wie es der Fall in einigen Stunden ist, welche von trefflichen, aber raschen und ungeduldigen Lehrern gegeben werden. Man hat über ihre Handschrift geklagt, über ihre Unfähigkeit die Regeln der Grammatik zu fassen. Ich habe diese Beschwerde näher untersucht: es ist wahr, sie schreibt langsam und steif, wenn man so will, doch nicht zaghaft und ungestalt. Was ich ihr von der französischen Sprache, die zwar mein Fach nicht ist, schrittweise mitteilte, begriff sie leicht. Freilich ist es wunderbar, sie weiß vieles und recht gut, nur wenn man sie fragt, scheint sie nichts zu wissen.

Soll ich mit einer allgemeinen Bemerkung schließen, so möchte ich sagen: sie lernt nicht als eine, die erzogen werden soll, sondern als eine, die erziehen will; nicht als Schülerin, sondern als künftige Lehrerin. Vielleicht kommt es Euer Gnaden sonderbar vor, dass ich selbst als Erzieher und Lehrer jemanden nicht mehr zu loben glaube, als wenn ich ihn für meinesgleichen erkläre. Euer Gnaden bessere Einsicht, tiefere Menschen- und Weltkenntnis wird aus meinen beschränkten wohlgemeinten Worten das Beste nehmen. Sie werden sich überzeugen, dass auch an diesem Kinde viel Freude zu hoffen ist. Ich empfehle mich zu Gnaden und bitte um die Erlaubnis wieder zu schreiben, sobald ich glaube, dass mein Brief etwas Bedeutendes und Angenehmes enthalten werde.

Charlotte freute sich über dieses Blatt. Sein Inhalt traf ganz nahe mit den Vorstellungen zusammen, welche sie von Ottilien hegte; dabei konnte sie sich eines Lächelns nicht enthalten, indem der Anteil des Lehrers herzlicher zu sein schien, als ihn die Einsicht in die Tugenden eines Zöglings hervorzubringen pflegt. Bei ihrer ruhigen, vorurteilsfreien Denkweise ließ sie auch ein solches Verhältnis, wie so viele andre, vor sich liegen; die Teilnahme des verständigen Mannes an Ottilien hielt sie wert: denn sie hatte in ihrem Leben genugsam einsehen gelernt, wie hoch jede wahre Neigung zu schätzen sei, in einer Welt, wo Gleichgültigkeit und Abneigung eigentlich recht zu Hause sind.

Viertes Kapitel

Die topographische Karte, auf welcher das Gut mit seinen Umgebungen, nach einem ziemlich großen Maßstabe, charakteristisch und fasslich durch Federstriche und Farben dargestellt war, und welche der Hauptmann durch einige trigonometrische Messungen sicher zu gründen wusste, war bald fertig: denn weniger Schlaf als dieser tätige Mann bedurfte kaum jemand, so wie sein Tag stets dem augenblicklichen Zwecke gewidmet und deswegen jederzeit am Abende etwas getan war.

Lass uns nun, sagte er zu seinem Freunde, an das Übrige gehen, an die Gutsbeschreibung, wozu schon genugsame Vorarbeit da sein muss, aus der sich nachher Pachtanschläge und anderes schon entwickeln werden. Nur eines lass uns festsetzen und einrichten: trenne alles was eigentlich Geschäft ist vom Leben. Das Geschäft verlangt Ernst und Strenge, das Leben Willkür; das Geschäft die reinste Folge, dem Leben tut eine Inkonsequenz oft not, ja sie ist liebenswürdig und erheiternd. Bist du bei dem einen sicher, so kannst du in dem andern desto freier sein; anstatt dass bei einer Vermischung das Sichre durch das Freie weggerissen und aufgehoben wird.

Eduard fühlte in diesen Vorschlägen einen leisen Vorwurf. Zwar von Natur nicht unordentlich, konnte er doch niemals dazu kommen, seine Papiere nach Fächern abzuteilen. Das was er mit andern abzutun hatte, was bloß von ihm selbst abhing, es war nicht geschieden; so wie er auch Geschäfte und Beschäftigung, Unterhaltung und Zerstreuung nicht genugsam voneinander absonderte. Jetzt wurde es ihm leicht, da ein Freund diese Bemühung übernahm, ein zweites Ich die Sonderung bewirkte, in die das eine Ich nicht immer sich spalten mag.

Sie errichteten auf dem Flügel des Hauptmanns eine Repositur für das Gegenwärtige, ein Archiv für das Vergangene; schafften alle Dokumente, Papiere, Nachrichten, aus verschiedenen Behältnissen, Kammern, Schränken und Kisten herbei, und auf das geschwindeste war der Wust in eine erfreuliche Ordnung gebracht, lag rubriziert in bezeichneten Fächern. Was man wünschte, ward vollständiger gefunden, als man gehofft hatte. Hiebei ging ihnen ein alter Schreiber sehr an die Hand, der den Tag über, ja einen Teil der Nacht, nicht vom Pulte kam, und mit dem Eduard bisher immer unzufrieden gewesen war.

Ich kenne ihn nicht mehr, sagte Eduard zu seinem Freund, wie tätig und brauchbar der Mensch ist. Das macht, versetzte der Hauptmann, wir tragen ihm nichts Neues auf, als bis er das Alte nach seiner Bequemlichkeit vollendet hat, und so leistet er, wie du siehst, sehr viel; sobald man ihn stört, vermag er gar nichts.

Brachten die Freunde auf diese Weise ihre Tage zusammen zu, so versäumten sie abends nicht Charlotten regelmäßig zu besuchen. Fand sich keine Gesellschaft von benachbarten Orten und Gütern, welches öfter geschah, so war das Gespräch wie das Lesen meist solchen Gegenständen gewidmet, welche den Wohlstand, die Vorteile und das Behagen der bürgerlichen Gesellschaft vermehren.

Charlotte, ohnehin gewohnt die Gegenwart zu nutzen, fühlte sich, indem sie ihren Mann zufrieden sah, auch persönlich gefördert. Verschiedene häusliche Anstalten, die sie längst gewünscht, aber nicht recht einleiten können, wurden durch die Tätigkeit des Hauptmanns bewirkt. Die Hausapotheke, die bisher nur aus wenigen Mitteln bestanden, ward bereichert, und Charlotte, sowohl durch fassliche Bücher als durch Unterredung, in den Stand gesetzt, ihr tätiges und hülfreiches Wesen öfter und wirksamer als bisher in Übung zu bringen.

Da man auch die gewöhnlichen und dessenungeachtet nur zu oft überraschenden Notfälle durchdachte, so wurde alles, was zur Rettung der Ertrunkenen nötig sein möchte, umso mehr angeschafft, als bei der Nähe so mancher Teiche, Gewässer und Wasserwerke, öfters ein und der andere Unfall dieser Art vorkam. Diese Rubrik besorgte der Hauptmann sehr ausführlich, und Eduarden entschlüpfte die Bemerkung, dass ein solcher Fall in dem Leben seines Freundes auf die seltsamste Weise Epoche gemacht. Doch als dieser schwieg und einer traurigen Erinnerung auszuweichen schien, hielt Eduard gleichfalls an, so wie auch Charlotte, die nicht weniger im Allgemeinen davon unterrichtet war, über jene Äußerungen hinausging.

Wir wollen alle diese vorsorglichen Anstalten loben, sagte eines Abends der Hauptmann; nun geht uns aber das Notwendigste noch ab, ein tüchtiger Mann, der das alles zu handhaben weiß. Ich kann hiezu einen mir bekannten Feldchirurgus vorschlagen, der jetzt um leidliche Bedingung zu haben ist, ein vorzüglicher Mann in seinem Fache, und der mir auch in Behandlung heftiger innerer Übel öfters mehr Genüge getan hat als ein berühmter Arzt; und augenblickliche Hülfe ist doch immer das, was auf dem Lande am meisten vermisst wird.

Auch dieser wurde sogleich verschrieben, und beide Gatten freuten sich, dass sie so manche Summe, die ihnen zu willkürlichen Ausgaben übrig blieb, auf die nötigsten zu verwenden Anlass gefunden.

So benutzte Charlotte die Kenntnisse, die Tätigkeit des Hauptmanns auch nach ihrem Sinne und fing an mit seiner Gegenwart völlig zufrieden und über alle Folgen beruhigt zu werden. Sie bereitete sich gewöhnlich vor, manches zu fragen, und da sie gern leben mochte, so suchte sie alles Schädliche, alles Tödliche zu entfernen. Die Bleiglasur der Töpferwaren, der Grünspan kupferner Gefäße hatte ihr schon manche Sorge gemacht. Sie ließ sich hierüber belehren, und natürlicherweise musste man auf die Grundbegriffe der Physik und Chemie zurückgehen.

Zufälligen, aber immer willkommenen Anlass zu solchen Unterhaltungen gab Eduards Neigung, der Gesellschaft vorzulesen. Er hatte eine sehr wohlklingende tiefe Stimme und war früher wegen lebhafter gefühlter Rezitation dichterischer und rednerischer Arbeiten angenehm und berühmt gewesen. Nun waren es andre Gegenstände, die ihn beschäftigten, andre Schriften, woraus er vorlas, und eben seit einiger Zeit vorzüglich Werke physischen, chemischen und technischen Inhalts.

Eine seiner besondern Eigenheiten, die er jedoch vielleicht mit mehrern Menschen teilt, war die, dass es ihm unerträglich fiel, wenn jemand ihm beim Lesen in das Buch sah. In früherer Zeit, beim Vorlesen von Gedichten, Schauspielen, Erzählungen, war es die natürliche Folge der lebhaften Absicht, die der Vorlesende so gut als der Dichter, der Schauspieler, der Erzählende hat, zu überraschen, Pausen zu machen, Erwartungen zu erregen; da es denn freilich dieser beabsichtigten Wirkung sehr zuwider ist, wenn ihm ein Dritter wissentlich mit den Augen vorspringt. Er pflegte sich auch deswegen in solchem Falle immer so zu setzen, dass er niemand im Rücken hatte. Jetzt zu dreien war diese Vorsicht unnötig; und da es diesmal nicht auf Erregung des Gefühls, auf Überraschung der Einbildungskraft angesehen war; so dachte er selbst nicht daran, sich sonderlich in Acht zu nehmen.

Nur eines Abends fiel es ihm auf, als er sich nachlässig gesetzt hatte, dass Charlotte ihm in das Buch sah. Seine alte Ungeduld erwachte und er verwies es ihr, gewissermaßen unfreundlich. Wollte man sich doch solche Unarten, wie so manches andre, was der Gesellschaft lästig ist, ein für alle Mal abgewöhnen. Wenn ich jemand vorlese, ist es denn nicht, als wenn ich ihm mündlich etwas vortrüge? Das Geschriebene, das Gedruckte tritt an die Stelle meines eigenen Sinnes, meines eigenen Herzens; und würde ich mich wohl zu reden bemühen, wenn ein Fensterchen vor meiner Stirn, vor meiner Brust angebracht wäre, so dass der, dem ich meine Gedanken einzeln zuzählen, meine Empfindungen einzeln zureichen will, immer schon lange vorher wissen könnte, wo es mit mir hinauswollte? Wenn mir jemand ins Buch sieht, so ist mir immer, als wenn ich in zwei Stücke gerissen würde.

Charlotte deren Gewandtheit sich in größeren und kleineren Zirkeln besonders dadurch bewies, dass sie jede unangenehme, jede heftige, ja selbst nur lebhafte Äußerung zu beseitigen, ein sich verlängerndes Gespräch zu unterbrechen, ein stockendes anzuregen wusste, war auch diesmal von ihrer guten Gabe nicht verlassen. Du wirst mir meinen Fehler gewiss verzeihen, wenn ich bekenne, was mir diesen Augenblick begegnet ist. Ich hörte von Verwandtschaften lesen, und da dacht' ich eben gleich an meine Verwandten, an ein paar Vettern, die mir gerade in diesem Augenblick zu schaffen machen. Meine Aufmerksamkeit kehrt zu deiner Vorlesung zurück; ich höre, dass von ganz leblosen Dingen die Rede ist, und blicke dir ins Buch, um mich wieder zurechtzufinden. Es ist eine Gleichnisrede, die dich verführt und verwirrt hat, sagte Eduard. Hier wird freilich nur von Erden und Mineralien gehandelt, aber der Mensch ist ein wahrer Narziss; er bespiegelt sich überall gern selbst; er legt sich als Folie der ganzen Welt unter.

Jawohl! fuhr der Hauptmann fort: so behandelt er alles was er außer sich findet; seine Weisheit wie seine Torheit, seinen Willen wie seine Willkür leiht er den Tieren, den Pflanzen, den Elementen und den Göttern.

Möchtet ihr mich, versetzte Charlotte, da ich euch nicht zu weit von dem augenblicklichen Interesse wegführen will, nur kürzlich belehren, wie es eigentlich hier mit den Verwandtschaften gemeint sei.

Das will ich wohl gerne tun, erwiderte der Hauptmann, gegen den sich Charlotte gewendet hatte; freilich nur so gut, als ich es vermag, wie ich es etwa vor zehn Jahren gelernt, wie ich es gelesen habe. Ob man in der wissenschaftlichen Welt noch so darüber denkt, ob es zu den neuern Lehren passt, wüsste ich nicht zu sagen.

Es ist schlimm genug, rief Eduard, dass man jetzt nichts mehr für sein ganzes Leben lernen kann. Unsre Vorfahren hielten sich an den Unterricht, den sie in ihrer Jugend empfangen; wir aber müssen jetzt alle fünf Jahre umlernen, wenn wir nicht ganz aus der Mode kommen wollen.

Wir Frauen, sagte Charlotte, nehmen es nicht so genau; und wenn ich aufrichtig sein soll, so ist es mir eigentlich nur um den Wortverstand zu tun: denn es macht in der Gesellschaft nichts lächerlicher, als wenn man ein fremdes, ein Kunstwort falsch anwendet. Deshalb möchte ich nur wissen, in welchem Sinne dieser Ausdruck eben bei diesen Gegenständen gebraucht wird. Wie es wissenschaftlich damit zusammenhänge, wollen wir den Gelehrten überlassen, die übrigens, wie ich habe bemerken können, sich wohl schwerlich jemals vereinigen werden.

Wo fangen wir aber nun an, um am schnellsten in die Sache zu kommen? fragte Eduard nach einer Pause den Hauptmann, der sich ein wenig bedenkend bald darauf erwiderte:

Wenn es mir erlaubt ist, dem Scheine nach weit auszuholen, so sind wir bald am Platze.

Sein Sie meiner ganzen Aufmerksamkeit versichert, sagte Charlotte, indem sie ihre Arbeit beiseite legte.

Und so begann der Hauptmann: An allen Naturwesen, die wir gewahr werden, bemerken wir zuerst, dass sie einen Bezug auf sich selbst haben. Es klingt freilich wunderlich, wenn man etwas ausspricht, was sich ohnehin versteht; doch nur, indem man sich über das Bekannte völlig verständigt hat, kann man miteinander zum Unbekannten fortschreiten.

Ich dächte, fiel ihm Eduard ein, wir machten ihr und uns die Sache durch Beispiele bequem. Stelle dir nur das Wasser, das Öl, das Quecksilber vor, so wirst du eine Einigkeit, einen Zusammenhang ihrer Teile finden. Diese Einung verlassen sie nicht, außer durch Gewalt oder sonstige Bestimmung. Ist diese beseitigt, so treten sie gleich wieder zusammen.

Ohne Frage, sagte Charlotte beistimmend. Regentropfen vereinigen sich gern zu Strömen. Und schon als Kinder spielen wir erstaunt mit dem Quecksilber, indem wir es in Kügelchen trennen und es wieder zusammenlaufen lassen.

Und so darf ich wohl, fügte der Hauptmann hinzu, eines bedeutenden Punktes im flüchtigen Vorbeigehen erwähnen, dass nämlich dieser völlig reine, durch Flüssigkeit mögliche Bezug sich entschieden und immer durch die Kugelgestalt auszeichnet. Der fallende Wassertropfen ist rund; von den Quecksilberkügelchen haben Sie selbst gesprochen; ja ein fallendes geschmolzenes Blei wenn es Zeit hat, völlig zu erstarren, kommt unten in Gestalt einer Kugel an.

Lassen Sie mich voreilen, sagte Charlotte, ob ich treffe, wo Sie hin wollen. Wie jedes gegen sich selbst einen Bezug hat, so muss es auch gegen andere ein Verhältnis haben.

Und das wird nach Verschiedenheit der Wesen verschieden sein, fuhr Eduard eilig fort. Bald werden sie sich als Freunde und alte Bekannte begegnen, die schnell zusammentreten, sich vereinigen, ohne aneinander etwas zu verändern, wie sich Wein mit Wasser vermischt. Dagegen werden andre fremd nebeneinander verharren und selbst durch mechanisches Mischen und Reiben sich keinesweges verbinden; wie Öl und Wasser zusammengerüttelt sich den Augenblick wieder auseinandersondert.

Es fehlt nicht viel, sagte Charlotte, so sieht man in diesen einfachen Formen die Menschen, die man gekannt hat; besonders aber erinnert man sich dabei der Sozietäten, in denen man lebte. Die meiste Ähnlichkeit jedoch mit diesen seelenlosen Wesen haben die Massen, die in der Welt sich einander gegenüberstellen, die Stände, die Berufsbestimmungen, der Adel und der dritte Stand, der Soldat und der Zivilist.

Und doch, versetzte Eduard, wie diese durch Sitten und Gesetze vereinbar sind, so gibt es auch in unserer chemischen Welt Mittelglieder, dasjenige zu verbinden, was sich einander abweist.

So verbinden wir, fiel der Hauptmann ein, das Öl durch Laugensalz mit dem Wasser.

Nur nicht zu geschwind mit Ihrem Vortrag, sagte Charlotte, damit ich zeigen kann, dass ich Schritt halte. Sind wir nicht hier schon zu den Verwandtschaften gelangt?

Ganz richtig, erwiderte der Hauptmann, und wir werden sie gleich in ihrer vollen Kraft und Bestimmtheit kennenlernen.

Diejenigen Naturen, die sich beim Zusammentreffen einander schnell ergreifen und wechselseitig bestimmen, nennen wir verwandt. An den Alkalien und Säuren, die, obgleich einander entgegengesetzt und vielleicht eben deswegen, weil sie einander entgegengesetzt sind, sich am entschiedensten suchen und fassen, sich modifizieren und zusammen einen neuen Körper bilden, ist diese Verwandtschaft auffallend genug. Gedenken wir nur des Kalks, der zu allen Säuren eine große Neigung, eine entschiedene Vereinigungslust äußert. Sobald unser chemisches Kabinett ankommt, wollen wir Sie verschiedene Versuche sehen lassen, die sehr unterhaltend sind und einen bessern Begriff geben als Worte, Namen und Kunstausdrücke.

Lassen Sie mich gestehen, sagte Charlotte, wenn Sie diese Ihre wunderlichen Wesen verwandt nennen, so kommen sie mir nicht sowohl als Blutsverwandte, vielmehr als Geistes- und Seelenverwandte vor. Auf ebendiese Weise können unter Menschen wahrhaft bedeutende Freundschaften entstehen; denn entgegengesetzte Eigenschaften machen eine innigere Vereinigung möglich. Und so will ich denn abwarten, was Sie mir von diesen geheimnisvollen Wirkungen vor die Augen bringen werden. Ich will dich – sagte sie zu Eduard gewendet – jetzt im Vorlesen nicht weiter stören, und um so viel besser unterrichtet, deinen Vortrag mit Aufmerksamkeit vernehmen.

Da du uns einmal aufgerufen hast, versetzte Eduard, so kommst du so leicht nicht los: denn eigentlich sind die verwickelten Fälle die interessantesten. Erst bei diesen lernt man die Grade der Verwandtschaften, die nähern stärkern, entferntern geringern Beziehungen kennen; die Verwandtschaften werden erst interessant, wenn sie Scheidungen bewirken.

Kommt das traurige Wort, rief Charlotte, das man leider in der Welt jetzt so oft hört, auch in der Naturlehre vor?

Allerdings, erwiderte Eduard. Es war sogar ein bezeichnender Ehrentitel der Chemiker, dass man sie Scheidekünstler nannte.

Das tut man also nicht mehr, versetzte Charlotte, und tut sehr wohl daran. Das Vereinigen ist eine größere Kunst, ein größeres Verdienst. Ein Einungskünstler wäre in jedem Fache der ganzen Welt willkommen. – Nun so lasst mich denn, weil ihr doch einmal im Zuge seid, ein paar solche Fälle wissen.

So schließen wir uns denn gleich, sagte der Hauptmann, an dasjenige wieder an, was wir oben schon benannt und besprochen haben. Zum Beispiel was wir Kalkstein nennen ist eine mehr oder weniger reine Kalkerde, innig mit einer zarten Säure verbunden, die uns in Luftform bekannt geworden ist. Bringt man ein Stück solchen Steines in verdünnte Schwefelsäure, so ergreift diese den Kalk und erscheint mit ihm als Gips; jene zarte luftige Säure hingegen entflieht. Hier ist eine Trennung, eine neue Zusammensetzung entstanden und man glaubt sich nunmehr berechtigt, sogar das Wort Wahlverwandtschaft anzuwenden, weil es wirklich aussieht als wenn ein Verhältnis dem andern vorgezogen, eins vor dem andern erwählt würde.

Verzeihen Sie mir, sagte Charlotte, wie ich dem Naturforscher verzeihe; aber ich würde hier niemals eine Wahl, eher eine Naturnotwendigkeit erblicken, und diese kaum; denn es ist am Ende vielleicht gar nur die Sache der Gelegenheit. Gelegenheit macht Verhältnisse wie sie Diebe macht; und wenn von Ihren Naturkörpern die Rede ist, so scheint mir die Wahl bloß in den Händen des Chemikers zu liegen, der diese Wesen zusammenbringt. Sind sie aber einmal beisammen, dann gnade ihnen Gott! In dem gegenwärtigen Falle dauert mich nur die arme Luftsäure, die sich wieder im Unendlichen herumtreiben muss.

Es kommt nur auf sie an, versetzte der Hauptmann, sich mit dem Wasser zu verbinden und als Mineralquelle Gesunden und Kranken zur Erquickung zu dienen.

Der Gips hat gut reden, sagte Charlotte, der ist nun fertig, ist ein Körper, ist versorgt, anstatt dass jenes ausgetriebene Wesen noch manche Not haben kann, bis es wieder unterkommt.

Ich müsste sehr irren, sagte Eduard lächelnd, oder es steckt eine kleine Tücke hinter deinen Reden. Gesteh nur deine Schalkheit! Am Ende bin ich in deinen Augen der Kalk, der vom Hauptmann, als einer Schwefelsäure ergriffen, deiner anmutigen Gesellschaft entzogen und in einen refraktären Gips verwandelt wird.

Wenn das Gewissen, versetzte Charlotte, dich solche Betrachtungen machen heißt, so kann ich ohne Sorge sein. Diese Gleichnisreden sind artig und unterhaltend, und wer spielt nicht gern mit Ähnlichkeiten? Aber der Mensch ist doch um so manche Stufe über jene Elemente erhöht, und wenn er hier mit den schönen Worten Wahl und Wahlverwandtschaft etwas freigebig gewesen, so tut er wohl, wieder in sich selbst zurückzukehren und den Wert solcher Ausdrücke bei diesem Anlass recht zu bedenken. Mir sind leider Fälle genug bekannt, wo eine innige unauflöslich scheinende Verbindung zweier Wesen durch gelegentliche Zugesellung eines dritten aufgehoben, und eins der erst so schön verbundenen ins lose Weite hinausgetrieben ward.

Da sind die Chemiker viel galanter, sagte Eduard: sie gesellen ein viertes dazu, damit keines leer ausgehe.

Jawohl! versetzte der Hauptmann: diese Fälle sind allerdings die bedeutendsten und merkwürdigsten, wo man das Anziehen, das Verwandtsein, dieses Verlassen, dieses Vereinigen gleichsam übers Kreuz, wirklich darstellen kann; wo vier, bisher je zwei zu zwei verbundene, Wesen in Berührung gebracht, ihre bisherige Vereinigung verlassen und sich aufs Neue verbinden. In diesem Fahrenlassen und Ergreifen, in diesem Fliehen und Suchen glaubt man wirklich eine höhere Bestimmung zu sehen; man traut solchen Wesen eine Art von Wollen und Wählen zu, und hält das Kunstwort Wahlverwandtschaften für vollkommen gerechtfertigt.

Beschreiben Sie mir einen solchen Fall, sagte Charlotte.

Man sollte dergleichen, versetzte der Hauptmann, nicht mit Worten abtun. Wie schon gesagt! sobald ich Ihnen die Versuche selbst zeigen kann, wird alles anschaulicher und angenehmer werden. Jetzt müsste ich Sie mit schrecklichen Kunstworten hinhalten, die Ihnen doch keine Vorstellung gäben. Man muss diese totscheinenden und doch zur Tätigkeit innerlich immer bereiten Wesen wirkend vor seinen Augen sehen, mit Teilnahme schauen, wie sie einander suchen, sich anziehen, ergreifen, zerstören, verschlingen, aufzehren und sodann aus der innigsten Verbindung wieder in erneuter, neuer, unerwarteter Gestalt hervortreten: dann traut man ihnen erst ein ewiges Leben, ja wohl gar Sinn und Verstand zu, weil wir unsere Sinne kaum genügend fühlen, sie recht zu beobachten, und unsre Vernunft kaum hinlänglich, sie zu fassen.

Ich leugne nicht, sagte Eduard, dass die seltsamen Kunstwörter demjenigen, der nicht durch sinnliches Anschauen, durch Begriffe mit ihnen versöhnt ist, beschwerlich, ja lächerlich werden müssen. Doch könnten wir leicht mit Buchstaben einstweilen das Verhältnis ausdrücken, wovon hier die Rede war.

Wenn Sie glauben, dass es nicht pedantisch aussieht, versetzte der Hauptmann, so kann ich wohl in der Zeichensprache mich kürzlich zusammenfassen. Denken Sie sich ein A, das mit einem B innig verbunden ist, durch viele Mittel und durch manche Gewalt nicht von ihm zu trennen; denken Sie sich ein C, das sich eben so zu einem D verhält; bringen Sie nun die beiden Paare in Berührung: A wird sich zu D, C zu B werfen, ohne dass man sagen kann, wer das andere zuerst verlassen, wer sich mit dem andern zuerst wieder verbunden habe.

Nun denn! fiel Eduard ein: bis wir alles dieses mit Augen sehen, wollen wir diese Formel als Gleichnisrede betrachten, woraus wir uns eine Lehre zum unmittelbaren Gebrauch ziehen. Du stellst das A vor, Charlotte, und ich dein B: denn eigentlich hänge ich doch nur von dir ab und folge dir, wie dem A das B. Das C ist ganz deutlich der Kapitän, der mich für diesmal dir einigermaßen entzieht. Nun ist es billig, dass, wenn du nicht ins Unbestimmte entweichen sollst, dir für ein D gesorgt werde, und das ist ganz ohne Frage das liebenswürdige Dämchen

Ottilie, gegen deren Annäherung du dich nicht länger verteidigen darfst.

Gut! versetzte Charlotte, wenn auch das Beispiel, wie mir scheint, nicht ganz auf unsern Fall passt; so halte ich es doch für ein Glück, dass wir heute einmal völlig zusammentreffen, und dass diese Natur- und Wahlverwandtschaften unter uns eine vertrauliche Mitteilung beschleunigen. Ich will es also nur gestehen, dass ich seit diesem Nachmittage entschlossen bin, Ottilien zu berufen: denn meine bisherige treue Beschließerin und Haushälterin wird abziehen, weil sie heiratet. Dies wäre von meiner Seite und um meinetwillen; was mich um Ottiliens willen bestimmt, das wirst du uns vorlesen. Ich will dir nicht ins Blatt sehen, aber freilich ist mir der Inhalt schon bekannt. Doch lies nur, lies! Mit diesen Worten zog sie einen Brief hervor und reichte ihn Eduarden.

Fünftes Kapitel

Brief der Vorsteherin

Euer Gnaden werden verzeihen, wenn ich mich heute ganz kurz fasse! denn ich habe nach vollendeter öffentlicher Prüfung dessen, was wir im vergangenen Jahr an unsern Zöglingen geleistet haben, an die sämtlichen Eltern und Vorgesetzten den Verlauf zu melden; auch darf ich wohl kurz sein, weil ich mit Wenigem viel sagen kann. Ihre Fräulein Tochter hat sich in jedem Sinne als die Erste bewiesen. Die beiliegenden Zeugnisse, ihr eigner Brief, der die Beschreibung der Preise enthält, die ihr geworden sind, und zugleich das Vergnügen ausdrückt, das sie über ein so glückliches Gelingen empfindet, wird Ihnen zur Beruhigung, ja zur Freude gereichen. Die meinige wird dadurch einigermaßen gemindert, dass ich voraussehe, wir werden nicht lange mehr Ursache haben ein so weit vorgeschrittenes Frauenzimmer bei uns zurückzuhalten. Ich empfehle mich zu Gnaden und nehme mir die Freiheit nächstens meine Gedanken über das, was ich am vorteilhaftesten für sie halte, zu eröffnen. Von Ottilien schreibt mein freundlicher Gehülfe.

Brief des Gehülfen

Von Ottilien lässt mich unsre ehrwürdige Vorsteherin schreiben, teils weil es ihr, nach ihrer Art zu denken, peinlich wäre dasjenige, was zu melden ist, zu melden, teils auch weil sie selbst einer Entschuldigung bedarf, die sie lieber mir in den Mund legen mag.

Da ich nur allzu wohl weiß, wie wenig die gute Ottilie das zu äußern im Stande ist, was in ihr liegt und was sie vermag; so war mir vor der öffentlichen Prüfung einigermaßen bange, umso mehr, als überhaupt dabei keine Vorbereitung möglich ist, und auch, wenn es nach der gewöhnlichen Weise sein könnte, Ottilie auf den Schein nicht vorzubereiten wäre. Der Ausgang hat meine Sorge nur zu sehr gerechtfertigt; sie hat keinen Preis erhalten und ist auch unter denen, die kein Zeugnis empfangen haben. Was soll ich viel sagen? Im Schreiben hatten andere kaum so wohlgeformte Buchstaben, doch viel freiere Züge; im Rechnen waren alle schneller, und an schwierige Aufgaben, welche sie besser löst, kam es bei der Untersuchung nicht. Im Französischen überparlierten und überexponierten sie manche; in der Geschichte waren ihr Namen und Jahrzahlen nicht gleich bei der Hand; bei der Geographie vermisste man Aufmerksamkeit auf die politische Einteilung. Zum musikalischen Vortrag ihrer wenigen bescheidenen Melodien fand sich weder Zeit noch Ruhe. Im Zeichnen hätte sie gewiss den Preis davongetragen; ihre Umrisse waren rein und die Ausführung bei vieler Sorgfalt geistreich. Leider hatte sie etwas zu Großes unternommen und war nicht fertig geworden.

Als die Schülerinnen abgetreten waren, die Prüfenden zusammen Rat hielten und uns Lehrern wenigstens einiges Wort dabei gönnten, merkte ich wohl bald, dass von Ottilien gar nicht, und wenn es geschah, wo nicht mit Missbilligung doch mit Gleichgültigkeit gesprochen wurde. Ich hoffte durch eine offne Darstellung ihrer Art zu sein einige Gunst zu erregen, und wagte mich daran mit doppeltem Eifer, einmal weil ich nach meiner Überzeugung sprechen konnte, und sodann, weil ich mich in jüngeren Jahren in eben demselben traurigen Fall befunden hatte. Man hörte mich mit Aufmerksamkeit an; doch als ich geendigt hatte, sagte mir der vorsitzende Prüfende zwar freundlich, aber lakonisch: Fähigkeiten werden vorausgesetzt, sie sollen zu Fertigkeiten werden. Dies ist der Zweck aller Erziehung, dies ist die laute deutliche Absicht der Eltern und Vorgesetzten, die stille, nur halbbewusste der Kinder selbst. Dies ist auch der Gegenstand der Prüfung, wobei zugleich Lehrer und Schüler beurteilt werden. Aus dem, was wir von Ihnen vernehmen, schöpfen wir gute Hoffnung von dem Kinde, und Sie sind allerdings lobenswürdig, indem Sie auf die Fähigkeiten der Schülerinnen genau Acht geben. Verwandeln Sie solche bis übers Jahr in Fertigkeiten, so wird es Ihnen und Ihrer begünstigten Schülerin nicht an Beifall mangeln.

In das, was hierauf folgte, hatte ich mich schon ergeben, aber ein noch Übleres nicht befürchtet, das sich bald darauf zutrug. Unsere gute Vorsteherin, die wie ein guter Hirte auch nicht eins von ihren Schäfchen verloren, oder wie es hier der Fall war, ungeschmückt sehen möchte, konnte, nachdem die Herren sich entfernt hatten, ihren Unwillen nicht bergen und sagte zu Ottilien, die ganz ruhig, indem die andern sich über ihre Preise freuten, am Fenster stand: Aber sagen Sie mir, ums Himmels willen! wie kann man so dumm aussehen, wenn man es nicht ist? Ottilie versetzte ganz gelassen: Verzeihen Sie, liebe Mutter; ich habe gerade heute wieder mein Kopfweh und ziemlich stark. Das kann niemand wissen! versetzte die sonst so teilnehmende Frau und kehrte sich verdrießlich um.

Nun, es ist wahr; niemand kann es wissen; denn Ottilie verändert das Gesicht nicht, und ich habe auch nicht gesehen, dass sie einmal die Hand nach dem Schlafe zu bewegt hätte.

Das war noch nicht alles. Ihre Fräulein Tochter, gnädige Frau, sonst lebhaft und freimütig, war im Gefühl ihres heutigen Triumphs ausgelassen und übermütig. Sie sprang mit ihren Preisen und Zeugnissen in den Zimmern herum, und schüttelte sie auch Ottilien vor dem Gesicht. Du bist heute schlecht gefahren! rief sie aus. Ganz gelassen antwortete Ottilie: es ist noch nicht der letzte Prüfungstag. Und doch wirst du immer die Letzte bleiben! rief das Fräulein und sprang hinweg.

Ottilie schien gelassen für jeden andern, nur nicht für mich. Eine innere, unangenehme, lebhafte Bewegung, der sie widersteht, zeigt sich durch eine ungleiche Farbe des Gesichts. Die linke Wange wird auf einen Augenblick rot, indem die rechte bleich wird. Ich sah dies Zeichen und meine Teilnehmung konnte sich nicht zurückhalten. Ich führte unsre Vorsteherin beiseite, sprach ernsthaft mit ihr über die Sache. Die treffliche Frau erkannte ihren Fehler. Wir berieten, wir besprachen uns lange, und ohne deshalb weitläufiger zu sein, will ich Euer Gnaden unsern Beschluss und unsre Bitte vortragen: Ottilien auf einige Zeit zu sich zu nehmen. Die Gründe werden Sie sich selbst am besten entfalten. Bestimmen Sie sich hiezu, so sage ich mehr über die Behandlung des guten Kindes. Verlässt uns dann Ihre Fräulein Tochter, wie zu vermuten steht, so sehen wir Ottilien mit Freuden zurückkehren.

Noch eins, das ich vielleicht in der Folge vergessen könnte: ich habe nie gesehen, dass Ottilie etwas verlangt, oder gar um etwas dringend gebeten hätte. Dagegen kommen Fälle, wiewohl selten, dass sie etwas abzulehnen sucht, was man von ihr fordert. Sie tut das mit einer Gebärde, die für den, der den Sinn davon gefasst hat, unwiderstehlich ist. Sie drückt die flachen Hände, die sie in die Höhe hebt, zusammen und führt sie gegen die Brust, indem sie sich nur wenig vorwärts neigt und den dringend Fordernden mit einem solchen Blick ansieht, dass er gern von allem absteht, was er verlangen oder wünschen möchte. Sehen Sie jemals diese Gebärde, gnädige Frau, wie es bei Ihrer Behandlung nicht wahrscheinlich ist, so gedenken Sie meiner und schonen Ottilien.

Eduard hatte diese Briefe vorgelesen, nicht ohne Lächeln und Kopfschütteln. Auch konnte es an Bemerkungen über die Personen und über die Lage der Sache nicht fehlen.

Genug! rief Eduard endlich aus: es ist entschieden, sie kommt! Für dich wäre gesorgt, meine Liebe, und wir dürfen nun auch mit unserm Vorschlag hervorrücken. Es wird höchst nötig, dass ich zu dem Hauptmann auf den rechten Flügel hinüberziehe. Sowohl abends als morgens ist erst die rechte Zeit zusammen zu arbeiten. Du erhältst dagegen für dich und Ottilien auf deiner Seite den schönsten Raum.

Charlotte ließ sich's gefallen, und Eduard schilderte ihre künftige Lebensart. Unter andern rief er aus: Es ist doch recht zuvorkommend von der Nichte, ein wenig Kopfweh auf der linken Seite zu haben; ich habe es manchmal auf der rechten. Trifft es zusammen und wir sitzen gegeneinander, ich auf den rechten Ellbogen sie auf den linken gestützt, und die Köpfe nach verschiedenen Seiten in die Hand gelegt, so muss das ein Paar artige Gegenbilder geben.

Der Hauptmann wollte das gefährlich finden; Eduard hingegen rief aus: Nehmen Sie sich nur, lieber Freund, vor dem D in Acht! Was sollte B denn anfangen, wenn ihm C entrissen würde?

Nun ich dächte doch, versetzte Charlotte, das verstünde sich von selbst.

Freilich, rief Eduard: es kehrte zu seinem A zurück, zu seinem A und O! rief er, indem er aufsprang und Charlotten fest an seine Brust drückte.

Sechstes Kapitel

Ein Wagen, der Ottilien brachte, war angefahren. Charlotte ging ihr entgegen; das liebe Kind eilte sich ihr zu nähern, warf sich ihr zu Füßen und umfasste ihre Knie.

Wozu die Demütigung! sagte Charlotte, die einigermaßen verlegen war und sie aufheben wollte. Es ist so demütig nicht gemeint, versetzte Ottilie, die in ihrer vorigen Stellung blieb. Ich mag mich nur so gern jener Zeit erinnern, da ich noch nicht höher reichte als bis an Ihre Knie und Ihrer Liebe schon so gewiss war.

Sie stand auf, und Charlotte umarmte sie herzlich. Sie ward den Männern vorgestellt und gleich mit besonderer Achtung als Gast behandelt. Schönheit ist überall ein gar willkommner Gast. Sie schien aufmerksam auf das Gespräch, ohne dass sie daran teil genommen hätte.

Den andern Morgen sagte Eduard zu Charlotten: Es ist ein angenehmes unterhaltendes Mädchen.

Unterhaltend? versetzte Charlotte mit Lächeln: sie hat ja den Mund noch nicht aufgetan.

So? erwiderte Eduard, indem er sich zu besinnen schien: das wäre doch wunderbar!

Charlotte gab dem neuen Ankömmling nur wenige Winke, wie es mit dem Hausgeschäfte zu halten sei. Ottilie hatte schnell die ganze Ordnung eingesehen, ja, was noch mehr ist, empfunden. Was sie für alle, für einen jeden insbesondre zu besorgen hatte, begriff sie leicht. Alles geschah pünktlich. Sie wusste anzuordnen, ohne dass sie zu befehlen schien, und wo jemand säumte, verrichtete sie das Geschäft gleich selbst.

Sobald sie gewahr wurde, wie viel Zeit ihr übrig blieb, bat sie Charlotten ihre Stunden einteilen zu dürfen, die nun genau beobachtet wurden. Sie arbeitete das Vorgesetzte auf eine Art, von der Charlotte durch den Gehülfen unterrichtet war. Man ließ sie gewähren. Nur zuweilen suchte Charlotte sie anzuregen. So schob sie ihr manchmal abgeschriebene Federn unter, um sie auf einen freieren Zug der Handschrift zu leiten; aber auch diese waren bald wieder scharf geschnitten.

Die Frauenzimmer hatten untereinander festgesetzt, Französisch zu reden wenn sie allein wären; und Charlotte beharrte umso mehr dabei, als Ottilie gesprächiger in der fremden Sprache war, indem man ihr die Übung derselben zur Pflicht gemacht hatte. Hier sagte sie oft mehr, als sie zu wollen schien. Besonders ergötzte sich Charlotte an einer zufälligen, zwar genauen, aber doch liebevollen Schilderung der ganzen Pensionsanstalt. Ottilie ward ihr eine liebe Gesellschafterin, und sie hoffte dereinst an ihr eine zuverlässige Freundin zu finden.

Charlotte nahm indes die älteren Papiere wieder vor, die sich auf Ottilien bezogen, um sich in Erinnerung zu bringen, was die Vorsteherin, was der Gehülfe über das gute Kind geurteilt, um es mit ihrer Persönlichkeit selbst zu vergleichen. Denn Charlotte war der Meinung, man könne nicht geschwind genug mit dem Charakter der Menschen bekannt werden, mit denen man zu leben hat, um zu wissen, was sich von ihnen erwarten, was sich an ihnen bilden lässt, oder was man ihnen ein für alle Mal zugestehen und verzeihen muss.

Sie fand zwar bei dieser Untersuchung nichts Neues, aber manches Bekannte ward ihr bedeutender und auffallender. So konnte ihr zum Beispiel Ottiliens Mäßigkeit im Essen und Trinken wirklich Sorge machen.

Das Nächste, was die Frauen beschäftigte, war der Anzug. Charlotte verlangte von Ottilien, sie solle in Kleidern reicher und mehr ausgesucht erscheinen. Sogleich schnitt das gute tätige Kind die ihr früher geschenkten Stoffe selbst zu und wusste sie sich, mit geringer Beihülfe anderer, schnell und höchst zierlich anzupassen. Die neuen modischen Gewänder erhöhten ihre Gestalt: denn indem das Angenehme einer Person sich auch über ihre Hülle verbreitet, so glaubt man sie immer wieder von Neuem und anmutiger zu sehen, wenn sie ihre Eigenschaften einer neuen Umgebung mitteilt.

Dadurch ward sie den Männern, wie von Anfang so immer mehr, dass wir es nur mit dem rechten Namen nennen, ein wahrer Augentrost. Denn wenn der Smaragd durch seine herrliche Farbe dem Gesicht wohltut, ja sogar einige Heilkraft an diesem edlen Sinn ausübt, so wirkt die menschliche Schönheit noch mit weit größerer Gewalt auf den äußern und innern Sinn. Wer sie erblickt, den kann nichts Übles anwehen; er fühlt sich mit sich selbst und mit der Welt in Übereinstimmung.

Auf manche Weise hatte daher die Gesellschaft durch Ottiliens Ankunft gewonnen. Die beiden Freunde hielten regelmäßiger die Stunden, ja die Minuten der Zusammenkünfte. Sie ließen weder zum Essen, noch zum Tee, noch zum Spaziergang länger als billig auf sich warten. Sie eilten, besonders abends, nicht so bald von Tische weg. Charlotte bemerkte das wohl und ließ beide nicht unbeobachtet. Sie suchte zu erforschen, ob einer vor dem andern hiezu den Anlass gäbe; aber sie konnte keinen Unterschied bemerken. Beide zeigten sich überhaupt geselliger. Bei ihren Unterhaltungen schienen sie zu bedenken, was Ottiliens Teilnahme zu erregen geeignet sein möchte, was ihren Einsichten, ihren übrigen Kenntnissen gemäß wäre. Beim Lesen und Erzählen hielten sie inne, bis sie wiederkam. Sie wurden milder und im Ganzen mitteilender.

In Erwiderung dagegen wuchs die Dienstbeflissenheit Ottiliens mit jedem Tage. Je mehr sie das Haus, die Menschen, die Verhältnisse kennenlernte, desto lebhafter griff sie ein, desto schneller verstand sie jeden Blick, jede Bewegung, ein halbes Wort, einen Laut. Ihre ruhige Aufmerksamkeit blieb sich immer gleich, so wie ihre gelassene Regsamkeit. Und so war ihr Sitzen, Aufstehen, Gehen, Kommen, Holen, Bringen, Wiederniedersitzen, ohne einen Schein von Unruhe, ein ewiger Wechsel, die ewige angenehme Bewegung. Dazu kam, dass man sie nicht gehen hörte, so leise trat sie auf.

Diese anständige Dienstfertigkeit Ottiliens machte Charlotten viel Freude. Ein Einziges, was ihr nicht ganz angemessen vorkam, verbarg sie Ottilien nicht. Es gehört, sagte sie eines Tages zu ihr, unter die lobenswürdigen Aufmerksamkeiten, dass wir uns schnell bücken, wenn jemand etwas aus der Hand fallen lässt, und es eilig aufzuheben suchen. Wir bekennen uns dadurch ihm gleichsam dienstpflichtig; nur ist in der größern Welt dabei zu bedenken, wem man eine solche Ergebenheit bezeigt. Gegen Frauen will ich dir darüber keine Gesetze vorschreiben. Du bist jung. Gegen Höhere und Ältere ist es Schuldigkeit, gegen deinesgleichen Artigkeit, gegen Jüngere und Niedere zeigt man sich dadurch menschlich und gut; nur will es einem Frauenzimmer nicht wohl geziemen, sich Männern auf diese Weise ergeben und dienstbar zu bezeigen.

Ich will es mir abzugewöhnen suchen, versetzte Ottilie. Indessen werden Sie mir diese Unschicklichkeit vergeben, wenn ich Ihnen sage, wie ich dazu gekommen bin. Man hat uns die Geschichte gelehrt; ich habe nicht so viel daraus behalten, als ich wohl gesollt hätte: denn ich wusste nicht, wozu ich's brauchen würde. Nur einzelne Begebenheiten sind mir sehr eindrücklich gewesen; so folgende:

Als Karl der Erste von England vor seinen sogenannten Richtern stand, fiel der goldne Knopf des Stöckchens, das er trug, herunter. Gewohnt, dass bei solchen Gelegenheiten sich alles für ihn bemühte, schien er sich umzusehen und zu erwarten, dass ihm jemand auch diesmal den kleinen Dienst erzeigen sollte. Es regte sich niemand; er bückte sich selbst, um den Knopf aufzuheben. Mir kam das so schmerzlich vor, ich weiß nicht ob mit Recht, dass ich von jenem Augenblick an niemanden kann etwas aus den Händen fallen sehn, ohne mich darnach zu bücken. Da es aber freilich nicht immer schicklich sein mag, und ich, fuhr sie lächelnd fort, nicht jederzeit meine Geschichte erzählen kann, so will ich mich künftig mehr zurückhalten.

Indessen hatten die guten Anstalten, zu denen sich die beiden Freunde berufen fühlten, ununterbrochenen Fortgang. Ja täglich fanden sie neuen Anlass etwas zu bedenken und zu unternehmen.

Als sie eines Tages zusammen durch das Dorf gingen, bemerkten sie missfällig, wie weit es an Ordnung und Reinlichkeit hinter jenen Dörfern zurückstehe, wo die Bewohner durch die Kostbarkeit des Raums auf beides hingewiesen werden.

Du erinnerst dich, sagte der Hauptmann, wie wir auf unserer Reise durch die Schweiz den Wunsch äußerten, eine ländliche sogenannte Parkanlage recht eigentlich zu verschönern, indem wir ein so gelegenes Dorf nicht zur Schweizer Bauart, sondern zur Schweizer Ordnung und Sauberkeit, welche die Benutzung so sehr befördern, einrichteten.

Hier zum Beispiel, versetzte Eduard, ginge das wohl an. Der Schlossberg verläuft sich in einen vorspringenden Winkel herunter; das Dorf ist ziemlich regelmäßig im Halbzirkel gegenüber gebaut; dazwischen fließt der Bach, gegen dessen Anschwellen sich der eine mit Steinen, der andre mit Pfählen, wieder einer mit Balken, und der Nachbar sodann mit Planken verwahren will, keiner aber den andern fördert, vielmehr sich und den übrigen Schaden und Nachteil bringt. So geht der Weg auch in ungeschickter Bewegung bald herauf, bald herab, bald durchs Wasser, bald über Steine. Wollten die Leute mit Hand anlegen, so würde kein großer Zuschuss nötig sein, um hier eine Mauer im Halbkreis aufzuführen, den Weg dahinter bis an die Häuser zu erhöhen, den schönsten Raum herzustellen, der Reinlichkeit Platz zu geben und durch eine ins Große gehende Anstalt alle kleine unzulängliche Sorge auf einmal zu verbannen.

Lass es uns versuchen, sagte der Hauptmann, indem er die Lage mit den Augen überlief und schnell beurteilte.

Ich mag mit Bürgern und Bauern nichts zu tun haben, wenn ich ihnen nicht geradezu befehlen kann, versetzte Eduard.

Du hast so unrecht nicht, erwiderte der Hauptmann: denn auch mir machten dergleichen Geschäfte im Leben schon viel Verdruss. Wie schwer ist es, dass der Mensch recht abwäge, was man aufopfern muss gegen das, was zu gewinnen ist! wie schwer, den Zweck zu wollen und die Mittel nicht zu verschmähen! Viele verwechseln gar die Mittel und den Zweck, erfreuen sich an jenen, ohne diesen im Auge zu behalten. Jedes Übel soll an der Stelle geheilt werden, wo es zum Vorschein kommt, und man bekümmert sich nicht um jenen Punkt, wo es eigentlich seinen Ursprung nimmt, woher es wirkt. Deswegen ist es so schwer Rat zu pflegen, besonders mit der Menge, die im Täglichen ganz verständig ist, aber selten weiter sieht als auf morgen. Kommt nun gar dazu, dass der eine bei einer gemeinsamen Anstalt gewinnen, der andre verlieren soll, da ist mit Vergleich nun gar nichts auszurichten. Alles eigentlich gemeinsame Gute muss durch das unumschränkte Majestätsrecht gefördert werden.

Indem sie standen und sprachen, bettelte sie ein Mensch an, der mehr frech als bedürftig aussah. Eduard, ungern unterbrochen und beunruhigt, schalt ihn, nachdem er ihn einige Mal vergebens gelassener abgewiesen hatte; als aber der Kerl sich murrend, ja gegenscheltend, mit kleinen Schritten entfernte, auf die Rechte des Bettlers trotzte, dem man wohl ein Almosen versagen, ihn aber nicht beleidigen dürfe, weil er so gut wie jeder andere unter dem Schutze Gottes und der Obrigkeit stehe, kam Eduard ganz aus der Fassung.

Der Hauptmann, ihn zu begütigen, sagte darauf: Lass uns diesen Vorfall als eine Aufforderung annehmen, unsere ländliche Polizei auch hierüber zu erstrecken. Almosen muss man einmal geben; man tut aber besser, wenn man sie nicht selbst gibt, besonders zu Hause. Da sollte man mäßig und gleichförmig in allem sein, auch im Wohltun. Eine allzu reichliche Gabe lockt Bettler herbei, anstatt sie abzufertigen; dagegen man wohl auf der Reise, im Vorbeifliegen, einem Armen an der Straße in der Gestalt des zufälligen Glücks erscheinen und ihm eine überraschende Gabe zuwerfen mag. Uns macht die Lage des Dorfes, des Schlosses, eine solche Anstalt sehr leicht; ich habe schon früher darüber nachgedacht.

An dem einen Ende des Dorfes liegt das Wirtshaus, an dem andern wohnen ein Paar alte gute Leute; an beiden Orten musst du eine kleine Geldsumme niederlegen. Nicht der ins Dorf Hereingehende, sondern der Hinausgehende erhält etwas; und da die beiden Häuser zugleich an den Wegen stehen, die auf das Schloss führen, so wird auch alles, was sich hinaufwenden wollte, an die beiden Stellen gewiesen.

Komm, sagte Eduard, wir wollen das gleich abmachen; das Genauere können wir immer noch nachholen.

Sie gingen zum Wirt und zu dem alten Paare, und die Sache war abgetan.

Ich weiß recht gut, sagte Eduard, indem sie zusammen den Schlossberg wieder hinaufstiegen, dass alles in der Welt ankommt auf einen gescheiten Einfall und auf einen festen Entschluss. So hast du die Parkanlagen meiner Frau sehr richtig beurteilt, und mir auch schon einen Wink zum Bessern gegeben, den ich ihr, wie ich gar nicht leugnen will, sogleich mitgeteilt habe.

Ich konnte es vermuten, versetzte der Hauptmann, aber nicht billigen. Du hast sie irre gemacht; sie lässt alles liegen und trutzt in dieser einzigen Sache mit uns: denn sie vermeidet davon zu reden und hat uns nicht wieder zur Mooshütte geladen, ob sie gleich mit Ottilien in den Zwischenstunden hinaufgeht.

Dadurch müssen wir uns, versetzte Eduard, nicht abschrecken lassen. Wenn ich von etwas Gutem überzeugt bin, was geschehen könnte und sollte, so habe ich keine Ruhe, bis ich es getan sehe. Sind wir doch sonst klug etwas einzuleiten. Lass uns die englischen Parkbeschreibungen mit Kupfern zur Abendunterhaltung vornehmen, nachher deine Gutskarte. Man muss es erst problematisch und nur wie zum Scherz behandeln; der Ernst wird sich schon finden.

Nach dieser Verabredung wurden die Bücher aufgeschlagen, worin man jedes Mal den Grundriss der Gegend und ihre landschaftliche Ansicht in ihrem ersten rohen Naturzustande gezeichnet sah, sodann auf andern Blättern die Veränderung vorgestellt fand, welche die Kunst daran vorgenommen, um alles das bestehende Gute zu nutzen und zu steigern. Hievon war der Übergang zur eigenen Besitzung, zur eignen Umgebung, und zu dem, was man daran ausbilden könnte, sehr leicht.

Die von dem Hauptmann entworfene Karte zum Grunde zu legen, war nunmehr eine angenehme Beschäftigung, nur konnte man sich von jener ersten Vorstellung, nach der Charlotte die Sache einmal angefangen hatte, nicht ganz losreißen. Doch erfand man einen leichtern Aufgang auf die Höhe; man wollte oberwärts am Abhange vor einem angenehmen Hölzchen ein Lustgebäude aufführen; dieses sollte einen Bezug aufs Schloss haben, aus den Schlossfenstern sollte man es übersehen, von dorther Schloss und Gärten wieder bestreichen können.

Der Hauptmann hatte alles wohl überlegt und gemessen, und brachte jenen Dorfweg, jene Mauer am Bache her, jene Ausfüllung wieder zur Sprache. Ich gewinne, sagte er, indem ich einen bequemen Weg zur Anhöhe hinaufführe, gerade so viel Steine, als ich zu jener Mauer bedarf. Sobald eins ins andre greift, wird beides wohlfeiler und geschwinder bewerkstelligt.

Nun aber, sagte Charlotte, kommt meine Sorge. Notwendig muss etwas Bestimmtes ausgesetzt werden; und wenn man weiß, wie viel zu einer solchen Anlage erforderlich ist, dann teilt man es ein, wo nicht auf Wochen, doch wenigstens auf Monate. Die Kasse ist unter meinem Beschluss; ich zahle die Zettel, und die Rechnung führe ich selbst.

Du scheinst uns nicht sonderlich viel zu vertrauen, sagte Eduard.

Nicht viel in willkürlichen Dingen, versetzte Charlotte. Die Willkür wissen wir besser zu beherrschen als ihr.

Die Einrichtung war gemacht, die Arbeit rasch angefangen, der Hauptmann immer gegenwärtig, und Charlotte nunmehr fast täglich Zeuge seines ernsten und bestimmten Sinnes. Auch er lernte sie näher kennen, und beiden wurde es leicht zusammen zu wirken und etwas zu Stande zu bringen.

Es ist mit den Geschäften wie mit dem Tanze; Personen, die gleichen Schritt halten, müssen sich unentbehrlich werden; ein wechselseitiges Wohlwollen muss notwendig daraus entspringen, und dass Charlotte dem Hauptmann, seitdem sie ihn näher kennen gelernt, wirklich wohlwollte, davon war ein sicherer Beweis, dass sie ihn einen schönen Ruheplatz, den sie bei ihren ersten Anlagen besonders ausgesucht und verziert hatte, der aber seinem Plane entgegenstand, ganz gelassen zerstören ließ, ohne auch nur die mindeste unangenehme Empfindung dabei zu haben.

Siebentes Kapitel

Indem nun Charlotte mit dem Hauptmann eine gemeinsame Beschäftigung fand, so war die Folge, dass sich Eduard mehr zu Ottilien gesellte. Für sie sprach ohnehin seit einiger Zeit eine stille freundliche Neigung in seinem Herzen. Gegen jedermann war sie dienstfertig und zuvorkommend; dass sie es gegen ihn am meisten sei, das wollte seiner Selbstliebe scheinen. Nun war keine Frage: was für Speisen und wie er sie liebte, hatte sie schon genau bemerkt; wie viel er Zucker zum Tee zu nehmen pflegte, und was dergleichen mehr ist, entging ihr nicht. Besonders war sie sorgfältig, alle Zugluft abzuwehren, gegen die er eine übertriebene Empfindlichkeit zeigte, und deshalb mit seiner Frau, der es nicht luftig genug sein konnte, manchmal in Widerspruch geriet. Ebenso wusste sie im Baum- und Blumengarten Bescheid. Was er wünschte, suchte sie zu befördern, was ihn ungeduldig machen konnte, zu verhüten, dergestalt, dass sie in kurzem wie ein freundlicher Schutzgeist ihm unentbehrlich ward und er anfing ihre Abwesenheit schon peinlich zu empfinden. Hiezu kam noch, dass sie gesprächiger und offener schien, sobald sie sich allein trafen.

Eduard hatte bei zunehmenden Jahren immer etwas Kindliches behalten, das der Jugend Ottiliens besonders zusagte. Sie erinnerten sich gern früherer Zeiten, wo sie einander gesehen; es stiegen diese Erinnerungen bis in die ersten Epochen der Neigung Eduards zu Charlotten. Ottilie wollte sich der beiden noch als des schönsten Hofpaares erinnern; und wenn Eduard ihr ein solches Gedächtnis aus ganz früher Jugend absprach, so behauptete sie doch besonders einen Fall noch vollkommen gegenwärtig zu haben, wie sie sich einmal, bei seinem Hereintreten, in Charlottens Schoß versteckt, nicht aus Furcht, sondern aus kindischer Überraschung. Sie hätte dazusetzen können: weil er so lebhaften Eindruck auf sie gemacht, weil er ihr gar so wohl gefallen.

Bei solchen Verhältnissen waren manche Geschäfte, welche die beiden Freunde zusammen früher vorgenommen, gewissermaßen in Stocken geraten, so dass sie für nötig fanden, sich wieder eine Übersicht zu verschaffen, einige Aufsätze zu entwerfen, Briefe zu schreiben. Sie bestellten sich deshalb auf ihre Kanzlei, wo sie den alten Kopisten müßig fanden. Sie gingen an die Arbeit und gaben ihm bald zu tun, ohne zu bemerken, dass sie ihm manches aufbürdeten, was sie sonst selbst zu verrichten gewohnt waren. Gleich der erste Aufsatz wollte dem Hauptmann, gleich der erste Brief Eduarden nicht gelingen. Sie quälten sich eine Zeitlang mit Konzipieren und Umschreiben, bis endlich Eduard, dem es am wenigsten vonstatten ging, nach der Zeit fragte.

Da zeigte sich denn, dass der Hauptmann vergessen hatte seine chronometrische Sekundenuhr aufzuziehen, das erste Mal seit vielen Jahren; und sie schienen, wo nicht zu empfinden, doch zu ahnen, dass die Zeit anfange ihnen gleichgültig zu werden.

Indem so die Männer einigermaßen in ihrer Geschäftigkeit nachließen, wuchs vielmehr die Tätigkeit der Frauen. Überhaupt nimmt die gewöhnliche Lebensweise einer Familie, die aus den gegebenen Personen und aus notwendigen Umständen entspringt, auch wohl eine außerordentliche Neigung, eine werdende Leidenschaft, in sich wie ein Gefäß auf, und es kann eine ziemliche Zeit vergehen, ehe dieses neue Ingrediens eine merkliche Gärung verursacht und schäumend über den Rand schwillt.

Bei unsern Freunden waren die entstehenden wechselseitigen Neigungen von der angenehmsten Wirkung. Die Gemüter öffneten sich, und ein allgemeines Wohlwollen entsprang aus dem besonderen. Jeder Teil fühlte sich glücklich und gönnte dem andern sein Glück.

Ein solcher Zustand erhebt den Geist, indem er das Herz erweitert, und alles, was man tut und vornimmt, hat eine Richtung gegen das Unermessliche. So waren auch die Freunde nicht mehr in ihrer Wohnung befangen. Ihre Spaziergänge dehnten sich weiter aus, und wenn dabei Eduard mit Ottilien, die Pfade zu wählen, die Wege zu bahnen, vorauseilte, so folgte der Hauptmann mit Charlotten in bedeutender Unterhaltung, teilnehmend an manchem neuentdeckten Plätzchen, an mancher unerwarteten Aussicht, geruhig der Spur jener rascheren Vorgänger.

Eines Tages leitete sie ihr Spaziergang durch die Schlosspforte des rechten Flügels hinunter nach dem Gasthofe, über die Brücke gegen die Teiche zu, an denen sie hingingen, so weit man gewöhnlich das Wasser verfolgte, dessen Ufer sodann, von einem buschigen Hügel und weiterhin von Felsen eingeschlossen, aufhörte gangbar zu sein.

Aber Eduard, dem von seinen Jagdwanderungen her die Gegend bekannt war, drang mit Ottilien auf einem bewachsenen Pfade weiter vor, wohl wissend, dass die alte zwischen Felsen versteckte Mühle nicht weit abliegen konnte. Allein der wenig betretene Pfad verlor sich bald, und sie fanden sich im dichten Gebüsch zwischen moosigem Gestein verirrt, doch nicht lange: denn das Rauschen der Räder verkündigte ihnen sogleich die Nähe des gesuchten Ortes.

Auf eine Klippe vorwärts tretend sahen sie das alte, schwarze, wunderliche Holzgebäude im Grunde vor sich, von steilen Felsen sowie von hohen Bäumen umschattet. Sie entschlossen sich kurz und gut über Moos und Felstrümmer hinabzusteigen: Eduard voran; und wenn er nun in die Höhe sah, und Ottilie leicht schreitend, ohne Furcht und Ängstlichkeit, im schönsten Gleichgewicht von Stein zu Stein ihm folgte, glaubte er ein himmlisches Wesen zu sehen, das über ihm schwebte. Und wenn sie nun manchmal an unsicherer Stelle seine ausgestreckte Hand ergriff, ja sich auf seine Schulter stützte, dann konnte er sich nicht verleugnen, dass es das zarteste weibliche Wesen sei, das ihn berührte. Fast hätte er gewünscht, sie möchte straucheln, gleiten, dass er sie in seine Arme auffangen, sie an sein

Herz drücken könnte. Doch dies hätte er unter keiner Bedingung getan, aus mehr als einer Ursache: er fürchtete sie zu beleidigen, sie zu beschädigen.

Wie dies gemeint sei, erfahren wir sogleich. Denn als er nun herabgelangt, ihr unter den hohen Bäumen am ländlichen Tische gegenübersaß, die freundliche Müllerin nach Milch, der bewillkommende Müller Charlotten und dem Hauptmann entgegengesandt war, fing Eduard mit einigem Zaudern zu sprechen an.

Ich habe eine Bitte, liebe Ottilie: verzeihen Sie mir die, wenn Sie mir sie auch versagen. Sie machen kein Geheimnis daraus, und es braucht es auch nicht, dass Sie unter Ihrem Gewand, auf Ihrer Brust ein Miniaturbild tragen. Es ist das Bild Ihres Vaters, des braven Mannes, den Sie kaum gekannt, und der in jedem Sinne eine Stelle an Ihrem Herzen verdient. Aber vergeben Sie mir: das Bild ist ungeschickt groß, und dieses Metall, dieses Glas macht mir tausend Ängste, wenn Sie ein Kind in die Höhe heben, etwas vor sich hintragen, wenn die Kutsche schwankt, wenn wir durchs Gebüsch dringen, eben jetzt, wie wir vom Felsen herabstiegen. Mir ist die Möglichkeit schrecklich, dass irgendein unvorgesehener Stoß, ein Fall, eine Berührung Ihnen schädlich und verderblich sein könnte. Tun Sie es mir zuliebe, entfernen Sie das Bild, nicht aus Ihrem Andenken, nicht aus Ihrem Zimmer; ja geben Sie ihm den schönsten, den heiligsten Ort Ihrer Wohnung: nur von Ihrer Brust entfernen Sie etwas, dessen Nähe mir, vielleicht aus übertriebener Ängstlichkeit, so gefährlich scheint.

Ottilie schwieg, und hatte während er sprach vor sich hingesehen; dann, ohne Übereilung und ohne Zaudern, mit einem Blick mehr gen Himmel als auf Eduard gewendet, löste sie die Kette, zog das Bild hervor, drückte es gegen ihre Stirn und reichte es dem Freunde hin, mit den Worten: Heben Sie es mir auf, bis wir nach Hause kommen. Ich vermag Ihnen nicht besser zu bezeugen, wie sehr ich Ihre freundliche Sorgfalt zu schätzen weiß.

Der Freund wagte nicht das Bild an seine Lippen zu drücken, aber er fasste ihre Hand und drückte sie an seine Augen. Es waren vielleicht die zwei schönsten Hände, die sich jemals zusammenschlossen. Ihm war, als wenn ihm ein Stein vom Herzen gefallen wäre, als wenn sich eine Scheidewand zwischen ihm und Ottilien niedergelegt hätte.

Vom Müller geführt langten Charlotte und der Hauptmann auf einem bequemeren Pfade herunter. Man begrüßte sich, man erfreute und erquickte sich. Zurück wollte man denselben Weg nicht kehren, und Eduard schlug einen Felspfad auf der andern Seite des Baches vor, auf welchem die Teiche wieder zu Gesicht kamen, indem man ihn mit einiger Anstrengung zurücklegte. Nun durchstrich man ein abwechselndes Gehölz und erblickte nach dem Lande zu, mancherlei Dörfer, Flecken, Meiereien mit ihren grünen und fruchtbaren Umgebungen; zunächst ein Vorwerk, das an der Höhe, mitten im Holze, gar vertraulich lag. Am schönsten zeigte sich der größte Reichtum der Gegend, vor- und rückwärts, auf der sanfterstiegenen Höhe, von da man zu einem lustigen Wäldchen gelangte, und beim Heraustreten aus demselben sich auf dem Felsen dem Schlosse gegenüber befand.

Wie froh waren sie, als sie daselbst gewissermaßen unvermutet ankamen. Sie hatten eine kleine Welt umgangen; sie standen auf dem Platze, wo das neue Gebäude hinkommen sollte, und sahen wieder in die Fenster ihrer Wohnung.

Man stieg zur Mooshütte hinunter, und saß zum ersten Mal darin zu vieren. Nichts war natürlicher, als dass einstimmig der Wunsch ausgesprochen wurde, dieser heutige Weg, den sie langsam und nicht ohne Beschwerlichkeit gemacht, möchte dergestalt geführt und eingerichtet werden, dass man ihn gesellig, schlendernd und mit Behaglichkeit zurücklegen könnte. Jedes tat Vorschläge, und man berechnete, dass der Weg, zu welchem sie mehrere Stunden gebraucht hatten, wohlgebahnt in einer Stunde zum Schloss zurückführen müsste. Schon legte man in Gedanken, unterhalb der Mühle, wo der Bach in die Teiche fließt, eine wegverkürzende und die Landschaft zierende Brücke an, als Charlotte der erfindenden Einbildungskraft einigen Stillstand gebot, indem sie an die Kosten erinnerte, welche zu einem solchen Unternehmen erforderlich sein würden.

Hier ist auch zu helfen, versetzte Eduard. Jenes Vorwerk im Walde, das so schön zu liegen scheint, und so wenig einträgt, dürfen wir nur veräußern und das daraus Gelöste zu diesen Anlagen verwenden; so genießen wir vergnüglich auf einem unschätzbaren Spaziergange die Interessen eines wohlangelegten Kapitals, da wir jetzt mit Missmut, bei letzter Berechnung am Schlusse des Jahrs, eine kümmerliche Einnahme davon ziehen.

Charlotte selbst konnte als gute Haushälterin nicht viel dagegen erinnern. Die Sache war schon früher zur Sprache gekommen. Nun wollte der Hauptmann einen Plan zu Zerschlagung der Grundstücke unter die Waldbauern machen; Eduard aber wollte kürzer und bequemer verfahren wissen. Der gegenwärtige Pachter, der schon Vorschläge getan hatte, sollte es erhalten, terminweise zahlen und so terminweise wollte man die planmäßigen Anlagen von Strecke zu Strecke vornehmen.

So eine vernünftige gemäßigte Einrichtung musste durchaus Beifall finden, und schon sah die ganze Gesellschaft im Geiste die neuen Wege sich schlängeln, auf denen und in deren Nähe man noch die angenehmsten Ruhe- und Aussichtsplätze zu entdecken hoffte.

Um sich alles mehr im Einzelnen zu vergegenwärtigen nahm man abends zu Hause sogleich die neue Karte vor. Man übersah den zurückgelegten Weg und wie er vielleicht an einigen Stellen noch vorteilhafter zu führen wäre. Alle früheren Vorsätze wurden nochmals durchgesprochen und mit den neuesten Gedanken verbunden, der Platz des neuen Hauses, gegen dem Schloss über, nochmals gebilligt und der Kreislauf der Wege bis dahin abgeschlossen.

Ottilie hatte zu dem allen geschwiegen, als Eduard zuletzt den Plan, der bisher vor Charlotten gelegen, vor sie hinwandte, und sie zugleich einlud, ihre Meinung zu sagen, und, als sie einen Augenblick anhielt, sie liebevoll ermunterte, doch ja nicht zu schweigen: alles sei ja noch gleichgültig, alles noch im Werden.

Ich würde, sagte Ottilie, indem sie den Finger auf die höchste Fläche der Anhöhe setzte, das Haus hieher bauen. Man sähe zwar das Schloss nicht: denn es wird von dem Wäldchen bedeckt; aber man befände sich auch dafür wie in einer andern und neuen Welt, indem zugleich das Dorf und alle Wohnungen verborgen wären. Die Aussicht auf die Teiche, nach der Mühle, auf die Höhen, in die Gebirge, nach dem Lande zu, ist außerordentlich schön; ich habe es im Vorbeigehen bemerkt.

Sie hat recht! rief Eduard: wie konnte uns das nicht einfallen? Nicht wahr, so ist es gemeint, Ottilie? – Er nahm einen Bleistift und strich ein längliches Viereck recht stark und derb auf die Anhöhe.

Dem Hauptmann fuhr das durch die Seele: denn er sah einen sorgfältigen, reinlich gezeichneten Plan ungern auf diese Weise verunstaltet; doch fasste er sich nach einer leisen Missbilligung und ging auf den Gedanken ein. Ottilie hat recht, sagte er: macht man nicht gern eine entfernte Spazierfahrt, um einen Kaffee zu trinken, einen Fisch zu genießen, der uns zu Hause nicht so gut geschmeckt hätte? Wir verlangen Abwechselung und fremde Gegenstände. Das Schloss haben die Alten mit Vernunft hieher gebaut: denn es liegt geschützt vor den Winden, und nah an allen täglichen Bedürfnissen; ein Gebäude hingegen, mehr zum geselligen Aufenthalt als zur Wohnung, wird sich dorthin recht wohl schicken und in der guten Jahrszeit die angenehmsten Stunden gewähren.

Je mehr man die Sache durchsprach desto günstiger erschien sie, und Eduard konnte seinen Triumph nicht bergen, dass Ottilie den Gedanken gehabt. Er war so stolz darauf, als ob die Erfindung sein gewesen wäre.

Achtes Kapitel

Der Hauptmann untersuchte gleich am frühsten Morgen den Platz, entwarf erst einen flüchtigen, und als die Gesellschaft an Ort und Stelle sich nochmals entschieden hatte, einen genauen Riss nebst Anschlag und allem Erforderlichen. Es fehlte nicht an der nötigen Vorbereitung. Jenes Geschäft wegen Verkauf des Vorwerks ward auch sogleich wieder angegriffen. Die Männer fanden zusammen neuen Anlass zur Tätigkeit.

Der Hauptmann machte Eduarden bemerklich, dass es eine Artigkeit, ja wohl gar eine Schuldigkeit sei, Charlottens Geburtstag durch Legung des Grundsteins zu feiern. Es bedurfte nicht viel, die alte Abneigung Eduards gegen solche Feste zu überwinden: denn es kam ihm schnell in den Sinn, Ottiliens Geburtstag, der später fiel, gleichfalls recht feierlich zu begehen.

Charlotte, der die neuen Anlagen, und was deshalb geschehen sollte, bedeutend, ernstlich, ja fast bedenklich vorkamen, beschäftigte sich damit, die Anschläge, Zeit- und Geldeinteilungen nochmals für sich durchzugehen. Man sah sich des Tages weniger, und mit desto mehr Verlangen suchte man sich des Abends auf.

Ottilie war indessen schon völlig Herrin des Haushaltes, und wie konnte es anders sein, bei ihrem stillen und sichern Betragen. Auch war ihre ganze Sinnesweise dem Hause und dem Häuslichen mehr als der Welt, mehr als dem Leben im Freien zugewendet. Eduard bemerkte bald, dass sie eigentlich nur aus Gefälligkeit in die Gegend mitging, dass sie nur aus geselliger Pflicht abends länger draußen verweilte, auch wohl manchmal einen Vorwand häuslicher Tätigkeit suchte, um wieder hineinzugehen. Sehr bald wusste er daher die gemeinschaftlichen Wanderungen so einzurichten, dass man vor Sonnenuntergang wieder zu Hause war, und fing an, was er lange unterlassen hatte, Gedichte vorzulesen, solche besonders, in deren Vortrag der Ausdruck einer reinen, doch leidenschaftlichen Liebe zu legen war.

Gewöhnlich saßen sie abends um einen kleinen Tisch, auf hergebrachten Plätzen: Charlotte auf dem Sofa, Ottilie auf einem Sessel gegen ihr über, und die Männer nahmen die beiden andern Seiten ein. Ottilie saß Eduarden zur Rechten, wohin er auch das Licht schob, wenn er las. Alsdann rückte sich Ottilie wohl näher, um ins Buch zu sehen: denn auch sie traute ihren eigenen Augen mehr als fremden Lippen; und Eduard gleichfalls rückte zu, um es ihr auf alle Weise bequem zu machen; ja er hielt oft längere Pausen als nötig, damit er nur nicht eher umwendete, bis auch sie zu Ende der Seite gekommen.

Charlotte und der Hauptmann bemerkten es wohl und sahen manchmal einander lächelnd an; doch wurden beide von einem andern Zeichen überrascht, in welchem sich Ottiliens stille Neigung gelegentlich offenbarte.

An einem Abende, welcher der kleinen Gesellschaft durch einen lästigen Besuch zum Teil verloren gegangen, tat Eduard den Vorschlag, noch beisammen zu bleiben. Er fühlte sich aufgelegt seine Flöte vorzunehmen, welche lange nicht an die Tagesordnung gekommen war. Charlotte suchte nach den Sonaten, die sie zusammen gewöhnlich auszuführen pflegten, und da sie nicht zu finden waren, gestand Ottilie nach einigem Zaudern, dass sie solche mit auf ihr Zimmer genommen.

Und Sie können, Sie wollen mich auf dem Flügel begleiten? rief Eduard, dem die Augen vor Freude glänzten. Ich glaube wohl, versetzte Ottilie, dass es gehen wird. Sie brachte die Noten herbei und setzte sich ans Klavier. Die Zuhörenden waren aufmerksam und überrascht, wie vollkommen Ottilie das Musikstück für sich selbst eingelernt hatte, aber noch mehr überrascht, wie sie es der Spielart Eduards anzupassen wusste. Anzupassen wusste ist nicht der rechte Ausdruck: denn wenn es von Charlottens Geschicklichkeit und freiem Willen abhing, ihrem bald zögernden bald voreilenden Gatten zuliebe, hier anzuhalten, dort mitzugehen, so schien Ottilie, welche die Sonate von jenen einige Mal spielen gehört, sie nur in dem Sinne eingelernt zu haben, wie jener sie begleitete. Sie hatte seine Mängel so zu den ihrigen gemacht, dass daraus wieder eine Art von lebendigem Ganzen entsprang, das sich zwar nicht taktgemäß bewegte, aber doch höchst angenehm und gefällig lautete. Der Komponist selbst hätte seine Freude daran gehabt, sein Werk auf eine so liebevolle Weise entstellt zu sehen.

Auch diesem wundersamen unerwarteten Begegnis sahen der Hauptmann und Charlotte stillschweigend mit einer Empfindung zu, wie man oft kindische Handlungen betrachtet, die man wegen ihrer besorglichen Folgen gerade nicht billigt und doch nicht schelten kann, ja vielleicht beneiden muss. Denn eigentlich war die Neigung dieser beiden ebenso gut im Wachsen als jene, und vielleicht nur noch gefährlicher dadurch, dass beide ernster, sicherer von sich selbst, sich zu halten fähiger waren.

Schon fing der Hauptmann an zu fühlen, dass eine unwiderstehliche Gewohnheit ihn an Charlotten zu fesseln drohte. Er gewann es über sich, den Stunden auszuweichen, in denen Charlotte nach den Anlagen zu kommen pflegte, indem er schon am frühsten Morgen aufstand, alles anordnete und sich dann zur Arbeit auf seinen Flügel ins Schloss zurückzog. Die ersten Tage hielt es Charlotte für zufällig; sie suchte ihn an allen wahrscheinlichen Stellen; dann glaubte sie ihn zu verstehen und achtete ihn nur um desto mehr.

Vermied nun der Hauptmann mit Charlotten allein zu sein, so war er desto emsiger, zur glänzenden Feier des herannahenden Geburtsfestes die Anlagen zu betreiben und zu beschleunigen: denn indem er von unten hinauf, hinter dem Dorfe her, den bequemen Weg führte, so ließ er, vorgeblich um Steine zu brechen, auch von oben herunter arbeiten und hatte alles so eingerichtet und berechnet, dass erst in der letzten Nacht die beiden Teile des Weges sich begegnen sollten. Zum neuen Hause oben war auch schon der Keller mehr gebrochen als gegraben, und ein schöner Grundstein mit Fächern und Deckplatten zugehauen.

Die äußere Tätigkeit, diese kleinen, freundlichen, geheimnisvollen Absichten, bei innern, mehr oder weniger zurückgedrängten Empfindungen, ließen die Unterhaltung der Gesellschaft, wenn sie beisammen war, nicht lebhaft werden, dergestalt dass Eduard, der etwas Lückenhaftes empfand, den Hauptmann eines Abends aufrief, seine Violine hervorzunehmen und Charlotten bei dem Klavier zu begleiten. Der Hauptmann konnte dem allgemeinen Verlangen nicht widerstehen, und so führten beide, mit Empfindung, Behagen und Freiheit, eins der schwersten Musikstücke zusammen auf, dass es ihnen und dem zuhörenden Paar zum größten Vergnügen gereichte. Man versprach sich öftere Wiederholung und mehrere Zusammenübung.

Sie machen es besser, als wir, Ottilie! sagte Eduard. Wir wollen sie bewundern, aber uns doch zusammen freuen.

Neuntes Kapitel

Der Geburtstag war herbeigekommen und alles fertig geworden: die ganze Mauer, die den Dorfweg gegen das Wasser zu einfasste und erhöhte, ebenso der Weg an der Kirche vorbei, wo er eine Zeitlang in dem von Charlotten angelegten Pfade fortlief, sich dann die Felsen hinaufwärts schlang, die Mooshütte links über sich, dann nach einer völligen Wendung links unter sich ließ und so allmählich auf die Höhe gelangte.

Es hatte sich diesen Tag viel Gesellschaft eingefunden. Man ging zur Kirche, wo man die Gemeinde im festlichen Schmuck versammelt antraf. Nach dem Gottesdienste zogen Knaben, Jünglinge und Männer, wie es angeordnet war, voraus; dann kam die Herrschaft mit ihrem Besuch und Gefolge; Mädchen, Jungfrauen und Frauen machten den Beschluss.

Bei der Wendung des Weges war ein erhöhter Felsenplatz eingerichtet; dort ließ der Hauptmann Charlotten und die Gäste ausruhen. Hier übersahen sie den ganzen Weg, die hinaufgeschrittene Männerschar, die nachwandelnden Frauen, welche nun vorbeizogen. Es war bei dem herrlichen Wetter ein wunderschöner Anblick. Charlotte fühlte sich überrascht, gerührt und drückte dem Hauptmann herzlich die Hand.

Man folgte der sachte fortschreitenden Menge, die nun schon einen Kreis um den künftigen Hausraum gebildet hatte. Der Bauherr, die Seinigen und die vornehmsten Gäste wurden eingeladen in die Tiefe hinabzusteigen, wo der Grundstein an einer Seite unterstützt eben zum Niederlassen bereitlag. Ein wohlgeputzter Maurer, die Kelle in der einen, den Hammer in der andern Hand, hielt in Reimen eine anmutige Rede, die wir in Prosa nur unvollkommen wiedergeben können.

Drei Dinge, fing er an, sind bei einem Gebäude zu beachten: dass es am rechten Fleck stehe, dass es wohlgegründet, dass es vollkommen ausgeführt sei. Das Erste ist eigentlich die Sache des Bauherrn: denn wie in der Stadt nur der Fürst und die Gemeine bestimmen können, wohin gebaut werden soll, so ist es auf dem Lande das Vorrecht des Grundherrn, dass er sage: hier soll meine Wohnung stehen und nirgends anders.

Eduard und Ottilie wagten nicht bei diesen Worten einander anzusehen, ob sie gleich nahe gegen einander über standen.

Das Dritte, die Vollendung, ist die Sorge gar vieler Gewerke; ja wenige sind, die nicht dabei beschäftigt wären. Aber das Zweite, die Gründung, ist des Maurers Angelegenheit, und dass wir es nur keck heraussagen, die Hauptangelegenheit des ganzen Unternehmens. Es ist ein ernstes Geschäft und unsre Einladung ist ernsthaft: denn diese Feierlichkeit wird in der Tiefe begangen. Hier innerhalb dieses engen ausgegrabenen Raums erweisen Sie uns die Ehre als Zeugen unseres geheimnisvollen Geschäftes zu erscheinen. Gleich werden wir diesen wohlzugehauenen Stein niederlegen und bald werden diese mit schönen und würdigen Personen gezierten Erdwände nicht mehr zugänglich, sie werden ausgefüllt sein.

Diesen Grundstein, der mit seiner Ecke die rechte Ecke des Gebäudes, mit seiner Rechtwinkligkeit die Regelmäßigkeit desselben, mit seiner wasser- und senkrechten Lage Lot und Waage aller Mauern und Wände bezeichnet, könnten wir ohne weiteres niederlegen: denn er ruhte wohl auf seiner eignen Schwere. Aber auch hier soll es am Kalk, am Bindungsmittel nicht fehlen: denn so wie Menschen, die einander von Natur geneigt sind, noch besser zusammenhalten, wenn das Gesetz sie verkittet, so werden auch Steine, deren Form schon zusammenpasst, noch besser durch diese bindenden Kräfte vereinigt: und da es sich nicht ziemen will unter den Tätigen müßig zu sein, so werden Sie nicht verschmähen auch hier Mitarbeiter zu werden.

Er überreichte hierauf seine Kelle Charlotten, welche damit Kalk unter den Stein warf. Mehreren wurde ein Gleiches zu tun angesonnen und der Stein alsobald niedergesenkt, worauf denn Charlotten und den Übrigen sogleich der Hammer gereicht wurde, um durch ein dreimaliges Pochen die Verbindung des Steins mit dem Grunde ausdrücklich zu segnen.

Des Maurers Arbeit, fuhr der Redner fort, zwar jetzt unter freiem Himmel, geschieht wo nicht immer im Verborgnen doch zum Verborgnen. Der regelmäßig aufgeführte Grund wird verschüttet, und sogar bei den Mauern, die wir am Tage aufführen, ist man unser am Ende kaum eingedenk. Die Arbeiten des Steinmetzen und Bildhauers fallen mehr in die Augen, und wir müssen es sogar noch gutheißen, wenn der Tüncher die Spur unserer Hände völlig auslöscht und sich unser Werk zueignet, indem er es überzieht, glättet und färbt.

Wem muss also mehr daran gelegen sein, das was er tut sich selbst recht zu machen, indem er es recht macht, als dem Maurer? Wer hat mehr als er das Selbstbewusstsein zu nähren Ursach? Wenn das Haus aufgeführt, der Boden geplattet und gepflastert, die Außenseite mit Zieraten überdeckt ist, so sieht er durch alle Hüllen immer noch hinein und erkennt noch jene regelmäßigen sorgfältigen Fugen, denen das Ganze sein Dasein und seinen Halt zu danken hat.

Aber wie jeder, der eine Übeltat begangen, fürchten muss, dass, ungeachtet allen Abwehrens, sie dennoch ans Licht kommen werde, so muss derjenige erwarten, der insgeheim das Gute getan, dass auch dieses wider seinen Willen an den Tag komme. Deswegen machen wir diesen Grundstein zugleich zum Denkstein. Hier in diese unterschiedlichen gehauenen Vertiefungen soll Verschiedenes eingesenkt werden, zum Zeugnis für eine entfernte Nachwelt. Diese metallnen zugelöteten Köcher enthalten schriftliche Nachrichten; auf diese Metallplatten ist allerlei Merkwürdiges eingegraben; in diesen schönen gläsernen Flaschen versenken wir den besten alten Wein, mit Bezeichnung seines Geburtsjahrs; es fehlt nicht an Münzen verschiedener Art, in diesem Jahre geprägt: alles dieses erhielten wir durch die Freigebigkeit unseres Bauherrn. Auch ist hier noch mancher Platz, wenn irgendein Gast und Zuschauer etwas der Nachwelt zu übergeben Belieben trüge.

Nach einer kleinen Pause sah der Geselle sich um; aber wie es in solchen Fällen zu gehen pflegt, niemand war vorbereitet, jedermann überrascht, bis endlich ein junger munterer Offizier anfing und sagte: Wenn ich etwas beitragen soll, das in dieser Schatzkammer noch nicht niedergelegt ist, so muss ich ein paar Knöpfe von der Uniform schneiden, die doch wohl auch verdienen auf die Nachwelt zu kommen. Gesagt, getan! und nun hatte mancher einen ähnlichen Einfall. Die Frauenzimmer säumten nicht von ihren kleinen Haarkämmen hineinzulegen; Riechfläschchen und andre Zierden wurden nicht geschont: nur Ottilie zauderte, bis Eduard sie durch ein freundliches Wort aus der Betrachtung aller der beigesteuerten und eingelegten Dinge herausriss. Sie löste darauf die goldne Kette vom Halse, an der das Bild ihres Vaters gehangen hatte, und legte sie mit leiser Hand über die anderen Kleinode hin, worauf Eduard mit einiger Hast veranstaltete, dass der wohlgefugte Deckel sogleich aufgestürzt und eingekittet wurde.

Der junge Gesell, der sich dabei am tätigsten erwiesen, nahm seine Rednermiene wieder an und fuhr fort: Wir gründen diesen Stein für ewig, zur Sicherung des längsten Genusses der gegenwärtigen und künftigen Besitzer dieses Hauses. Allein indem wir hier gleichsam einen Schatz vergraben, so denken wir zugleich, bei dem gründlichsten aller Geschäfte, an die Vergänglichkeit der menschlichen Dinge; wir denken uns eine Möglichkeit, dass dieser festversiegelte Deckel wieder aufgehoben werden könne, welches nicht anders geschehen dürfte, als wenn das alles wieder zerstört wäre, was wir noch nicht einmal aufgeführt haben.

Aber eben, damit dieses aufgeführt werde, zurück mit den Gedanken aus der Zukunft, zurück ins Gegenwärtige! Lasst uns, nach begangenem heutigem Feste, unsre Arbeit sogleich fördern, damit keiner von den Gewerken, die auf unserm Grunde fortarbeiten, zu feiern brauche, dass der Bau eilig in die Höhe steige und vollendet werde, und aus den Fenstern, die noch nicht sind, der Hausherr mit den Seinigen und seinen Gästen sich fröhlich in der Gegend umschaue, deren aller sowie sämtlicher Anwesenden Gesundheit hiermit getrunken sei!

Und so leerte er ein wohlgeschliffenes Kelchglas auf einen Zug aus und warf es in die Luft: denn es bezeichnet das Übermaß einer Freude, das Gefäß zu zerstören, dessen man sich in der Fröhlichkeit bedient. Aber diesmal ereignete es sich anders: das Glas kam nicht wieder auf den Boden, und zwar ohne Wunder.

Man hatte nämlich, um mit dem Bau vorwärts zu kommen, bereits an der entgegengesetzten Ecke den Grund völlig herausgeschlagen, ja schon angefangen die Mauern aufzuführen, und zu dem Endzweck das Gerüst erbaut, so hoch als es überhaupt nötig war.

Dass man es besonders zu dieser Feierlichkeit mit Brettern belegt und eine Menge Zuschauer hinaufgelassen hatte, war zum Vorteil der Arbeitsleute geschehen. Dort hinauf flog das Glas und wurde von einem aufgefangen, der diesen Zufall als ein glückliches Zeichen für sich ansah. Er wies es zuletzt herum, ohne es aus der Hand zu lassen, und man sah darauf die Buchstaben E und O in sehr zierlicher Verschlingung eingeschnitten: es war eins der Gläser, die für Eduarden in seiner Jugend verfertigt worden.

Die Gerüste standen wieder leer, und die leichtesten unter den Gästen stiegen hinauf sich umzusehen, und konnten die schöne Aussicht nach allen Seiten nicht genugsam rühmen: denn was entdeckt der nicht alles, der auf einem hohen Punkte nur um ein Geschoss höher steht. Nach dem Innern des Landes zu kamen mehrere neue Dörfer zum Vorschein; den silbernen Streifen des Flusses erblickte man deutlich; ja selbst die Türme der Hauptstadt wollte einer gewahr werden. An der Rückseite, hinter den waldigen Hügeln, erhoben sich die blauen Gipfel eines fernen Gebirges, und die nächste Gegend übersah man im Ganzen. Nun sollten nur noch, rief einer, die drei Teiche zu einem See vereinigt werden; dann hätte der Anblick alles, was groß und wünschenswert ist.

Das ließe sich wohl machen, sagte der Hauptmann: denn sie bildeten schon vor Zeiten einen Bergsee.

Nur bitte ich meine Platanen- und Pappelgruppe zu schonen, sagte Eduard, die so schön am mittelsten Teiche steht. Sehen Sie – wandte er sich zu Ottilien, die er einige Schritte vorführte, indem er hinabwies – diese Bäume habe ich selbst gepflanzt.

Wie lange stehen sie wohl schon? fragte Ottilie. Etwa so lange, versetzte Eduard, als Sie auf der Welt sind. Ja, liebes Kind, ich pflanzte schon, da Sie noch in der Wiege lagen.

Die Gesellschaft begab sich wieder in das Schloss zurück. Nach aufgehobener Tafel wurde sie zu einem Spaziergang durch das Dorf eingeladen, um auch hier die neuen Anstalten in Augenschein zu nehmen. Dort hatten sich, auf des Hauptmanns Veranlassung, die Bewohner vor ihren Häusern versammelt; sie standen nicht in Reihen, sondern familienweise natürlich gruppiert, teils, wie es der Abend forderte, beschäftigt, teils auf neuen Bänken ausruhend. Es ward ihnen zur angenehmen Pflicht gemacht, wenigstens jeden Sonntag und Festtag, diese Reinlichkeit, diese Ordnung zu erneuen.

Eine innere Geselligkeit mit Neigung, wie sie sich unter unseren Freunden erzeugt hatte, wird durch eine größere Gesellschaft immer nur unangenehm unterbrochen. Alle vier waren zufrieden sich wieder im großen Saale allein zu finden; doch ward dieses häusliche Gefühl einigermaßen gestört, indem ein Brief, der Eduarden überreicht wurde, neue Gäste auf morgen ankündigte.

Wie wir vermuteten, rief Eduard Charlotten zu: der Graf wird nicht ausbleiben, er kommt morgen.

Da ist also auch die Baronesse nicht weit, versetzte Charlotte.

Gewiss nicht! antwortete Eduard: sie wird auch morgen von ihrer Seite anlangen. Sie bitten um ein Nachtquartier und wollen übermorgen zusammen wieder fortreisen.

Da müssen wir unsere Anstalten beizeiten machen, Ottilie! sagte Charlotte.

Wie befehlen Sie die Einrichtung? fragte Ottilie.

Charlotte gab es im Allgemeinen an, und Ottilie entfernte sich.

Der Hauptmann erkundigte sich nach dem Verhältnis dieser beiden Personen, das er nur im Allgemeinsten kannte. Sie hatten früher, beide schon anderwärts verheiratet, sich leidenschaftlich lieb gewonnen. Eine doppelte Ehe war nicht ohne Aufsehn gestört; man dachte an Scheidung. Bei der Baronesse war sie möglich geworden, bei dem Grafen nicht. Sie mussten sich zum Scheine trennen, allein ihr Verhältnis blieb; und wenn sie winters in der Residenz nicht zusammen sein konnten, so entschädigten sie sich sommers auf Lustreisen und in Badern. Sie waren beide um etwas älter als Eduard und Charlotte und sämtlich genaue Freunde aus früher Hofzeit her. Man hatte immer ein gutes Verhältnis erhalten, ob man gleich nicht alles an seinen Freunden billigte. Nur diesmal war Charlotten ihre Ankunft gewissermaßen ganz ungelegen, und wenn sie die Ursache genau untersucht hätte, es war eigentlich um Ottiliens willen. Das gute reine Kind sollte ein solches Beispiel so früh nicht gewahr werden.

Sie hätten wohl noch ein paar Tage wegbleiben können, sagte Eduard, als eben Ottilie wieder hereintrat, bis wir den Vorwerksverkauf in Ordnung gebracht. Der Aufsatz ist fertig; die eine Abschrift habe ich hier; nun fehlt es aber an der zweiten und unser alter Kanzellist ist recht krank. Der Hauptmann bot sich an, auch Charlotte; dagegen waren einige Einwendungen zu machen. Geben Sie mir's nur! rief Ottilie, mit einiger Hast.

Du wirst nicht damit fertig, sagte Charlotte.

Freilich müsste ich es übermorgen früh haben, und es ist viel, sagte Eduard. Es soll fertig sein, rief Ottilie, und hatte das Blatt schon in den Händen.

Des andern Morgens, als sie sich aus dem obern Stock nach den Gästen umsahen, denen sie entgegenzugehen nicht verfehlen wollten, sagte Eduard: Wer reitet denn so langsam dort die Straße her? Der Hauptmann beschrieb die Figur des Reiters genauer. So ist er's doch, sagte Eduard: denn das Einzelne, das du besser siehst als ich, passt sehr gut zu dem Ganzen, das ich recht wohl sehe. Es ist Mittler. Wie kommt er aber dazu, langsam und so langsam zu reiten?

Die Figur kam näher, und Mittler war es wirklich. Man empfing ihn freundlich, als er langsam die Treppe heraufstieg. Warum sind Sie nicht gestern gekommen? rief ihm Eduard entgegen.

Laute Feste lieb' ich nicht, versetzte jener. Heute komm' ich aber, den Geburtstag meiner Freundin mit euch im Stillen nachzufeiern.

Wie können Sie denn so viel Zeit gewinnen? fragte Eduard scherzend.

Meinen Besuch, wenn er euch etwas wert ist, seid ihr einer Betrachtung schuldig, die ich gestern gemacht habe. Ich freute mich recht herzlich den halben Tag in einem Hause, wo ich Frieden gestiftet hatte, und dann hörte ich, dass hier Geburtstag gefeiert werde. Das kann man doch am Ende selbstisch nennen, dachte ich bei mir, dass du dich nur mit denen freuen willst, die du zum Frieden bewogen hast. Warum freust du dich nicht auch einmal mit Freunden, die Frieden halten und hegen? Gesagt, getan! Hier bin ich, wie ich mir vorgenommen hatte.

Gestern hätten Sie große Gesellschaft gefunden, heute finden Sie nur kleine, sagte Charlotte. Sie finden den Grafen und die Baronesse, die Ihnen auch schon zu schaffen gemacht haben.

Aus der Mitte der vier Hausgenossen, die den seltsamen willkommenen Mann umgeben hatten, fuhr er mit verdrießlicher Lebhaftigkeit heraus, indem er sogleich nach Hut und Reitgerte suchte. Schwebt doch immer ein Unstern über mir, sobald ich einmal ruhen und mir wohltun will! Aber warum gehe ich auch aus meinem Charakter heraus! Ich hätte nicht kommen sollen, und nun werd' ich vertrieben. Denn mit jenen will ich nicht unter einem Dache bleiben; und nehmt euch in Acht: sie bringen nichts als Unheil! Ihr Wesen ist wie ein Sauerteig, der seine Ansteckung fortpflanzt.

Man suchte ihn zu begütigen; aber vergebens. Wer mir den Ehstand angreift, rief er aus, wer mir durch Wort, ja durch Tat, diesen Grund aller sittlichen Gesellschaft untergräbt, der hat es mit mir zu tun; oder wenn ich sein nicht Herr werden kann, habe ich nichts mit ihm zu tun. Die Ehe ist der Anfang und der Gipfel aller Kultur. Sie macht den Rohen mild, und der Gebildetste hat keine bessere Gelegenheit seine Milde zu beweisen. Unauflöslich muss sie sein: denn sie bringt so vieles Glück, dass alles einzelne Unglück dagegen gar nicht zu rechnen ist. Und was will man von Unglück reden? Ungeduld ist es, die den Menschen von Zeit zu Zeit anfällt, und dann beliebt er sich unglücklich zu finden. Lasse man den Augenblick vorübergehen, und man wird sich glücklich preisen, dass ein so lange Bestandenes noch besteht. Sich zu trennen gibt's gar keinen hinlänglichen Grund. Der menschliche Zustand ist so hoch in Leiden und Freuden gesetzt, dass gar nicht berechnet werden kann, was ein Paar Gatten einander schuldig werden. Es ist eine unendliche Schuld, die nur durch die Ewigkeit abgetragen werden kann. Unbequem mag es manchmal sein, das glaub' ich wohl, und das ist eben recht. Sind wir nicht auch mit dem Gewissen verheiratet, das wir oft gerne los sein möchten, weil es unbequemer ist als uns je ein Mann oder eine Frau werden könnte?

So sprach er lebhaft und hätte wohl noch lange fortgesprochen, wenn nicht blasende Postillons die Ankunft der Herrschaften verkündigt hätten, welche wie abgemessen von beiden Seiten zu gleicher Zeit in den Schlosshof hereinfuhren. Als ihnen die Hausgenossen entgegeneilten, versteckte sich Mittler, ließ sich das Pferd an den Gasthof bringen, und ritt verdrießlich davon.

Zehntes Kapitel

Die Gäste waren bewillkommt und eingeführt; sie freuten sich, das Haus, die Zimmer wieder zu betreten, wo sie früher so manchen guten Tag erlebt und die sie eine lange Zeit nicht gesehn hatten. Höchst angenehm war auch den Freunden ihre Gegenwart. Den Grafen so wie die Baronesse konnte man unter jene hohen schönen Gestalten zählen, die man in einem mittlern Alter fast lieber als in der Jugend sieht: denn wenn ihnen auch etwas von der ersten Blüte abgehn möchte, so erregen sie doch nun mit der Neigung ein entschiedenes Zutrauen. Auch dieses Paar zeigte sich höchst bequem in der Gegenwart. Ihre freie Weise, die Zustände des Lebens zu nehmen und zu behandeln, ihre Heiterkeit und scheinbare Unbefangenheit teilte sich sogleich mit, und ein hoher Anstand begrenzte das Ganze, ohne dass man irgendeinen Zwang bemerkt hätte.

Diese Wirkung ließ sich augenblicks in der Gesellschaft empfinden. Die Neueintretenden, welche unmittelbar aus der Welt kamen, wie man sogar an ihren Kleidern, Gerätschaften und allen Umgebungen sehen konnte, machten gewissermaßen mit unsern Freunden, ihrem ländlichen und heimlich leidenschaftlichen Zustande eine Art von Gegensatz, der sich jedoch sehr bald verlor, indem alte Erinnerungen und gegenwärtige Teilnahme sich vermischten, und ein schnelles lebhaftes Gespräch alle geschwind zusammen verband.

Es währte indessen nicht lange, als schon eine Sonderung vorging. Die Frauen zogen sich auf ihren Flügel zurück und fanden daselbst, indem sie sich mancherlei vertrauten und zugleich die neusten Formen und Zuschnitte von Frühkleidern, Hüten und dergleichen zu mustern anfingen, genugsame Unterhaltung, während die Männer sich um die neuen Reisewagen, mit vorgeführten Pferden, beschäftigten und gleich zu handeln und zu tauschen anfingen.

Erst zu Tische kam man wieder zusammen. Die Umkleidung

war geschehen, und auch hier zeigte sich das angekommene Paar zu seinem Vorteile. Alles, was sie an sich trugen, war neu und gleichsam ungesehen und doch schon durch den Gebrauch zur Gewohnheit und Bequemlichkeit eingeweiht.

Das Gespräch war lebhaft und abwechselnd, wie denn in Gegenwart solcher Personen alles und nichts zu interessieren scheint. Man bediente sich der französischen Sprache, um die Aufwartenden von dem Mitverständnis auszuschließen, und schweifte mit mutwilligem Behagen über hohe und mittlere Weltverhältnisse hin. Auf einem einzigen Punkt blieb die Unterhaltung länger als billig haften, indem Charlotte nach einer Jugendfreundin sich erkundigte und mit einiger Befremdung vernahm, dass sie ehstens geschieden werden sollte.

Es ist unerfreulich, sagte Charlotte; wenn man seine abwesenden Freunde irgendeinmal geborgen, eine Freundin, die man liebt, versorgt glaubt, eh' man sich's versieht, muss man wieder hören, dass ihr Schicksal im Schwanken ist, und dass sie erst wieder neue und vielleicht abermals unsichre Pfade des Lebens betreten soll.

Eigentlich, meine Beste, versetzte der Graf, sind wir selbst schuld, wenn wir auf solche Weise überrascht werden. Wir mögen uns die irdischen Dinge, und besonders auch die ehlichen Verbindungen gern so recht dauerhaft vorstellen, und was den letzten Punkt betrifft, so verführen uns die Lustspiele, die wir immer wiederholen sehen, zu solchen Einbildungen, die mit dem Gange der Welt nicht zusammentreffen. In der Komödie sehen wir eine Heirat als das letzte Ziel eines durch die Hindernisse mehrerer Akte verschobenen Wunsches, und im Augenblick, da es erreicht ist, fällt der Vorhang, und die momentane Befriedigung klingt bei uns nach. In der Welt ist es anders; da wird hinten immer fortgespielt, und wenn der Vorhang wieder aufgeht, mag man gern nichts weiter davon sehen noch hören.

Es muss doch so schlimm nicht sein, sagte Charlotte lächelnd, da man sieht, dass auch Personen, die von diesem Theater abgetreten sind, wohl gern darauf wieder eine Rolle spielen mögen.

Dagegen ist nichts einzuwenden, sagte der Graf. Eine neue Rolle mag man gern wieder übernehmen, und wenn man die Welt kennt, so sieht man wohl, auch bei dem Ehestande ist es nur diese entschiedene, ewige Dauer zwischen so viel Beweglichem in der Welt, die etwas Ungeschicktes an sich trägt. Einer von meinen Freunden, dessen gute Laune sich meist in Vorschlägen zu neuen Gesetzen hervortat, behauptete: eine jede Ehe solle nur auf fünf Jahre geschlossen werden. Es sei, sagte er, dies eine schöne, ungrade heilige Zahl und ein solcher Zeitraum eben hinreichend, um sich kennen zu lernen, einige Kinder heranzubringen, sich zu entzweien und, was das Schönste sei, sich wieder zu versöhnen. Gewöhnlich rief er aus: wie glücklich würde die erste Zeit verstreichen! Zwei, drei Jahre wenigstens gingen vergnüglich hin. Dann würde doch wohl dem einen Teil daran gelegen sein, das Verhältnis länger dauern zu sehen, die Gefälligkeit würde wachsen, je mehr man sich dem Termin der Aufkündigung näherte. Der gleichgültige, ja selbst der unzufriedene Teil würde durch ein solches Betragen begütigt und eingenommen. Man vergäße, wie man in guter Gesellschaft die Stunden vergisst, dass die Zeit verfließe, und fände sich aufs angenehmste überrascht, wenn man nach verlaufenem Termin erst bemerkte, dass er schon stillschweigend verlängert sei.

So artig und lustig dies klang und so gut man, wie Charlotte wohl empfand, diesem Scherz eine tiefe moralische Deutung geben konnte, so waren ihr dergleichen Äußerungen, besonders um Ottiliens willen, nicht angenehm. Sie wusste recht gut, dass nichts gefährlicher sei, als ein allzu freies Gespräch, das einen strafbaren oder halbstrafbaren Zustand als einen gewöhnlichen, gemeinen, ja löblichen behandelt; und dahin gehört doch gewiss alles, was die eheliche Verbindung antastet. Sie suchte daher nach ihrer gewandten Weise das Gespräch abzulenken; da sie es nicht vermochte, tat es ihr leid, dass Ottilie alles so gut eingerichtet hatte, um nicht aufstehen zu dürfen. Das ruhig aufmerksame Kind verstand sich mit dem Haushofmeister durch Blick und Wink, dass alles auf das trefflichste geriet, obgleich ein paar neue ungeschickte Bedienten in der Livree staken.

Und so fuhr der Graf, Charlottens Ablenken nicht empfindend, über diesen Gegenstand sich zu äußern fort. Ihm, der sonst nicht gewohnt war im Gespräch irgend lästig zu sein, lastete diese Sache zu sehr auf dem Herzen, und die Schwierigkeiten, sich von seiner Gemahlin getrennt zu sehen, machten ihn bitter gegen alles was eheliche Verbindung betraf, die er doch selbst mit der Baronesse so eifrig wünschte.

Jener Freund, so fuhr er fort, tat noch einen andern Gesetzvorschlag. Eine Ehe sollte nur alsdann für unauflöslich gehalten werden, wenn entweder beide Teile, oder wenigstens der eine Teil, zum dritten Mal verheiratet wäre. Denn was eine solche Person betreffe, so bekenne sie unwidersprechlich, dass sie die Ehe für etwas Unentbehrliches halte. Nun sei auch schon bekannt geworden, wie sie sich in ihren frühern Verbindungen betragen, ob sie Eigenheiten habe, die oft mehr zur Trennung Anlass geben als üble Eigenschaften. Man habe sich also wechselseitig zu erkundigen; man habe ebenso gut auf Verheiratete wie auf Unverheiratete Acht zu geben, weil man nicht wisse, wie die Fälle kommen können.

Das würde freilich das Interesse der Gesellschaft sehr vermehren, sagte Eduard: denn in der Tat jetzt, wenn wir verheiratet sind, fragt niemand weiter mehr nach unsern Tugenden, noch unsern Mängeln.

Bei einer solchen Einrichtung, fiel die Baronesse lächelnd ein, hätten unsre lieben Wirte schon zwei Stufen glücklich überstiegen, und könnten sich zu der dritten vorbereiten.

Ihnen ist's wohl geraten, sagte der Graf: hier hat der Tod willig getan, was die Konsistorien sonst nur ungern zu tun pflegen.

Lassen wir die Toten ruhen, versetzte Charlotte, mit einem halb ernsten Blicke.

Warum? versetzte der Graf, da man ihrer in Ehren gedenken kann. Sie waren bescheiden genug sich mit einigen Jahren zu begnügen für mannigfaltiges Gute das sie zurückließen.

Wenn nur nicht gerade, sagte die Baronesse mit einem verhaltenen Seufzer, in solchen Fällen das Opfer der besten Jahre gebracht werden müsste.

Jawohl, versetzte der Graf: man müsste darüber verzweifeln, wenn nicht überhaupt in der Welt so weniges eine gehoffte Folge zeigte. Kinder halten nicht was sie versprechen; junge Leute sehr selten, und wenn sie Wort halten, hält es ihnen die Welt nicht.

Charlotte, welche froh war, dass das Gespräch sich wendete, versetzte heiter: Nun! wir müssen uns ja ohnehin bald genug gewöhnen, das Gute stück- und teilweise zu genießen.

Gewiss, versetzte der Graf, Sie haben beide sehr schöner Zeiten genossen. Wenn ich mir die Jahre zurückerinnere, da Sie und Eduard das schönste Paar bei Hof waren; weder von so glänzenden Zeiten noch von so hervorleuchtenden Gestalten ist jetzt die Rede mehr. Wenn Sie beide zusammen tanzten, aller Augen waren auf Sie gerichtet und wie umworben beide, indem Sie sich nur ineinander bespiegelten.

Da sich so manches verändert hat, sagte Charlotte, können wir wohl so viel Schönes mit Bescheidenheit anhören.

Eduarden habe ich doch oft im Stillen getadelt, sagte der Graf, dass er nicht beharrlicher war: denn am Ende hätten seine wunderlichen Eltern wohl nachgegeben; und zehn frühe Jahre gewinnen ist keine Kleinigkeit.

Ich muss mich seiner annehmen, fiel die Baronesse ein. Charlotte war nicht ganz ohne Schuld, nicht ganz rein von allem Umhersehen, und ob sie gleich Eduarden von Herzen liebte und sich ihn auch heimlich zum Gatten bestimmte, so war ich doch Zeuge, wie sehr sie ihn manchmal quälte, so dass man ihn leicht zu dem unglücklichen Entschluss drängen konnte, zu reisen, sich zu entfernen, sich von ihr zu entwöhnen.

Eduard nickte der Baronesse zu und schien dankbar für ihre Fürsprache.

Und dann muss ich eins, fuhr sie fort, zu Charlottens Entschuldigung beifügen: der Mann, der zu jener Zeit um sie warb, hatte sich schon lange durch Neigung zu ihr ausgezeichnet und war, wenn man ihn näher kannte, gewiss liebenswürdiger als ihr andern gern zugestehen mögt.

Liebe Freundin, versetzte der Graf etwas lebhaft: bekennen wir nur, dass er Ihnen nicht ganz gleichgültig war, und dass Charlotte von Ihnen mehr zu befürchten hatte als von einer andern. Ich finde das einen sehr hübschen Zug an den Frauen, dass sie ihre Anhänglichkeit an irgendeinen Mann so lange noch fortsetzen, ja durch keine Art von Trennung stören oder aufheben lassen.

Diese gute Eigenschaft besitzen vielleicht die Männer noch mehr, versetzte die Baronesse; wenigstens an Ihnen, lieber Graf, habe ich bemerkt, dass niemand mehr Gewalt über Sie hat als ein Frauenzimmer dem Sie früher geneigt waren. So habe ich gesehen, dass Sie auf die Fürsprache einer solchen sich mehr Mühe gaben, um etwas auszuwirken, als vielleicht die Freundin des Augenblicks von Ihnen erlangt hätte.

Einen solchen Vorwurf darf man sich wohl gefallen lassen, versetzte der Graf; doch was Charlottens ersten Gemahl betrifft, so konnte ich ihn deshalb nicht leiden, weil er mir das schöne Paar auseinandersprengte, ein wahrhaft prädestiniertes Paar, das, einmal zusammengegeben, weder fünf Jahre zu scheuen, noch auf eine zweite oder gar dritte Verbindung hinzusehen brauchte.

Wir wollen versuchen, sagte Charlotte, wieder einzubringen was wir versäumt haben.

Da müssen Sie sich dazu halten, sagte der Graf. Ihre ersten Heiraten, fuhr er mit einiger Heftigkeit fort, waren doch so eigentlich rechte Heiraten von der verhassten Art; und leider haben überhaupt die Heiraten – verzeihen Sie mir einen lebhafteren Ausdruck – etwas Tölpelhaftes; sie verderben die zartesten Verhältnisse, und es liegt doch eigentlich nur an der plumpen Sicherheit, auf die sich wenigstens ein Teil etwas zugutetut. Alles versteht sich von selbst, und man scheint sich nur verbunden zu haben, damit eins wie das andre nunmehr seiner Wege gehe.

In diesem Augenblick machte Charlotte, die ein für alle Mal dies Gespräch abbrechen wollte, von einer kühnen Wendung Gebrauch; es gelang ihr. Die Unterhaltung ward allgemeiner, die beiden Gatten und der Hauptmann konnten daran teilnehmen; selbst Ottilie ward veranlasst sich zu äußern, und der Nachtisch ward mit der besten Stimmung genossen, woran der in zierlichen Fruchtkörben aufgestellte Obstreichtum, die bunteste in Prachtgefäßen schön verteilte Blumenfülle, den vorzüglichsten Anteil hatte.

Auch die neuen Parkanlagen kamen zur Sprache, die man sogleich nach Tische besuchte. Ottilie zog sich unter dem Vorwande häuslicher Beschäftigungen zurück; eigentlich aber setzte sie sich wieder zur Abschrift. Der Graf wurde von dem Hauptmann unterhalten; später gesellte sich Charlotte zu ihm. Als sie oben auf die Höhe gelangt waren, und der Hauptmann gefällig hinuntereilte, um den Plan zu holen, sagte der Graf zu Charlotten: Dieser Mann gefällt mir außerordentlich. Er ist sehr wohl und im Zusammenhang unterrichtet. Ebenso scheint seine Tätigkeit sehr ernst und folgerecht. Was er hier leistet, würde in einem höhern Kreise von viel Bedeutung sein.

Charlotte vernahm des Hauptmanns Lob mit innigem Behagen. Sie fasste sich jedoch und bekräftigte das Gesagte mit Ruhe und Klarheit. Wie überrascht war sie aber, als der Graf fortfuhr: Diese Bekanntschaft kommt mir sehr zu gelegener Zeit. Ich weiß eine Stelle, an die der Mann vollkommen passt, und ich kann mir durch eine solche Empfehlung, indem ich ihn glücklich mache, einen hohen Freund auf das allerbeste verbinden.

Es war wie ein Donnerschlag, der auf Charlotten herabfiel. Der Graf bemerkte nichts: denn die Frauen, gewohnt sich jederzeit zu bändigen, behalten in den außerordentlichsten Fällen immer noch eine Art von scheinbarer Fassung. Doch hörte sie schon nicht mehr, was der Graf sagte, indem er fortfuhr: Wenn ich von etwas überzeugt bin, geht es bei mir geschwind her. Ich habe schon meinen Brief im Kopfe zusammengestellt, und mich drängt's ihn zu schreiben. Sie verschaffen mir einen reitenden Boten, den ich noch heute Abend wegschicken kann.

Charlotte war innerlich zerrissen. Von diesen Vorschlägen so wie von sich selbst überrascht, konnte sie kein Wort hervorbringen. Der Graf fuhr glücklicherweise fort von seinen Planen für den Hauptmann zu sprechen, deren Günstiges Charlotten nur allzu sehr in die Augen fiel. Es war Zeit, dass der Hauptmann herauftrat und seine Rolle vor dem Grafen entfaltete. Aber mit wie andern Augen sah sie den Freund an, den sie verlieren sollte! Mit einer notdürftigen Verbeugung wandte sie sich weg und eilte hinunter nach der Mooshütte. Schon auf halbem Wege stürzten ihr die Tränen aus den Augen, und nun warf sie sich in den engen Raum der kleinen Einsiedelei und überließ sich ganz einem Schmerz, einer Leidenschaft, einer Verzweiflung, von deren Möglichkeit sie wenig Augenblicke vorher auch nicht die leiseste Ahnung gehabt hatte.

Auf der andern Seite war Eduard mit der Baronesse an den Teichen hergegangen. Die kluge Frau, die gern von allem unterrichtet sein mochte, bemerkte bald in einem tastenden Gespräch, dass Eduard sich zu Ottiliens Lobe weitläufig herausließ, und wusste ihn auf eine so natürliche Weise nach und nach in den Gang zu bringen, dass ihr zuletzt kein Zweifel übrig blieb, hier sei eine Leidenschaft nicht auf dem Wege, sondern wirklich angelangt.

Verheiratete Frauen, wenn sie sich auch untereinander nicht lieben, stehen doch stillschweigend miteinander, besonders gegen junge Mädchen, im Bündnis. Die Folgen einer solchen Zuneigung stellten sich ihrem weltgewandten Geiste nur allzu geschwind dar. Dazu kam noch, dass sie schon heute früh mit

Charlotten über Ottilien gesprochen und den Aufenthalt dieses Kindes auf dem Lande, besonders bei seiner stillen Gemütsart, nicht gebilligt und den Vorschlag getan hatte, Ottilien in die Stadt zu einer Freundin zu bringen, die sehr viel an die Erziehung ihrer einzigen Tochter wende, und sich nur nach einer gutartigen Gespielin umsehe, die an die zweite Kindesstatt eintreten und alle Vorteile mitgenießen solle. Charlotte hatte sich's zur Überlegung genommen.

Nun aber brachte der Blick in Eduards Gemüt diesen Vorschlag bei der Baronesse ganz zur vorsätzlichen Festigkeit, und umso schneller dieses in ihr vorging, um desto mehr schmeichelte sie äußerlich Eduards Wünschen. Denn niemand besaß sich mehr als diese Frau, und diese Selbstbeherrschung in außerordentlichen Fällen gewöhnt uns sogar einen gemeinen Fall mit Verstellung zu behandeln, macht uns geneigt, indem wir so viel Gewalt über uns selbst üben, unsre Herrschaft auch über die andern zu verbreiten, um uns durch das, was wir äußerlich gewinnen, für dasjenige, was wir innerlich entbehren, gewissermaßen schadlos zu halten.

An diese Gesinnung schließt sich meist eine Art heimlicher Schadenfreude über die Dunkelheit der andern, über das Bewusstlose, womit sie in eine Falle gehen. Wir freuen uns nicht allein über das gegenwärtige Gelingen, sondern zugleich auch auf die künftig überraschende Beschämung. Und so war die Baronesse boshaft genug, Eduarden zur Weinlese auf ihre Güter mit Charlotten einzuladen und die Frage Eduards: ob sie Ottilien mitbringen dürften, auf eine Weise, die er beliebig zu seinen Gunsten auslegen konnte, zu beantworten.

Eduard sprach schon mit Entzücken von der herrlichen Gegend, dem großen Flusse, den Hügeln, Felsen und Weinbergen, von alten Schlössern, von Wasserfahrten, von dem Jubel der Weinlese, des Kelterns und so weiter wobei er in der Unschuld seines Herzens sich schon zum Voraus laut über den Eindruck freute, den dergleichen Szenen auf das frische Gemüt Ottiliens machen würden. In diesem Augenblick sah man Ottilien herankommen, und die Baronesse sagte schnell zu Eduard: er möchte von dieser vorhabenden Herbstreise ja nichts reden: denn gewöhnlich geschähe das nicht, worauf man sich so lange voraus freue. Eduard versprach, nötigte sie aber Ottilien entgegen geschwinder zu gehen, und eilte ihr endlich, dem lieben Kinde zu, mehrere Schritte voran. Eine herzliche Freude drückte sich in seinem ganzen Wesen aus. Er küsste ihr die Hand, in die er einen Strauß Feldblumen drückte, die er unterwegs zusammengepflückt hatte. Die Baronesse fühlte sich bei diesem Anblick in ihrem Innern fast erbittert. Denn wenn sie auch das, was an dieser Neigung strafbar sein mochte, nicht billigen durfte, so konnte sie das, was daran liebenswürdig und angenehm war, jenem unbedeutenden Neuling von Mädchen keineswegs gönnen.

Als man sich zum Abendessen zusammengesetzt hatte, war eine völlig andre Stimmung in der Gesellschaft verbreitet. Der Graf, der schon vor Tische geschrieben und den Boten fortgeschickt hatte, unterhielt sich mit dem Hauptmann, den er auf eine verständige und bescheidene Weise immer mehr ausforschte, indem er ihn diesen Abend an seine Seite gebracht hatte. Die zur Rechten des Grafen sitzende Baronesse fand von daher wenig Unterhaltung; ebenso wenig an Eduard, der erst durstig, dann aufgeregt, des Weines nicht schonte und sich sehr lebhaft mit Ottilien unterhielt, die er an sich gezogen hatte, wie von der andern Seite neben dem Hauptmann Charlotte saß, der es schwer, ja beinahe unmöglich ward, die Bewegungen ihres Innern zu verbergen.

Die Baronesse hatte Zeit genug, Beobachtungen anzustellen. Sie bemerkte Charlottens Unbehagen, und weil sie nur Eduards Verhältnis zu Ottilien im Sinn hatte, so überzeugte sie sich leicht, auch Charlotte sei bedenklich und verdrießlich über ihres Gemahls Benehmen, und überlegte, wie sie nunmehr am besten zu ihren Zwecken gelangen könne.

Auch nach Tische fand sich ein Zwiespalt in der Gesellschaft. Der Graf, der den Hauptmann recht ergründen wollte, brauchte bei einem so ruhigen, keineswegs eitlen und überhaupt lakonischen Manne verschiedene Wendungen, um zu erfahren was er wünschte. Sie gingen miteinander an der einen Seite des Saales auf und ab, indes Eduard, aufgeregt von Wein und Hoffnung, mit Ottilien an einem Fenster scherzte, Charlotte und die Baronesse aber stillschweigend an der andern Seite des Saals nebeneinander hin und wider gingen. Ihr Schweigen und müßiges Umherstehen brachte denn auch zuletzt eine Stockung in die übrige Gesellschaft. Die Frauen zogen sich zurück auf ihren Flügel, die Männer auf den andern, und so schien dieser Tag abgeschlossen.

Elftes Kapitel

Eduard begleitete den Grafen auf sein Zimmer und ließ sich recht gern durchs Gespräch verführen, noch eine Zeitlang bei ihm zu bleiben. Der Graf verlor sich in vorige Zeiten, gedachte mit Lebhaftigkeit an die Schönheit Charlottens, die er als ein Kenner mit vielem Feuer entwickelte. Ein schöner Fuß ist eine große Gabe der Natur. Diese Anmut ist unverwüstlich. Ich habe sie heute im Gehen beobachtet; noch immer möchte man ihren Schuh küssen, und die zwar etwas barbarische, aber doch tief gefühlte Ehrenbezeugung der Sarmaten wiederholen, die sich nichts Bessers kennen, als aus dem Schuh einer geliebten und verehrten Person ihre Gesundheit zu trinken.

Die Spitze des Fußes blieb nicht allein der Gegenstand des Lobes unter zwei vertrauten Männern. Sie gingen von der Person auf alte Geschichten und Abenteuer zurück, und kamen auf die Hindernisse, die man ehemals den Zusammenkünften dieser beiden Liebenden entgegengesetzt, welche Mühe sie sich gegeben, welche Kunstgriffe sie erfunden, nur um sich sagen zu können, dass sie sich liebten.

Erinnerst du dich, fuhr der Graf fort, welche Abenteuer ich dir recht freundschaftlich und uneigennützig bestehen helfen, als unsre höchsten Herrschaften ihren Oheim besuchten und auf dem weitläufigen Schlosse zusammenkamen? Der Tag war in Feierlichkeiten und Feierkleidern hingegangen; ein Teil der Nacht sollte wenigstens unter freiem liebevollen Gespräch verstreichen.

Den Hinweg zu dem Quartier der Hofdamen hatten Sie sich wohl gemerkt, sagte Eduard. Wir gelangten glücklich zu meiner Geliebten.

Die, versetzte der Graf, mehr an den Anstand als an meine Zufriedenheit gedacht und eine sehr hässliche Ehrenwächterin bei sich behalten hatte; da mir denn, indessen ihr euch mit Blicken und Worten sehr gut unterhieltet, ein höchst unerfreuliches Los zuteilward.

Ich habe mich noch gestern, versetzte Eduard, als Sie sich anmelden ließen, mit meiner Frau an die Geschichte erinnert, besonders an unsern Rückzug. Wir verfehlten den Weg und kamen an den Vorsaal der Garden. Weil wir uns nun von da recht gut zu finden wussten, so glaubten wir auch hier ganz ohne Bedenken hindurch und an dem Posten, wie an den übrigen, vorbeigehen zu können. Aber wie groß war beim Eröffnen der Türe unsere Verwunderung! Der Weg war mit Matratzen verlegt, auf denen die Riesen in mehreren Reihen ausgestreckt lagen und schliefen. Der einzige Wachende auf dem Posten sah uns verwundert an; wir aber im jugendlichen Mut und Mutwillen stiegen ganz gelassen über die ausgestreckten Stiefel weg, ohne dass auch nur einer von diesen schnarchenden Enakskindern erwacht wäre. Ich hatte große Lust zu stolpern, sagte der Graf, damit es Lärm gegeben hätte: denn welch eine seltsame Auferstehung würden wir gesehen haben!

In diesem Augenblick schlug die Schlossglocke zwölf.

Es ist hoch Mitternacht, sagte der Graf lächelnd, und eben gerechte Zeit. Ich muss Sie, lieber Baron, um eine Gefälligkeit bitten: führen Sie mich heute wie ich Sie damals führte; ich habe der Baronesse das Versprechen gegeben, sie noch zu besuchen. Wir haben uns den ganzen Tag nicht allein gesprochen, wir haben uns so lange nicht gesehen, und nichts ist natürlicher als dass man sich nach einer vertraulichen Stunde sehnt. Zeigen Sie mir den Hinweg, den Rückweg will ich schon finden und auf alle Fälle werde ich über keine Stiefel wegzustolpern haben.

Ich will Ihnen recht gern diese gastliche Gefälligkeit erzeigen, versetzte Eduard; nur sind die drei Frauenzimmer drüben zusammen auf dem Flügel. Wer weiß, ob wir sie nicht noch beieinander finden, oder was wir sonst für Händel anrichten, die irgendein wunderliches Ansehn gewinnen.

Nur ohne Sorge! sagte der Graf; die Baronesse erwartet mich. Sie ist um diese Zeit gewiss auf ihrem Zimmer und allein.

Die Sache ist übrigens leicht, versetzte Eduard, und nahm ein

Licht, dem Grafen vorleuchtend eine geheime Treppe hinunter, die zu einem langen Gang führte. Am Ende desselben öffnete Eduard eine kleine Türe. Sie erstiegen eine Wendeltreppe; oben auf einem engen Ruheplatz deutete Eduard dem Grafen, dem er das Licht in die Hand gab, nach einer Tapetentüre rechts, die beim ersten Versuch sogleich sich öffnete, den Grafen aufnahm und Eduard in dem dunklen Raum zurückließ.

Eine andre Türe links ging in Charlottens Schlafzimmer. Er hörte reden und horchte. Charlotte sprach zu ihrem Kammermädchen: Ist Ottilie schon zu Bette? Nein, versetzte jene; sie sitzt noch unten und schreibt. So zünde Sie das Nachtlicht an, sagte Charlotte, und gehe Sie nur hin: es ist spät. Die Kerze will ich selbst auslöschen und für mich zu Bette gehen.

Eduard hörte mit Entzücken, dass Ottilie noch schreibe. Sie beschäftigt sich für mich! dachte er triumphierend. Durch die Finsternis ganz in sich selbst geengt sah er sie sitzen, schreiben; er glaubte zu ihr zu treten, sie zu sehen, wie sie sich nach ihm umkehrte; er fühlte ein unüberwindliches Verlangen ihr noch einmal nahe zu sein. Von hier aber war kein Weg in das Halbgeschoss, wo sie wohnte. Nun fand er sich unmittelbar an seiner Frauen Türe, eine sonderbare Verwechselung ging in seiner Seele vor, er suchte die Türe aufzudrehen, er fand sie verschlossen, er pochte leise an, Charlotte hörte nicht.

Sie ging in dem größeren Nebenzimmer lebhaft auf und ab. Sie wiederholte sich aber und abermals, was sie seit jenem unerwarteten Vorschlag des Grafen oft genug bei sich um und um gewendet hatte. Der Hauptmann schien vor ihr zu stehen. Er füllte noch das Haus, er belebte noch die Spaziergänge und er sollte fort, das alles sollte leer werden! Sie sagte sich alles, was man sich sagen kann, ja sie antizipierte, wie man gewöhnlich pflegt, den leidigen Trost, dass auch solche Schmerzen durch die Zeit gelindert werden. Sie verwünschte die Zeit, die es braucht, um sie zu lindern; sie verwünschte die totenhafte Zeit, wo sie würden gelindert sein.

Da war denn zuletzt die Zuflucht zu den Tränen umso willkommner, als sie bei ihr selten stattfand. Sie warf sich auf den Sofa und überließ sich ganz ihrem Schmerz. Eduard seinerseits konnte von der Türe nicht weg; er pochte nochmals, und zum dritten Mal etwas stärker, so dass Charlotte durch die Nachtstille es ganz deutlich vernahm und erschreckt auffuhr. Der erste Gedanke war: es könne, es müsse der Hauptmann sein; der zweite: das sei unmöglich! Sie hielt es für Täuschung; aber sie hatte es gehört, sie wünschte, sie fürchtete es gehört zu haben. Sie ging ins Schlafzimmer, trat leise zu der verriegelten Tapetentür. Sie schalt sich über die Furcht: Wie leicht kann die Baronesse etwas bedürfen! sagte sie zu sich selbst und rief gefasst und gesetzt: Ist jemand da? Eine leise Stimme antwortete: Ich bin's. Wer? entgegnete Charlotte, die den Ton nicht unterscheiden konnte. Ihr stand des Hauptmanns Gestalt vor der Tür. Etwas lauter klang es ihr entgegen: Eduard! Sie öffnete und ihr Gemahl stand vor ihr. Er begrüßte sie mit einem Scherz. Es ward ihr möglich in diesem Tone fortzufahren. Er verwickelte den rätselhaften Besuch in rätselhafte Erklärungen. Warum ich denn aber eigentlich komme, sagte er zuletzt, muss ich dir nur gestehen. Ich habe ein Gelübde getan, heute Abend noch deinen Schuh zu küssen.

Das ist dir lange nicht eingefallen, sagte Charlotte. Desto schlimmer, versetzte Eduard, und desto besser!

Sie hatte sich in einen Sessel gesetzt, um ihre leichte Nachtkleidung seinen Blicken zu entziehen. Er warf sich vor ihr nieder und sie konnte sich nicht erwehren, dass er nicht ihren Schuh küsste, und dass, als dieser ihm in der Hand blieb, er den Fuß ergriff und ihn zärtlich an seine Brust drückte.

Charlotte war eine von den Frauen, die, von Natur mäßig, im Ehestande ohne Vorsatz und Anstrengung die Art und Weise der Liebhaberinnen fortführen. Niemals reizte sie den Mann, ja seinem Verlangen kam sie kaum entgegen; aber ohne Kälte und abstoßende Strenge glich sie immer einer liebevollen Braut, die selbst vor dem Erlaubten noch innige Scheu trägt. Und so fand sie Eduard diesen Abend in doppeltem Sinne. Wie sehnlich wünschte sie den Gatten weg: denn die Luftgestalt des Freundes schien ihr Vorwürfe zu machen. Aber das, was Eduarden hätte entfernen sollen, zog ihn nur mehr an. Eine gewisse Bewegung war an ihr sichtbar. Sie hatte geweint, und wenn weiche Personen dadurch meist an Anmut verlieren, so gewinnen diejenigen dadurch unendlich, die wir gewöhnlich als stark und gefasst kennen. Eduard war so liebenswürdig, so freundlich, so dringend; er bat sie, bei ihr bleiben zu dürfen, er forderte nicht, bald ernst bald scherzhaft suchte er sie zu bereden, er dachte nicht daran, dass er Rechte habe und löschte zuletzt mutwillig die Kerze aus.

In der Lampendämmerung sogleich behauptete die innre Neigung, behauptete die Einbildungskraft ihre Rechte über das Wirkliche. Eduard hielt nur Ottilien in seinen Armen; Charlotten schwebte der Hauptmann näher oder ferner vor der Seele, und so verwebten, wundersam genug, sich Abwesendes und Gegenwärtiges reizend und wonnevoll durcheinander.

Und doch lässt sich die Gegenwart ihr ungeheures Recht nicht rauben. Sie brachten einen Teil der Nacht unter allerlei Gesprächen und Scherzen zu, die um desto freier waren, als das Herz leider keinen Teil daran nahm. Aber als Eduard des andern Morgens an dem Busen seiner Frau erwachte, schien ihm der Tag ahnungsvoll hereinzublicken, die Sonne schien ihm ein Verbrechen zu beleuchten; er schlich sich leise von ihrer Seite, und sie fand sich, seltsam genug, allein, als sie erwachte.

Zwölftes Kapitel

Als die Gesellschaft zum Frühstück wieder zusammenkam, hätte ein aufmerksamer Beobachter an dem Betragen der Einzelnen die Verschiedenheit der innern Gesinnungen und Empfindungen abnehmen können. Der Graf und die Baronesse begegneten sich mit dem heitern Behagen, das ein Paar Liebende empfinden, die sich, nach erduldeter Trennung, ihrer wechselseitigen Neigung abermals versichert halten; dagegen Charlotte und Eduard gleichsam beschämt und reuig dem Hauptmann und Ottilien entgegentraten. Denn so ist die Liebe beschaffen, dass sie allein Rechte zu haben glaubt und alle anderen Rechte vor ihr verschwinden. Ottilie war kindlich heiter, nach ihrer Weise konnte man sie offen nennen. Ernst erschien der Hauptmann; ihm war bei der Unterredung mit dem Grafen, indem dieser alles in ihm aufregte, was einige Zeit geruht und geschlafen hatte, nur zu fühlbar geworden, dass er eigentlich hier seine Bestimmung nicht erfülle und im Grunde bloß in einem halbtätigen Müßiggang hinschlendere. Kaum hatten sich die beiden Gäste entfernt, als schon wieder neuer Besuch eintraf, Charlotten willkommen, die aus sich selbst herauszugehen, sich zu zerstreuen wünschte; Eduarden ungelegen, der eine doppelte Neigung fühlte sich mit Ottilien zu beschäftigen; Ottilien gleichfalls unerwünscht, die mit ihrer auf morgen früh so nötigen Abschrift noch nicht fertig war. Und so eilte sie auch, als die Fremden sich spät entfernten, sogleich auf ihr Zimmer.

Es war Abend geworden. Eduard, Charlotte und der Hauptmann, welche die Fremden, ehe sie sich in den Wagen setzten, eine Strecke zu Fuß begleitet hatten, wurden einig noch einen Spaziergang nach den Teichen zu machen. Ein Kahn war angekommen, den Eduard mit ansehnlichen Kosten aus der Ferne verschrieben hatte. Man wollte versuchen, ob er sich leicht bewegen und lenken lasse.

Er war am Ufer des mittelsten Teiches nicht weit von einigen alten Eichbäumen angebunden, auf die man schon bei künftigen Anlagen gerechnet hatte. Hier sollte ein Landungsplatz angebracht, unter den Bäumen ein architektonischer Ruhesitz aufgeführt werden, wonach diejenigen, die über den See fahren, zu steuern hätten.

Wo wird man denn nun drüben die Landung am besten anlegen? fragte Eduard. Ich sollte denken bei meinen Platanen.

Sie stehen ein wenig zu weit rechts, sagte der Hauptmann. Landet man weiter unten, so ist man dem Schlosse näher; doch muss man es überlegen.

Der Hauptmann stand schon im Hinterteile des Kahns und hatte ein Ruder ergriffen. Charlotte stieg ein, Eduard gleichfalls und fasste das andre Ruder; aber als er eben im Abstoßen begriffen war, gedachte er Ottiliens, gedachte, dass ihn diese Wasserfahrt verspäten, wer weiß erst wann zurückführen würde. Er entschloss sich kurz und gut, sprang wieder ans Land, reichte dem Hauptmann das andre Ruder und eilte, sich flüchtig entschuldigend, nach Hause.

Dort vernahm er: Ottilie habe sich eingeschlossen, sie schreibe. Bei dem angenehmen Gefühle, dass sie für ihn etwas tue, empfand er das lebhafteste Missbehagen, sie nicht gegenwärtig zu sehen. Seine Ungeduld vermehrte sich mit jedem Augenblicke. Er ging in dem großen Saale auf und ab, versuchte allerlei und nichts vermochte seine Aufmerksamkeit zu fesseln. Sie wünschte er zu sehen, allein zu sehen, ehe noch Charlotte mit dem Hauptmann zurückkäme. Es ward Nacht, die Kerzen wurden angezündet.

Endlich trat sie herein, glänzend von Liebenswürdigkeit. Das Gefühl, etwas für den Freund getan zu haben, hatte ihr ganzes Wesen über sich selbst gehoben. Sie legte das Original und die Abschrift vor Eduard auf den Tisch. Wollen wir kollationieren? sagte sie lächelnd. Eduard wusste nicht, was er erwidern sollte. Er sah sie an, er besah die Abschrift. Die ersten Blätter waren mit der größten Sorgfalt, mit einer zarten weiblichen Hand geschrieben; dann schienen sich die Züge zu verändern, leichter und freier zu werden: aber wie erstaunt war er, als er die letzten Seiten mit den Augen überlief! Um Gottes willen! rief er aus, was ist das? Das ist meine Hand! Er sah Ottilien an und wieder auf die Blätter; besonders der Schluss war ganz, als wenn er ihn selbst geschrieben hätte. Ottilie schwieg, aber sie blickte ihm mit der größten Zufriedenheit in die Augen. Eduard hob seine Arme empor: Du liebst mich! rief er aus: Ottilie du liebst mich! und sie hielten einander umfasst. Wer das andere zuerst ergriffen, wäre nicht zu unterscheiden gewesen.

Von diesem Augenblick an war die Welt für Eduarden umgewendet, er nicht mehr, was er gewesen, die Welt nicht mehr, was sie gewesen. Sie standen voreinander, er hielt ihre Hände, sie sahen einander in die Augen, im Begriff sich wieder zu umarmen.

Charlotte mit dem Hauptmann trat herein. Zu den Entschuldigungen eines längeren Außenbleibens lächelte Eduard heimlich. O wie viel zu früh kommt ihr! sagte er zu sich selbst.

Sie setzten sich zum Abendessen. Die Personen des heutigen Besuchs wurden beurteilt. Eduard liebevoll aufgeregt sprach gut von einem jeden, immer schonend, oft billigend. Charlotte, die nicht durchaus seiner Meinung war, bemerkte diese Stimmung und scherzte mit ihm, dass er, der sonst über die scheidende Gesellschaft immer das strengste Zungengericht ergehen lasse, heute so mild und nachsichtig sei.

Mit Feuer und herzlicher Überzeugung rief Eduard: Man muss nur ein Wesen recht von Grund aus lieben, da kommen einem die übrigen alle liebenswürdig vor! Ottilie schlug die Augen nieder, und Charlotte sah vor sich hin.

Der Hauptmann nahm das Wort und sagte: Mit den Gefühlen der Hochachtung, der Verehrung, ist es doch auch etwas Ähnliches. Man erkennt nur erst das Schätzenswerte in der Welt, wenn man solche Gesinnungen an einem Gegenstande zu üben Gelegenheit findet.

Charlotte suchte bald in ihr Schlafzimmer zu gelangen, um sich der Erinnerung dessen zu überlassen, was diesen Abend zwischen ihr und dem Hauptmann vorgegangen war.

Als Eduard ans Ufer springend den Kahn vom Lande stieß, Gattin und Freund dem schwankenden Element selbst überantwortete, sah nunmehr Charlotte den Mann, um den sie im Stillen schon so viel gelitten hatte, in der Dämmerung vor sich sitzen und durch die Führung zweier Ruder das Fahrzeug in beliebiger Richtung fortbewegen. Sie empfand eine tiefe, selten gefühlte Traurigkeit. Das Kreisen des Kahns, das Plätschern der Ruder, der über den Wasserspiegel hinschauernde Windhauch, das Säuseln der Rohre, das letzte Schweben der Vögel, das Blinken und Widerblinken der ersten Sterne, alles hatte etwas Geisterhaftes in dieser allgemeinen Stille. Es schien ihr, der Freund führe sie weit weg, um sie auszusetzen, sie allein zu lassen. Eine wunderbare Bewegung war in ihrem Innern, und sie konnte nicht weinen.

Der Hauptmann beschrieb ihr unterdessen, wie nach seiner Absicht die Anlagen werden sollten. Er rühmte die guten Eigenschaften des Kahns, dass er sich leicht mit zwei Rudern von einer Person bewegen und regieren lasse. Sie werde das selbst lernen, es sei eine angenehme Empfindung manchmal allein auf dem Wasser hinzuschwimmen und sein eigner Fähr- und Steuermann zu sein.

Bei diesen Worten fiel der Freundin die bevorstehende Trennung aufs Herz. Sagt er das mit Vorsatz? dachte sie bei sich selbst: Weiß er schon davon? vermutet er's? oder sagt er es zufällig, so dass er mir bewusstlos mein Schicksal vorausverkündigt? Es ergriff sie eine große Wehmut, eine Ungeduld; sie bat ihn, baldmöglichst zu landen und mit ihr nach dem Schlosse zurückzukehren.

Es war das erste Mal, dass der Hauptmann die Teiche befuhr, und ob er gleich im Allgemeinen ihre Tiefe untersucht hatte, so waren ihm doch die einzelnen Stellen unbekannt. Dunkel fing es an zu werden, er richtete seinen Lauf dahin, wo er einen bequemen Ort zum Aussteigen vermutete und den Fußpfad nicht entfernt wusste, der nach dem Schlosse führte. Aber auch von dieser Bahn wurde er einigermaßen abgelenkt, als Charlotte mit einer Art von Ängstlichkeit den Wunsch wiederholte, bald am Lande zu sein. Er näherte sich mit erneuten Anstrengungen dem Ufer, aber leider fühlte er sich in einiger Entfernung davon angehalten; er hatte sich festgefahren und seine Bemühungen wieder loszukommen waren vergebens. Was war zu tun? Ihm blieb nichts übrig, als in das Wasser zu steigen, das seicht genug war, und die Freundin an das Land zu tragen. Glücklich brachte er die liebe Bürde hinüber, stark genug um nicht zu schwanken oder ihr einige Sorge zu geben, aber doch hatte sie ängstlich ihre Arme um seinen Hals geschlungen. Er hielt sie fest und drückte sie an sich. Erst auf einem Rasenabhang ließ er sie nieder, nicht ohne Bewegung und Verwirrung. Sie lag noch an seinem Halse; er schloss sie aufs Neue in seine Arme und drückte einen lebhaften Kuss auf ihre Lippen; aber auch im Augenblick lag er zu ihren Füßen, drückte seinen Mund auf ihre Hand und rief: Charlotte, werden Sie mir vergeben?

Der Kuss, den der Freund gewagt, den sie ihm beinahe zurückgegeben, brachte Charlotten wieder zu sich selbst. Sie drückte seine Hand, aber sie hob ihn nicht auf. Doch indem sie sich zu ihm hinunterneigte und eine Hand auf seine Schultern legte, rief sie aus: Dass dieser Augenblick in unserm Leben Epoche mache, können wir nicht verhindern; aber dass sie unser wert sei, hängt von uns ab. Sie müssen scheiden, lieber Freund, und Sie werden scheiden. Der Graf macht Anstalt Ihr Schicksal zu verbessern; es freut und schmerzt mich. Ich wollte es verschweigen, bis es gewiss wäre; der Augenblick nötigt mich dies Geheimnis zu entdecken. Nur insofern kann ich Ihnen, kann ich mir verzeihen, wenn wir den Mut haben unsre Lage zu ändern, da es von uns nicht abhängt unsre Gesinnung zu ändern. Sie hub ihn auf und ergriff seinen Arm, um sich darauf zu stützen, und so kamen sie stillschweigend nach dem Schlosse.

Nun aber stand sie in ihrem Schlafzimmer, wo sie sich als Gattin Eduards empfinden und betrachten musste. Ihr kam bei diesen Widersprüchen ihr tüchtiger und durchs Leben mannigfaltig geübter Charakter zu Hülfe. Immer gewohnt sich ihrer selbst bewusst zu sein, sich selbst zu gebieten, ward es ihr auch jetzt nicht schwer, durch ernste Betrachtung sich dem erwünschten Gleichgewichte zu nähern; ja sie musste über sich selbst lächeln, indem sie des wunderlichen Nachtbesuches gedachte. Doch schnell ergriff sie eine seltsame Ahnung, ein freudig bängliches Erzittern, das in fromme Wünsche und Hoffnungen sich auflöste. Gerührt kniete sie nieder, sie wiederholte den Schwur, den sie Eduarden vor dem Altar getan. Freundschaft, Neigung, Entsagen gingen vor ihr in heitern Bildern vorüber. Sie fühlte sich innerlich wiederhergestellt. Bald ergreift sie eine süße Müdigkeit und ruhig schläft sie ein.

Dreizehntes Kapitel

Eduard von seiner Seite ist in einer ganz verschiedenen Stimmung. Zu schlafen denkt er so wenig, dass es ihm nicht einmal einfällt sich auszuziehen. Die Abschrift des Dokuments küsst er tausendmal, den Anfang von Ottiliens kindlich schüchterner Hand; das Ende wagt er kaum zu küssen, weil er seine eigene Hand zu sehen glaubt. O dass es ein andres Dokument wäre! sagt er sich im Stillen; und doch ist es ihm auch so schon die schönste Versicherung, dass sein höchster Wunsch erfüllt sei. Bleibt es ja doch in seinen Händen, und wird er es nicht immerfort an sein Herz drücken, obgleich entstellt durch die Unterschrift eines Dritten!

Der abnehmende Mond steigt über den Wald hervor. Die warme Nacht lockt Eduarden ins Freie; er schweift umher, er ist der unruhigste und der glücklichste aller Sterblichen. Er wandelt durch die Gärten; sie sind ihm zu enge; er eilt auf das Feld, und es wird ihm zu weit. Nach dem Schlosse zieht es ihn zurück; er findet sich unter Ottiliens Fenstern. Dort setzt er sich auf eine Terrassentreppe. Mauern und Riegel, sagt er zu sich selbst, trennen uns jetzt, aber unsre Herzen sind nicht getrennt. Stünde sie vor mir, in meine Arme würde sie fallen, ich in die ihrigen, und was bedarf es weiter als diese Gewissheit! Alles war still um ihn her, kein Lüftchen regte sich; so still war's, dass er das wühlende Arbeiten emsiger Tiere unter der Erde vernehmen konnte, denen Tag und Nacht gleich sind. Er hing ganz seinen glücklichen Träumen nach, schlief endlich ein und erwachte nicht eher wieder, als bis die Sonne mit herrlichem Blick heraufstieg und die frühsten Nebel gewältigte.

Nun fand er sich den ersten Wachenden in seinen Besitzungen. Die Arbeiter schienen ihm zu lange auszubleiben. Sie kamen; es schienen ihm ihrer zu wenig, und die vorgesetzte Tagesarbeit für seine Wünsche zu gering. Er fragte nach mehreren Arbeitern: man versprach sie und stellte sie im Laufe des Tages.

Aber auch diese sind ihm nicht genug, um seine Vorsätze schleunig ausgeführt zu sehen. Das Schaffen macht ihm keine Freude mehr: es soll schon alles fertig sein, und für wen? Die Wege sollen gebahnt sein, damit Ottilie bequem sie gehen, die Sitze schon an Ort und Stelle, damit Ottilie dort ruhen könne. Auch an dem neuen Hause treibt er was er kann: es soll an Ottiliens Geburtstage gerichtet werden. In Eduards Gesinnungen, wie in seinen Handlungen, ist kein Maß mehr. Das Bewusstsein zu lieben und geliebt zu werden treibt ihn ins Unendliche. Wie verändert ist ihm die Ansicht von allen Zimmern, von allen Umgebungen! Er findet sich in seinem eigenen Hause nicht mehr. Ottiliens Gegenwart verschlingt ihm alles: er ist ganz in ihr versunken; keine andre Betrachtung steigt vor ihm auf, kein Gewissen spricht ihm zu; alles, was in seiner Natur gebändigt war, bricht los, sein ganzes Wesen strömt gegen Ottilien.

Der Hauptmann beobachtet dieses leidenschaftliche Treiben und wünscht den traurigen Folgen zuvorzukommen. Alle diese Anlagen, die jetzt mit einem einseitigen Triebe übermäßig gefördert werden, hatte er auf ein ruhig freundliches Zusammenleben berechnet. Der Verkauf des Vorwerks war durch ihn zu Stande gebracht, die erste Zahlung geschehen, Charlotte hatte sie der Abrede nach in ihre Kasse genommen. Aber sie muss gleich in der ersten Woche Ernst und Geduld und Ordnung mehr als sonst üben und im Auge haben: denn nach der übereilten Weise wird das Ausgesetzte nicht lange reichen.

Es war viel angefangen und viel zu tun. Wie soll er Charlotten in dieser Lage lassen! Sie beraten sich und kommen überein, man wolle die planmäßigen Arbeiten lieber selbst beschleunigen, zu dem Ende Gelder aufnehmen, und zu deren Abtragung die Zahlungstermine anweisen, die vom Vorwerksverkauf zurückgeblieben waren. Es ließ sich fast ohne Verlust durch Zession der Gerechtsame tun; man hatte freiere Hand; man leistete, da alles im Gange, Arbeiter genug vorhanden waren, mehr auf einmal, und gelangte gewiss und bald zum Zweck. Eduard stimmte gern bei, weil es mit seinen Absichten übereintraf.

Im innern Herzen beharrt indessen Charlotte bei dem, was sie bedacht und sich vorgesetzt, und männlich steht ihr der Freund mit gleichem Sinn zur Seite. Aber eben dadurch wird ihre Vertraulichkeit nur vermehrt. Sie erklären sich wechselseitig über Eduards Leidenschaft; sie beraten sich darüber. Charlotte schließt Ottilien näher an sich, beobachtet sie strenger, und je mehr sie ihr eigen Herz gewahr worden, desto tiefer blickt sie in das Herz des Mädchens. Sie sieht keine Rettung, als sie muss das Kind entfernen.

Nun scheint es ihr eine glückliche Fügung, dass Luciane ein so ausgezeichnetes Lob in der Pension erhalten: denn die Großtante, davon unterrichtet, will sie nun ein für alle Mal zu sich nehmen, sie um sich haben, sie in die Welt einführen. Ottilie konnte in die Pension zurückkehren; der Hauptmann entfernte sich, wohlversorgt; und alles stand wie vor wenigen Monaten, ja um so viel besser. Ihr eigenes Verhältnis hoffte Charlotte zu Eduard bald wieder herzustellen, und sie legte das alles so verständig bei sich zurecht, dass sie sich nur immer mehr in dem Wahn bestärkte: in einen frühern beschränktern Zustand könne man zurückkehren, ein gewaltsam Entbundenes lasse sich wieder ins Enge bringen.

Eduard empfand indessen die Hindernisse sehr hoch, die man ihm in den Weg legte. Er bemerkte gar bald, dass man ihn und Ottilien auseinanderhielt, dass man ihm erschwerte sie allein zu sprechen, ja sich ihr zu nähern, außer in Gegenwart von mehreren; und indem er hierüber verdrießlich war, ward er es über manches andere. Konnte er Ottilien flüchtig sprechen, so war es nicht nur sie seiner Liebe zu versichern, sondern sich auch über seine Gattin, über den Hauptmann zu beschweren. Er fühlte nicht, dass er selbst durch sein heftiges Treiben die Kasse zu erschöpfen auf dem Wege war; er tadelte bitter Charlotten und den Hauptmann, dass sie bei dem Geschäft gegen die erste Abrede handelten, und doch hatte er in die zweite Abrede gewilligt, ja er hatte sie selbst veranlasst und notwendig gemacht.

Der Hass ist parteiisch, aber die Liebe ist es noch mehr. Auch Ottilie entfremdete sich einigermaßen von Charlotten und dem Hauptmann. Als Eduard sich einst gegen Ottilien über den Letztern beklagte, dass er als Freund und in einem solchen Verhältnisse nicht ganz aufrichtig handle, versetzte Ottilie unbedachtsam: Es hat mir schon früher missfallen, dass er nicht ganz redlich gegen Sie ist. Ich hörte ihn einmal zu Charlotten sagen: wenn uns nur Eduard mit seiner Flötendudelei verschonte! es kann daraus nichts werden und ist für die Zuhörer so lästig. Sie können denken, wie mich das geschmerzt hat, da ich Sie so gern akkompagniere.

Kaum hatte sie es gesagt, als ihr schon der Geist zuflüsterte, dass sie hätte schweigen sollen; aber es war heraus. Eduards Gesichtszüge verwandelten sich. Nie hatte ihn etwas mehr verdrossen: er war in seinen liebsten Forderungen angegriffen, er war sich eines kindlichen Strebens ohne die mindeste Anmaßung bewusst. Was ihn unterhielt, was ihn erfreute, sollte doch mit Schonung von Freunden behandelt werden. Er dachte nicht, wie schrecklich es für einen Dritten sei, sich die Ohren durch ein unzulängliches Talent verletzen zu lassen. Er war beleidigt, wütend, um nicht wieder zu vergeben. Er fühlte sich von allen Pflichten losgesprochen.

Die Notwendigkeit mit Ottilien zu sein, sie zu sehen, ihr etwas zuzuflüstern, ihr zu vertrauen, wuchs mit jedem Tage. Er entschloss sich ihr zu schreiben, sie um einen geheimen Briefwechsel zu bitten. Das Streifchen Papier, worauf er dies lakonisch genug getan hatte, lag auf dem Schreibtisch und ward vom Zugwind heruntergeführt, als der Kammerdiener hereintrat, ihm die Haare zu kräuseln. Gewöhnlich, um die Hitze des Eisens zu versuchen, bückte sich dieser nach Papierschnitzeln auf der Erde; diesmal ergriff er das Billett, zwickte es eilig, und es war versengt. Eduard den Missgriff bemerkend riss es ihm aus der Hand. Bald darauf setzte er sich hin, es noch einmal zu schreiben; es wollte nicht ganz so zum zweiten Mal aus der Feder. Er fühlte einiges Bedenken, einige Besorgnis, die er jedoch überwand. Ottilien wurde das Blättchen in die Hand gedrückt, den ersten Augenblick wo er sich ihr nähern konnte.

Ottilie versäumte nicht ihm zu antworten. Ungelesen steckte er das Zettelchen in die Weste, die modisch kurz es nicht gut verwahrte. Es schob sich heraus und fiel, ohne von ihm bemerkt zu werden, auf den Boden. Charlotte sah es und hob es auf, und reichte es ihm mit einem flüchtigen Überblick. Hier ist etwas von deiner Hand, sagte sie, das du vielleicht ungern verlörest.

Er war betroffen. Verstellt sie sich? dachte er. Ist sie den Inhalt des Blättchens gewahr worden, oder irrt sie sich an der Ähnlichkeit der Hände? Er hoffte, er dachte das Letztre. Er war gewarnt, doppelt gewarnt, aber diese sonderbaren zufälligen Zeichen, durch die ein höheres Wesen mit uns zu sprechen scheint, waren seiner Leidenschaft unverständlich; vielmehr indem sie ihn immer weiter führte, empfand er die Beschränkung, in der man ihn zu halten schien, immer unangenehmer. Die freundliche Geselligkeit verlor sich. Sein Herz war verschlossen, und wenn er mit Freund und Frau zusammen zu sein genötigt war, so gelang es ihm nicht, seine frühere Neigung zu ihnen in seinem Busen wieder aufzufinden, zu beleben. Der stille Vorwurf, den er sich selbst hierüber machen musste, war ihm unbequem, und er suchte sich durch eine Art von Humor zu helfen, der aber, weil er ohne Liebe war, auch der gewohnten Anmut ermangelte.

Über alle diese Prüfungen half Charlotten ihr inneres Gefühl hinweg. Sie war sich ihres ernsten Vorsatzes bewusst, auf eine so schöne edle Neigung Verzicht zu tun.

Wie sehr wünschte sie jenen beiden auch zu Hülfe zu kommen. Entfernung, fühlte sie wohl, wird nicht allein hinreichend sein, ein solches Übel zu heilen. Sie nimmt sich vor die Sache gegen das gute Kind zur Sprache zu bringen; aber sie vermag es nicht; die Erinnerung ihres eignen Schwankens steht ihr im

Wege. Sie sucht sich darüber im Allgemeinen auszudrücken; das Allgemeine passt auch auf ihren eignen Zustand, den sie auszusprechen scheut. Ein jeder Wink, den sie Ottilien geben will, deutet zurück in ihr eignes Herz. Sie will warnen und fühlt, dass sie wohl selbst noch einer Warnung bedürfen könnte.

Schweigend hält sie daher die Liebenden noch immer auseinander, und die Sache wird dadurch nicht besser. Leise Andeutungen, die ihr manchmal entschlüpfen, wirken auf Ottilien nicht: denn Eduard hatte diese von Charlottens Neigung zum Hauptmann überzeugt, sie überzeugt, dass Charlotte selbst eine Scheidung wünsche, die er nun auf eine anständige Weise zu bewirken denke.

Ottilie getragen durch das Gefühl ihrer Unschuld, auf dem Wege zu dem erwünschtesten Glück, lebt nur für Eduard. Durch die Liebe zu ihm in allem Guten gestärkt, um seinetwillen freudiger in ihrem Tun, aufgeschlossener gegen andre, findet sie sich in einem Himmel auf Erden.

So setzen alle zusammen, jeder auf seine Weise, das tägliche Leben fort, mit und ohne Nachdenken; alles scheint seinen gewöhnlichen Gang zu gehen, wie man auch in ungeheuren Fällen, wo alles auf dem Spiele steht, noch immer so fortlebt, als wenn von nichts die Rede wäre.

Vierzehntes Kapitel

Von dem Grafen war indessen ein Brief an den Hauptmann angekommen, und zwar ein doppelter, einer zum Vorzeigen, der sehr schöne Aussichten in die Ferne darwies, der andre hingegen, der ein entschiedenes Anerbieten für die Gegenwart enthielt, eine bedeutende Hof- und Geschäftsstelle, den Charakter als Major, ansehnlichen Gehalt, und andre Vorteile, sollte wegen verschiedener Nebenumstände noch geheim gehalten werden. Auch unterrichtete der Hauptmann seine Freunde nur von jenen Hoffnungen und verbarg, was so nahe bevorstand.

Indessen setzte er die gegenwärtigen Geschäfte lebhaft fort und machte in der Stille Einrichtungen, wie alles in seiner Abwesenheit ungehinderten Fortgang haben könnte. Es ist ihm nun selbst daran gelegen, dass für manches ein Termin bestimmt werde, dass Ottiliens Geburtstag manches beschleunige. Nun wirken die beiden Freunde, obschon ohne ausdrückliches Einverständnis, gern zusammen. Eduard ist nun recht zufrieden, dass man durch das Vorauserheben der Gelder die Kasse verstärkt hat; die ganze Anstalt rückt auf das rascheste vorwärts.

Die drei Teiche in einen See zu verwandeln hätte jetzt der Hauptmann am liebsten ganz widerraten. Der untere Damm war zu verstärken, die mittlern abzutragen, und die ganze Sache in mehr als einem Sinne wichtig und bedenklich. Beide Arbeiten aber, wie sie ineinander wirken konnten, waren schon angefangen, und hier kam ein junger Architekt, ein ehemaliger Zögling des Hauptmanns, sehr erwünscht, der teils mit Anstellung tüchtiger Meister, teils mit Verdingen der Arbeit, wo sich's tun ließ, die Sache förderte und dem Werke Sicherheit und Dauer versprach; wobei sich der Hauptmann im Stillen freute, dass man seine Entfernung nicht fühlen würde. Denn er hatte den Grundsatz, aus einem übernommenen unvollendeten Geschäft nicht zu scheiden, bis er seine Stelle genugsam ersetzt sähe. Ja er verachtete diejenigen, die, um ihren Abgang fühlbar zu machen, erst noch Verwirrung in ihrem Kreise anrichten, indem sie als ungebildete Selbstler das zu zerstören wünschen, wobei sie nicht mehr fortwirken sollen.

So arbeitete man immer mit Anstrengung, um Ottiliens Geburtstag zu verherrlichen, ohne dass man es aussprach, oder sich's recht aufrichtig bekannte. Nach Charlottens obgleich neidlosen Gesinnungen konnte es doch kein entschiedenes Fest werden. Die Jugend Ottiliens, ihre Glücksumstände, das Verhältnis zur Familie berechtigten sie nicht als Königin eines Tages zu erscheinen. Und Eduard wollte nicht davon gesprochen haben, weil alles wie von selbst entspringen, überraschen und natürlich erfreuen sollte.

Alle kamen daher stillschweigend in dem Vorwande überein, als wenn an diesem Tage, ohne weitere Beziehung, jenes Lusthaus gerichtet werden sollte, und bei diesem Anlass konnte man dem Volke so wie den Freunden ein Fest ankündigen.

Eduards Neigung war aber grenzenlos. Wie er sich Ottilien zuzueignen begehrte, so kannte er auch kein Maß des Hingebens, Schenkens, Versprechens. Zu einigen Gaben, die er Ottilien an diesem Tage verehren wollte, hatte ihm Charlotte viel zu ärmliche Vorschläge getan. Er sprach mit seinem Kammerdiener, der seine Garderobe besorgte und mit Handelsleuten und Modehändlern in beständigem Verhältnis blieb; dieser, nicht unbekannt sowohl mit den angenehmsten Gaben selbst als mit der besten Art sie zu überreichen, bestellte sogleich in der Stadt den niedlichsten Koffer mit rotem Saffian überzogen, mit Stahlnägeln beschlagen, und angefüllt mit Geschenken, einer solchen Schale würdig.

Noch einen andern Vorschlag tat er Eduarden. Es war ein kleines Feuerwerk vorhanden, das man immer abzubrennen versäumt hatte. Dies konnte man leicht verstärken und erweitern. Eduard ergriff den Gedanken, und jener versprach für die Ausführung zu sorgen. Die Sache sollte ein Geheimnis bleiben.

Der Hauptmann hatte unterdessen, je näher der Tag heranrückte, seine polizeilichen Einrichtungen getroffen, die er für so nötig hielt, wenn eine Masse Menschen zusammenberufen oder -gelockt wird. Ja sogar hatte er wegen des Bettelns und andrer Unbequemlichkeiten, wodurch die Anmut eines Festes gestört wird, durchaus Vorsorge genommen.

Eduard und sein Vertrauter dagegen beschäftigten sich vorzüglich mit dem Feuerwerk. Am mittelsten Teiche vor jenen großen Eichbäumen sollte es abgebrannt werden; gegenüber unter den Platanen sollte die Gesellschaft sich aufhalten, um die Wirkung aus gehöriger Ferne, die Abspiegelung im Wasser, und was auf dem Wasser selbst brennend zu schwimmen bestimmt war, mit Sicherheit und Bequemlichkeit anzuschauen.

Unter einem andern Vorwand ließ daher Eduard den Raum unter den Platanen von Gesträuch, Gras und Moos säubern, und nun erschien erst die Herrlichkeit des Baumwuchses sowohl an Höhe als Breite auf dem gereinigten Boden. Eduard empfand darüber die größte Freude. – Es war ungefähr um diese Jahrszeit, als ich sie pflanzte. Wie lange mag es her sein? sagte er zu sich selbst. – Sobald er nach Hause kam, schlug er in alten Tagebüchern nach, die sein Vater, besonders auf dem Lande, sehr ordentlich geführt hatte. Zwar dieser Pflanzung konnte nicht darin erwähnt sein, aber eine andre häuslich wichtige Begebenheit an demselben Tage, deren sich Eduard noch wohl erinnerte, musste notwendig darin angemerkt stehen. Er durchblättert einige Bände; der Umstand findet sich: aber wie erstaunt, wie erfreut ist Eduard, als er das wunderbarste Zusammentreffen bemerkt. Der Tag, das Jahr jener Baumpflanzung ist zugleich der Tag, das Jahr von Ottiliens Geburt.

Fünfzehntes Kapitel

Endlich leuchtete Eduarden der sehnlich erwartete Morgen und nach und nach stellten viele Gäste sich ein: denn man hatte die Einladungen weit umhergeschickt, und manche, die das Legen des Grundsteins versäumt hatten, wovon man so viel Artiges erzählte, wollten diese zweite Feierlichkeit umso weniger verfehlen.

Vor Tafel erschienen die Zimmerleute mit Musik im Schlosshofe, ihren reichen Kranz tragend, der aus vielen stufenweise übereinander schwankenden Laub- und Blumenreifen zusammengesetzt war. Sie sprachen ihren Gruß, und erbaten sich zur gewöhnlichen Ausschmückung seidene Tücher und Bänder von dem schönen Geschlecht. Indes die Herrschaft speiste, setzten sie ihren jauchzenden Zug weiter fort, und nachdem sie sich eine Zeitlang im Dorfe aufgehalten und daselbst Frauen und Mädchen gleichfalls um manches Band gebracht, so kamen sie endlich, begleitet und erwartet von einer großen Menge, auf die Höhe wo das gerichtete Haus stand.

Charlotte hielt nach der Tafel die Gesellschaft einigermaßen zurück. Sie wollte keinen feierlichen förmlichen Zug, und man fand sich daher in einzelnen Partien, ohne Rang und Ordnung, auf dem Platz gemächlich ein. Charlotte zögerte mit Ottilien und machte dadurch die Sache nicht besser: denn weil Ottilie wirklich die letzte war die herantrat, so schien es als wenn Trompeten und Pauken nur auf sie gewartet hätten, als wenn die Feierlichkeit bei ihrer Ankunft nun gleich beginnen müsste.

Dem Hause das rohe Ansehn zu nehmen, hatte man es mit grünem Reisig und Blumen, nach Angabe des Hauptmanns, architektonisch ausgeschmückt, allein ohne dessen Mitwissen hatte Eduard den Architekten veranlasst, in dem Gesims das Datum mit Blumen zu bezeichnen. Das mochte noch hingehen; allein zeitig genug langte der Hauptmann an, um zu verhindern, dass nicht auch der Name Ottiliens im Giebelfelde glänzte. Er wusste dieses Beginnen auf eine geschickte Weise abzulehnen und die schon fertigen Blumenbuchstaben beiseite zu bringen.

Der Kranz war aufgesteckt und weit umher in der Gegend sichtbar. Bunt flatterten die Bänder und Tücher in der Luft, und eine kurze Rede verscholl zum größten Teil im Winde. Die Feierlichkeit war zu Ende, der Tanz auf dem geebneten und mit Lauben umkreiseten Platze vor dem Gebäude sollte nun angehen. Ein schmucker Zimmergeselle führte Eduarden ein flinkes Bauernmädchen zu, und forderte Ottilien auf, welche daneben stand. Die beiden Paare fanden sogleich ihre Nachfolger und bald genug wechselte Eduard, indem er Ottilien ergriff und mit ihr die Runde machte. Die jüngere Gesellschaft mischte sich fröhlich in den Tanz des Volks, indes die Ältern beobachteten.

Sodann, ehe man sich auf den Spaziergängen zerstreute, ward abgeredet, dass man sich mit Untergang der Sonne bei den Platanen wieder versammeln wolle. Eduard fand sich zuerst ein, ordnete alles und nahm Abrede mit dem Kammerdiener, der auf der andern Seite, in Gesellschaft des Feuerwerkers, die Lusterscheinungen zu besorgen hatte.

Der Hauptmann bemerkte die dazu getroffenen Vorrichtungen nicht mit Vergnügen; er wollte wegen des zu erwartenden Andrangs der Zuschauer mit Eduard sprechen, als ihn derselbe etwas hastig bat, er möge ihm diesen Teil der Feierlichkeit doch allein überlassen.

Schon hatte sich das Volk auf die oberwärts abgestochenen und vom Rasen entblößten Dämme gedrängt, wo das Erdreich uneben und unsicher war. Die Sonne ging unter, die Dämmerung trat ein, und in Erwartung größerer Dunkelheit wurde die Gesellschaft unter den Platanen mit Erfrischungen bedient. Man fand den Ort unvergleichlich und freute sich in Gedanken, künftig von hier die Aussicht auf einen weiten und so mannigfaltig begrenzten See zu genießen.

Ein ruhiger Abend, eine vollkommene Windstille versprachen das nächtliche Fest zu begünstigen, als auf einmal ein entsetzliches Geschrei entstand. Große Schollen hatten sich vom Damme losgetrennt, man sah mehrere Menschen ins Wasser stürzen. Das Erdreich hatte nachgegeben unter dem Drängen und Treten der immer zunehmenden Menge. Jeder wollte den besten Platz haben, und nun konnte niemand vorwärts noch zurück.

Jedermann sprang auf und hinzu, mehr um zu schauen als zu tun: denn was war da zu tun, wo niemand hinreichen konnte. Nebst einigen Entschlossenen eilte der Hauptmann, trieb sogleich die Menge von dem Damm herunter nach den Ufern, um den Hülfreichen freie Hand zu geben, welche die Versinkenden herauszuziehen suchten. Schon waren alle, teils durch eignes, teils durch fremdes Bestreben, wieder auf dem Trocknen, bis auf einen Knaben, der durch allzu ängstliches Bemühen, statt sich dem Damm zu nähern, sich davon entfernt hatte. Die Kräfte schienen ihn zu verlassen, nur einige Mal kam noch eine Hand, ein Fuß in die Höhe. Unglücklicherweise war der Kahn auf der andern Seite, mit Feuerwerk gefüllt, nur langsam konnte man ihn ausladen und die Hülfe verzögerte sich. Des Hauptmanns Entschluss war gefasst, er warf die Oberkleider weg, aller Augen richteten sich auf ihn, und seine tüchtige kräftige Gestalt flößte jedermann Zutrauen ein; aber ein Schrei der Überraschung drang aus der Menge hervor, als er sich ins Wasser stürzte. Jedes Auge begleitete ihn, der als geschickter Schwimmer den Knaben bald erreichte, und ihn, jedoch für tot, an den Damm brachte.

Indessen ruderte der Kahn herbei, der Hauptmann bestieg ihn und forschte genau von den Anwesenden, ob denn auch wirklich alle gerettet seien. Der Chirurgus kommt und übernimmt den totgeglaubten Knaben; Charlotte tritt hinzu, sie bittet den Hauptmann nur für sich zu sorgen, nach dem Schlosse zurückzukehren und die Kleider zu wechseln. Er zaudert, bis ihm gesetzte verständige Leute, die ganz nahe gegenwärtig gewesen, die selbst zur Rettung der Einzelnen beigetragen, auf das heiligste versichern, dass alle gerettet seien.

Charlotte sieht ihn nach Hause gehen, sie denkt, dass Wein und Tee, und was sonst nötig wäre, verschlossen ist, dass in solchen Fällen die Menschen gewöhnlich verkehrt handeln; sie eilt durch die zerstreute Gesellschaft, die sich noch unter den Platanen befindet; Eduard ist beschäftigt jedermann zuzureden: man soll bleiben; in kurzem gedenkt er das Zeichen zu geben und das Feuerwerk soll beginnen; Charlotte tritt hinzu und bittet ihn, ein Vergnügen zu verschieben das jetzt nicht am Platze sei, das in dem gegenwärtigen Augenblick nicht genossen werden könne; sie erinnert ihn, was man dem Geretteten und dem Retter schuldig sei. Der Chirurgus wird schon seine Pflicht tun, versetzte Eduard. Er ist mit allem versehen, und unser Zudringen wäre nur eine hinderliche Teilnahme.

Charlotte bestand auf ihrem Sinne und winkte Ottilien, die sich sogleich zum Weggehn anschickte. Eduard ergriff ihre Hand und rief: Wir wollen diesen Tag nicht im Lazarett endigen! Zur Barmherzigen Schwester ist sie zu gut. Auch ohne uns werden die Scheintoten erwachen und die Lebendigen sich abtrocknen.

Charlotte schwieg und ging. Einige folgten ihr, andere diesen; endlich wollte niemand der Letzte sein und so folgten alle. Eduard und Ottilie fanden sich allein unter den Platanen. Er bestand darauf zu bleiben, so dringend, so ängstlich sie ihn auch bat, mit ihr nach dem Schlosse zurückzukehren. Nein, Ottilie! rief er: das Außerordentliche geschieht nicht auf glattem gewöhnlichem Wege. Dieser überraschende Vorfall von heute abend bringt uns schneller zusammen. Du bist die Meine! Ich habe dir's schon so oft gesagt und geschworen; wir wollen es nicht mehr sagen und schwören, nun soll es werden.

Der Kahn von der andern Seite schwamm herüber. Es war der Kammerdiener, der verlegen anfragte: was nunmehr mit dem Feuerwerk werden sollte. Brennt es ab! rief er ihm entgegen. Für dich allein war es bestellt, Ottilie, und nun sollst du es auch allein sehen! Erlaube mir, an deiner Seite sitzend, es mitzugenießen. Zärtlich bescheiden setzte er sich neben sie ohne sie zu berühren.

Raketen rauschten auf, Kanonenschläge donnerten, Leuchtkugeln stiegen, Schwärmer schlängelten und platzten, Räder gischten, jedes erst einzeln, dann gepaart, dann alle zusammen, und immer gewaltsamer hintereinander und zusammen. Eduard, dessen Busen brannte, verfolgte mit lebhaft zufriedenem Blick diese feurigen Erscheinungen. Ottiliens zartem aufgeregtem Gemüt war dieses rauschende blitzende Entstehen und Verschwinden eher ängstlich als angenehm. Sie lehnte sich schüchtern an Eduard, dem diese Annäherung, dieses Zutrauen das volle Gefühl gab, dass sie ihm ganz angehöre.

Die Nacht war kaum in ihre Rechte wieder eingetreten, als der Mond aufging und die Pfade der beiden Rückkehrenden beleuchtete. Eine Figur, den Hut in der Hand, vertrat ihnen den Weg, und sprach sie um ein Almosen an, da er an diesem festlichen Tage versäumt worden sei. Der Mond schien ihm ins Gesicht, und Eduard erkannte die Züge jenes zudringlichen Bettlers. Aber so glücklich wie er war, konnte er nicht ungehalten sein, konnte es ihm nicht einfallen, dass besonders für heute das Betteln höchlich verpönt worden. Er forschte nicht lange in der Tasche und gab ein Goldstück hin. Er hätte jeden gern glücklich gemacht, da sein Glück ohne Grenzen schien.

Zu Hause war indes alles erwünscht gelungen. Die Tätigkeit des Chirurgen, die Bereitschaft alles Nötigen, der Beistand Charlottens, alles wirkte zusammen, und der Knabe ward wieder zum Leben hergestellt. Die Gäste zerstreuten sich, sowohl um noch etwas vom Feuerwerk aus der Ferne zu sehen, als auch, um nach solchen verworrnen Szenen ihre ruhige Heimat wieder zu betreten.

Auch hatte der Hauptmann, geschwind umgekleidet, an der nötigen Vorsorge tätigen Anteil genommen; alles war beruhigt und er fand sich mit Charlotten allein. Mit zutraulicher Freundlichkeit erklärte er nun, dass seine Abreise nahe bevorstehe. Sie hatte diesen Abend so viel erlebt, dass diese Entdeckung wenig Eindruck auf sie machte; sie hatte gesehen, wie der Freund sich aufopferte, wie er rettete und selbst gerettet war. Diese wunderbaren Ereignisse schienen ihr eine bedeutende Zukunft, aber keine unglückliche zu weissagen.

Eduarden, der mit Ottilien hereintrat, wurde die bevorstehende Abreise des Hauptmanns gleichfalls angekündigt. Er argwohnte, dass Charlotte früher um das Nähere gewusst habe, war aber viel zu sehr mit sich und seinen Absichten beschäftigt, als dass er es hätte übel empfinden sollen.

Im Gegenteil vernahm er aufmerksam und zufrieden die gute und ehrenvolle Lage, in die der Hauptmann versetzt werden solle. Unbändig drangen seine geheimen Wünsche den Begebenheiten vor. Schon sah er jenen mit Charlotten verbunden, sich mit Ottilien. Man hätte ihm zu diesem Fest kein größeres Geschenk machen können.

Aber wie erstaunt war Ottilie, als sie auf ihr Zimmer trat und den köstlichen kleinen Koffer auf ihrem Tische fand. Sie säumte nicht ihn zu eröffnen. Da zeigte sich alles so schön gepackt und geordnet, dass sie es nicht auseinanderzunehmen, ja kaum zu lüften wagte. Musselin, Battist, Seide, Schals und Spitzen wetteiferten an Feinheit, Zierlichkeit und Kostbarkeit. Auch war der Schmuck nicht vergessen. Sie begriff wohl die Absicht, sie mehr als einmal vom Kopf bis auf den Fuß zu kleiden: es war aber alles so kostbar und fremd, dass sie sich's in Gedanken nicht zuzueignen getraute.

Sechzehntes Kapitel

Des andern Morgens war der Hauptmann verschwunden, und ein dankbar gefühltes Blatt an die Freunde von ihm zurückgeblieben. Er und Charlotte hatten abends vorher schon halben und einsilbigen Abschied genommen. Sie empfand eine ewige Trennung und ergab sich darein: denn in dem zweiten Briefe des Grafen, den ihr der Hauptmann zuletzt mitteilte, war auch von einer Aussicht auf eine vorteilhafte Heirat die Rede; und obgleich er diesem Punkt keine Aufmerksamkeit schenkte, so hielt sie doch die Sache schon für gewiss und entsagte ihm rein und völlig.

Dagegen glaubte sie nun auch die Gewalt, die sie über sich selbst ausgeübt, von andern fordern zu können. Ihr war es nicht unmöglich gewesen, andern sollte das Gleiche möglich sein. In diesem Sinne begann sie das Gespräch mit ihrem Gemahl, umso mehr offen und zuversichtlich, als sie empfand, dass die Sache ein für alle Mal abgetan werden müsse.

Unser Freund hat uns verlassen, sagte sie: wir sind nun wieder gegen einander über wie vormals, und es käme nun wohl auf uns an, ob wir wieder völlig in den alten Zustand zurückkehren wollten.

Eduard, der nichts vernahm als was seiner Leidenschaft schmeichelte, glaubte dass Charlotte durch diese Worte den früheren Witwenstand bezeichnen und, obgleich auf unbestimmte Weise, zu einer Scheidung Hoffnung machen wolle. Er antwortete deshalb mit Lächeln: Warum nicht? Es käme nur darauf an, dass man sich verständigte.

Er fand sich daher gar sehr betrogen, als Charlotte versetzte: Auch Ottilien in eine andere Lage zu bringen, haben wir gegenwärtig nur zu wählen; denn es findet sich eine doppelte Gelegenheit, ihr Verhältnisse zu geben, die für sie wünschenswert sind. Sie kann in die Pension zurückkehren, da meine Tochter zur Großtante gezogen ist; sie kann in ein angesehenes Haus aufgenommen werden, um mit einer einzigen Tochter alle Vorteile einer standesmäßigen Erziehung zu genießen.

Indessen, versetzte Eduard ziemlich gefasst, hat Ottilie sich in unserer freundlichen Gesellschaft so verwöhnt, dass ihr eine andere wohl schwerlich willkommen sein möchte.

Wir haben uns alle verwöhnt, sagte Charlotte, und du nicht zum Letzten. Indessen ist es eine Epoche, die uns zur Besinnung auffordert, die uns ernstlich ermahnt, an das Beste sämtlicher Mitglieder unseres kleinen Zirkels zu denken und auch irgendeine Aufopferung nicht zu versagen.

Wenigstens finde ich es nicht billig, versetzte Eduard, dass Ottilie aufgeopfert werde, und das geschähe doch, wenn man sie gegenwärtig unter fremde Menschen hinunterstieße. Den Hauptmann hat sein gutes Geschick hier aufgesucht; wir dürfen ihn mit Ruhe, ja mit Behagen von uns wegscheiden lassen. Wer weiß, was Ottilien bevorsteht; warum sollten wir uns übereilen?

Was uns bevorsteht ist ziemlich klar, versetzte Charlotte mit einiger Bewegung, und da sie die Absicht hatte, ein für alle Mal sich auszusprechen, fuhr sie fort: Du liebst Ottilien, du gewöhnst dich an sie. Neigung und Leidenschaft entspringt und nährt sich auch von ihrer Seite. Warum sollen wir nicht mit Worten aussprechen, was uns jede Stunde gesteht und bekennt? Sollen wir nicht so viel Vorsicht haben, uns zu fragen, was das werden wird?

Wenn man auch sogleich darauf nicht antworten kann, versetzte Eduard, der sich zusammennahm, so lässt sich doch so viel sagen, dass man eben alsdann sich am Ersten entschließt abzuwarten, was uns die Zukunft lehren wird, wenn man gerade nicht sagen kann, was aus einer Sache werden soll.

Hier vorauszusehen, versetzte Charlotte, bedarf es wohl keiner großen Weisheit, und so viel lässt sich auf alle Fälle gleich sagen, dass wir beide nicht mehr jung genug sind, um blindlings dahin zu gehen, wohin man nicht möchte oder nicht sollte. Niemand kann mehr für uns sorgen; wir müssen unsre eigenen

Freunde sein, unsre eigenen Hofmeister. Niemand erwartet von uns, dass wir uns in ein Äußerstes verlieren werden, niemand erwartet uns tadelnswert oder gar lächerlich zu finden.

Kannst du mir's verdenken, versetzte Eduard, der die offne reine Sprache seiner Gattin nicht zu erwidern vermochte: kannst du mich schelten, wenn mir Ottiliens Glück am Herzen liegt? und nicht etwa ein künftiges, das immer nicht zu berechnen ist; sondern ein gegenwärtiges? Denke dir, aufrichtig und ohne Selbstbetrug, Ottilien aus unserer Gesellschaft gerissen, und fremden Menschen untergeben – ich wenigstens fühle mich nicht grausam genug, ihr eine solche Veränderung zuzumuten.

Charlotte ward gar wohl die Entschlossenheit ihres Gemahls hinter seiner Verstellung gewahr. Erst jetzt fühlte sie, wie weit er sich von ihr entfernt hatte. Mit einiger Bewegung rief sie aus: Kann Ottilie glücklich sein, wenn sie uns entzweit! wenn sie mir einen Gatten, seinen Kindern einen Vater entreißt!

Für unsere Kinder, dächte ich, wäre gesorgt, sagte Eduard lächelnd und kalt; etwas freundlicher aber fügte er hinzu: wer wird auch sogleich das Äußerste denken!

Das Äußerste liegt der Leidenschaft zuallernächst, bemerkte Charlotte. Lehne, solange es noch Zeit ist, den guten Rat nicht ab, nicht die Hülfe, die ich uns biete. In trüben Fällen muss derjenige wirken und helfen, der am klarsten sieht. Diesmal bin ich's. Lieber, liebster Eduard, lass mich gewähren! Kannst du mir zumuten, dass ich auf mein wohlerworbenes Glück, auf die schönsten Rechte, auf dich so geradehin Verzicht leisten soll?

Wer sagt das? versetzte Eduard mit einiger Verlegenheit.

Du selbst, versetzte Charlotte: indem du Ottilien in der Nähe behalten willst, gestehst du nicht alles zu, was daraus entspringen muss? Ich will nicht in dich dringen; aber wenn du dich nicht überwinden kannst, so wirst du wenigstens dich nicht lange mehr betrügen können.

Eduard fühlte, wie recht sie hatte. Ein ausgesprochnes Wort ist fürchterlich, wenn es das auf einmal ausspricht, was das Herz lange sich erlaubt hat; und um nur für den Augenblick auszuweichen, erwiderte Eduard: Es ist mir ja noch nicht einmal klar, was du vorhast.

Meine Absicht war, versetzte Charlotte, mit dir die beiden Vorschläge zu überlegen. Beide haben viel Gutes. Die Pension würde Ottilien am gemäßesten sein, wenn ich betrachte, wie das Kind jetzt ist. Jene größere und weitere Lage verspricht aber mehr, wenn ich bedenke, was sie werden soll. Sie legte darauf umständlich ihrem Gemahl die beiden Verhältnisse dar und schloss mit den Worten: Was meine Meinung betrifft, so würde ich das Haus jener Dame der Pension vorziehen aus mehreren Ursachen, besonders aber auch, weil ich die Neigung, ja die Leidenschaft des jungen Mannes, den Ottilie dort für sich gewonnen, nicht vermehren will.

Eduard schien ihr Beifall zu geben, nur aber um einigen Aufschub zu suchen. Charlotte, die darauf ausging etwas Entscheidendes zu tun, ergriff sogleich die Gelegenheit, als Eduard nicht unmittelbar widersprach, die Abreise Ottiliens, zu der sie schon alles im Stillen vorbereitet hatte, auf die nächsten Tage festzusetzen.

Eduard schauderte; er hielt sich für verraten und die liebevolle Sprache seiner Frau für ausgedacht, künstlich und planmäßig, um ihn auf ewig von seinem Glücke zu trennen. Er schien ihr die Sache ganz zu überlassen; allein schon war innerlich sein Entschluss gefasst. Um nur zu Atem zu kommen, um das bevorstehende unabsehliche Unheil der Entfernung Ottiliens abzuwenden, entschied er sich sein Haus zu verlassen, und zwar nicht ganz ohne Vorbewusst Charlottens, die er jedoch durch die Einleitung zu täuschen verstand, dass er bei Ottiliens Abreise nicht gegenwärtig sein, ja sie von diesem Augenblick an nicht mehr sehen wolle.

Charlotte, die gewonnen zu haben glaubte, tat ihm allen Vorschub. Er befahl seine Pferde, gab dem Kammerdiener die nötige Anweisung, was er einpacken und wie er ihm folgen solle, und so, wie schon im Stegreife, setzte er sich hin und schrieb.

Eduard an Charlotten

Das Übel, meine Liebe, das uns befallen hat, mag heilbar sein oder nicht, dies nur fühl' ich, wenn ich im Augenblicke nicht verzweifeln soll, so muss ich Aufschub finden für mich, für uns alle. Indem ich mich aufopfre kann ich fordern. Ich verlasse mein Haus und kehre nur unter günstigern ruhigern Aussichten zurück. Du sollst es indessen besitzen, aber mit Ottilien. Bei dir will ich sie wissen, nicht unter fremden Menschen. Sorge für sie, behandle sie wie sonst, wie bisher, ja nur immer liebevoller, freundlicher und zarter. Ich verspreche kein heimliches Verhältnis zu Ottilien zu suchen. Lasst mich lieber eine Zeitlang ganz unwissend, wie ihr lebt; ich will mir das Beste denken. Denkt auch so von mir. Nur, was ich dich bitte, auf das innigste, auf das lebhafteste: mache keinen Versuch Ottilien sonst irgendwo unterzugeben, in neue Verhältnisse zu bringen. Außer dem Bezirk deines Schlosses, deines Parks, fremden Menschen anvertraut, gehört sie mir und ich werde mich ihrer bemächtigen. Ehrst du aber meine Neigung, meine Wünsche, meine Schmerzen; schmeichelst du meinem Wahn, meinen Hoffnungen, so will ich auch der Genesung nicht widerstreben, wenn sie sich mir anbietet.

Diese letzte Wendung floss ihm aus der Feder, nicht aus dem Herzen. Ja wie er sie auf dem Papier sah, fing er bitterlich zu weinen an. Er sollte auf irgendeine Weise dem Glück, ja dem Unglück, Ottilien zu lieben, entsagen! Jetzt erst fühlte er was er tat. Er entfernte sich, ohne zu wissen, was daraus entstehen konnte. Er sollte sie wenigstens jetzt nicht wiedersehen; ob er sie je wiedersähe, welche Sicherheit konnte er sich darüber versprechen? Aber der Brief war geschrieben; die Pferde standen vor der Tür; jeden Augenblick musste er fürchten Ottilien irgendwo zu erblicken und zugleich seinen Entschluss vereitelt zu sehen. Er fasste sich; er dachte dass es ihm doch möglich sei, jeden Augenblick zurückzukehren und durch die Entfernung gerade seinen Wünschen näherzukommen. Im Gegenteil stellte er sich Ottilien vor aus dem Hause gedrängt, wenn er bliebe. Er siegelte den Brief, eilte die Treppe hinab und schwang sich aufs Pferd.

Als er beim Wirtshause vorbeiritt, sah er den Bettler in der Laube sitzen, den er gestern Nacht so reichlich beschenkt hatte. Dieser saß behaglich an seinem Mittagsmahle, stand auf und neigte sich ehrerbietig, ja anbetend vor Eduarden. Eben diese Gestalt war ihm gestern erschienen, als er Ottilien am Arm führte; nun erinnerte sie ihn schmerzlich an die glücklichste Stunde seines Lebens. Seine Leiden vermehrten sich; das Gefühl dessen was er zurückließ, war ihm unerträglich; nochmals blickte er nach dem Bettler: O du Beneidenswerter! rief er aus: du kannst noch am gestrigen Almosen zehren, und ich nicht mehr am gestrigen Glücke!

Siebzehntes Kapitel

Ottilie trat ans Fenster als sie jemanden wegreiten hörte und sah Eduarden noch im Rücken. Es kam ihr wunderbar vor, dass er das Haus verließ, ohne sie gesehen, ohne ihr einen Morgengruß geboten zu haben. Sie ward unruhig und immer nachdenklicher, als Charlotte sie auf einen weiten Spaziergang mit sich zog und von mancherlei Gegenständen sprach, aber des Gemahls, und wie es schien, vorsätzlich, nicht erwähnte. Doppelt betroffen war sie daher, bei ihrer Zurückkunft den Tisch nur mit zwei Gedecken besetzt zu finden.

Wir vermissen ungern gering scheinende Gewohnheiten, aber schmerzlich empfinden wir erst ein solches Entbehren in bedeutenden Fällen. Eduard und der Hauptmann fehlten, Charlotte hatte seit langer Zeit zum ersten Mal den Tisch selbst angeordnet, und es wollte Ottilien scheinen als wenn sie abgesetzt wäre. Die beiden Frauen saßen gegen einander über; Charlotte sprach ganz unbefangen von der Anstellung des Hauptmanns und von der wenigen Hoffnung ihn bald wiederzusehen. Das Einzige tröstete Ottilien in ihrer Lage, dass sie glauben konnte, Eduard sei, um den Freund noch eine Strecke zu begleiten, ihm nachgeritten.

Allein, da sie von Tische aufstanden, sahen sie Eduards Reisewagen unter dem Fenster, und als Charlotte einigermaßen unwillig fragte: wer ihn hieher bestellt habe, so antwortete man ihr, es sei der Kammerdiener, der hier noch einiges aufpacken wolle. Ottilie brauchte ihre ganze Fassung, um ihre Verwunderung und ihren Schmerz zu verbergen.

Der Kammerdiener trat herein und verlangte noch einiges. Es war eine Mundtasse des Herrn, ein paar silberne Löffel und mancherlei, was Ottilien auf eine weitere Reise, auf ein längeres Außenbleiben zu deuten schien. Charlotte verwies ihm sein Begehren ganz trocken: sie verstehe nicht, was er damit sagen wolle; denn er habe alles, was sich auf den Herrn beziehe, selbst im

Beschluss. Der gewandte Mann, dem es freilich nur darum zu tun war, Ottilien zu sprechen, und sie deswegen unter irgendeinem Vorwande aus dem Zimmer zu locken, wusste sich zu entschuldigen und auf seinem Verlangen zu beharren, das ihm Ottilie auch zu gewähren wünschte; allein Charlotte lehnte es ab, der Kammerdiener musste sich entfernen, und der Wagen rollte fort.

Es war für Ottilien ein schrecklicher Augenblick. Sie verstand es nicht, sie begriff es nicht; aber dass ihr Eduard auf geraume Zeit entrissen war, konnte sie fühlen. Charlotte fühlte den Zustand mit und ließ sie allein. Wir wagen nicht ihren Schmerz, ihre Tränen zu schildern, sie litt unendlich.

Sie bat nur Gott, dass er ihr nur über diesen Tag weghelfen möchte; sie überstand den Tag und die Nacht, und als sie sich wieder gefunden, glaubte sie ein anderes Wesen anzutreffen. Sie hatte sich nicht gefasst, sich nicht ergeben, aber sie war, nach so großem Verluste, noch da und hatte noch mehr zu befürchten. Ihre nächste Sorge, nachdem das Bewusstsein wiedergekehrt, war sogleich: sie möchte nun, nach Entfernung der Männer, gleichfalls entfernt werden. Sie ahnte nichts von Eduards Drohungen, wodurch ihr der Aufenthalt neben Charlotten gesichert war; doch diente ihr das Betragen Charlottens zu einiger Beruhigung. Diese suchte das gute Kind zu beschäftigen und ließ sie nur selten, nur ungern von sich; und ob sie gleich wohl wusste, dass man mit Worten nicht viel gegen eine entschiedene Leidenschaft zu wirken vermag, so kannte sie doch die Macht der Besonnenheit, des Bewusstseins, und brachte daher manches zwischen sich und Ottilien zur Sprache.

So war es für diese ein großer Trost, als jene gelegentlich, mit Bedacht und Vorsatz, die weise Betrachtung anstellte: Wie lebhaft ist, sagte sie, die Dankbarkeit derjenigen, denen wir mit Ruhe über leidenschaftliche Verlegenheiten hinaushelfen. Lass uns freudig und munter in das eingreifen, was die Männer unvollendet zurückgelassen haben; so bereiten wir uns die schönste Aussicht auf ihre Rückkehr, indem wir das, was ihr stürmendes ungeduldiges Wesen zerstören möchte, durch unsre Mäßigung erhalten und fördern.

Da Sie von Mäßigung sprechen, liebe Tante, versetzte Ottilie, so kann ich nicht bergen, dass mir dabei die Unmäßigkeit der Männer, besonders was den Wein betrifft, einfällt. Wie oft hat es mich betrübt und geängstigt, wenn ich bemerken musste, dass reiner Verstand, Klugheit, Schonung anderer, Anmut und Liebenswürdigkeit, selbst für mehrere Stunden, verloren gingen, und oft statt alles des Guten, was ein trefflicher Mann hervorzubringen und zu gewähren vermag, Unheil und Verwirrung hereinzubrechen drohte. Wie oft mögen dadurch gewaltsame Entschließungen veranlasst werden.

Charlotte gab ihr recht; doch setzte sie das Gespräch nicht fort: denn sie fühlte nur zu wohl, dass auch hier Ottilie bloß Eduarden wieder im Sinne hatte, der zwar nicht gewöhnlich, aber doch öfter als es wünschenswert war, sein Vergnügen, seine Gesprächigkeit, seine Tätigkeit durch einen gelegentlichen Weingenuss zu steigern pflegte.

Hatte bei jener Äußerung Charlottens sich Ottilie die Männer, besonders Eduarden, wieder herandenken können, so war es ihr um desto auffallender, als Charlotte von einer bevorstehenden Heirat des Hauptmanns, wie von einer ganz bekannten und gewissen Sache sprach, wodurch denn alles ein andres Ansehn gewann, als sie nach Eduards frühern Versicherungen sich vorstellen mochte. Durch alles dies vermehrte sich die Aufmerksamkeit Ottiliens auf jede Äußerung, jeden Wink, jede Handlung, jeden Schritt Charlottens. Ottilie war klug, scharfsinnig, argwöhnisch geworden ohne es zu wissen.

Charlotte durchdrang indessen das Einzelne ihrer ganzen Umgebung mit scharfem Blick und wirkte darin mit ihrer klaren Gewandtheit, wobei sie Ottilien beständig teilzunehmen nötigte. Sie zog ihren Haushalt, ohne Bänglichkeit, ins Enge; ja, wenn sie alles genau betrachtete, so hielt sie den leidenschaftlichen

Vorfall für eine Art von glücklicher Schickung. Denn auf dem bisherigen Wege wäre man leicht ins Grenzenlose geraten und hätte den schönen Zustand reichlicher Glücksgüter, ohne sich zeitig genug zu besinnen, durch ein vordringliches Leben und Treiben, wo nicht zerstört, doch erschüttert.

Was von Parkanlagen im Gange war, störte sie nicht. Sie ließ vielmehr dasjenige fortsetzen, was zum Grunde künftiger Ausbildung liegen musste; aber dabei hatte es auch sein Bewenden. Ihr zurückkehrender Gemahl sollte noch genug erfreuliche Beschäftigung finden.

Bei diesen Arbeiten und Vorsätzen konnte sie nicht genug das Verfahren des Architekten loben. Der See lag in kurzer Zeit ausgebreitet vor ihren Augen, und die neu entstandenen Ufer zierlich und mannigfaltig bepflanzt und beraset. An dem neuen Hause ward alle raue Arbeit vollbracht; was zur Erhaltung nötig war, besorgt; und dann machte sie einen Abschluss da, wo man mit Vergnügen wieder von vorn anfangen konnte. Dabei war sie ruhig und heiter; Ottilie schien es nur: denn in allem beobachtete sie nichts als Symptome, ob Eduard wohl bald erwartet werde, oder nicht. Nichts interessiert sie an allem als diese Betrachtung.

Willkommen war ihr daher eine Anstalt, zu der man die Bauerknaben versammelte und die darauf abzielte, den weitläufig gewordenen Park immer rein zu erhalten. Eduard hatte schon den Gedanken gehegt. Man ließ den Knaben eine Art von heiterer Montierung machen, die sie in den Abendstunden anzogen, nachdem sie sich durchaus gereinigt und gesäubert hatten. Die Garderobe war im Schloss; dem verständigsten genausten Knaben vertraute man die Aufsicht an; der Architekt leitete das Ganze, und ehe man sich's versah, so hatten die Knaben alle ein gewisses Geschick. Man fand an ihnen eine bequeme Dressur und sie verrichteten ihr Geschäft nicht ohne eine Art von Manöver. Gewiss, wenn sie mit ihren Scharreisen, gestielten Messerklingen, Rechen, kleinen Spaten und Hacken und wedelartigen

Besen einherzogen; wenn andre mit Körben hinterdrein kamen, um Unkraut und Steine beiseite zu schaffen; andre das hohe, große, eiserne Walzenrad hinter sich herzogen: so gab es einen hübschen erfreulichen Aufzug, in welchem der Architekt eine artige Folge von Stellungen und Tätigkeiten für den Fries eines Gartenhauses sich anmerkte; Ottilie hingegen sah darin nur eine Art von Parade, welche den rückkehrenden Hausherrn bald begrüßen sollte.

Dies gab ihr Mut und Lust, ihn mit etwas Ähnlichem zu empfangen. Man hatte zeither die Mädchen des Dorfes im Nähen, Stricken, Spinnen und andern weiblichen Arbeiten zu ermuntern gesucht. Auch diese Tugenden hatten zugenommen seit jenen Anstalten zu Reinlichkeit und Schönheit des Dorfes. Ottilie wirkte stets mit ein; aber mehr zufällig, nach Gelegenheit und Neigung. Nun gedachte sie es vollständiger und folgerechter zu machen. Aber aus einer Anzahl Mädchen lässt sich kein Korps bilden, wie aus einer Anzahl Knaben. Sie folgte ihrem guten Sinne, und ohne sich's ganz deutlich zu machen, suchte sie nichts als einem jeden Mädchen Anhänglichkeit an sein Haus, seine Eltern und seine Geschwister einzuflößen.

Das gelang ihr mit vielen. Nur über ein kleines lebhaftes Mädchen wurde immer geklagt, dass sie ohne Geschick sei, und im Hause nun ein für alle Mal nichts tun wolle. Ottilie konnte dem Mädchen nicht feind sein, denn ihr war es besonders freundlich. Zu ihr zog es sich, mit ihr ging und lief es, wenn sie es erlaubte. Da war es tätig, munter und unermüdet. Die Anhänglichkeit an eine schöne Herrin schien dem Kinde Bedürfnis zu sein. Anfänglich duldete Ottilie die Begleitung des Kindes; dann fasste sie selbst Neigung zu ihm; endlich trennten sie sich nicht mehr und Nanny begleitete ihre Herrin überall hin.

Diese nahm öfters den Weg nach dem Garten und freute sich über das schöne Gedeihen. Die Beeren- und Kirschenzeit ging zu Ende, deren Spätlinge jedoch Nanny sich besonders schmecken ließ. Bei dem übrigen Obste, das für den Herbst eine so reichliche Ernte versprach, gedachte der Gärtner beständig des Herrn und niemals ohne ihn herbeizuwünschen. Ottilie hörte dem guten alten Manne so gern zu. Er verstand sein Handwerk vollkommen und hörte nicht auf, ihr von Eduard vorzusprechen.

Als Ottilie sich freute, dass die Pfropfreiser dieses Frühjahrs alle so gar schön gekommen, erwiderte der Gärtner bedenklich: Ich wünsche nur, dass der gute Herr viel Freude daran erleben möge. Wäre er diesen Herbst hier, so würde er sehen, was für köstliche Sorten noch von seinem Herrn Vater her im alten Schlossgarten stehen. Die jetzigen Herren Obstgärtner sind nicht so zuverlässig als sonst die Kartäuser waren. In den Katalogen findet man wohl lauter honette Namen. Man pfropft und erzieht und endlich, wenn sie Früchte tragen, so ist es nicht der Mühe wert, dass solche Bäume im Garten stehen.

Am wiederholtesten aber fragte der treue Diener, fast sooft er Ottilien sah, nach der Rückkunft des Herrn, und nach dem Termin derselben. Und wenn Ottilie ihn nicht angeben konnte, so ließ ihr der gute Mann nicht ohne stille Betrübnis merken, dass er glaube sie vertraue ihm nicht, und peinlich war ihr das Gefühl der Unwissenheit, das ihr auf diese Weise recht aufgedrungen ward. Doch konnte sie sich von diesen Rabatten und Beeten nicht trennen. Was sie zusammen zum Teil gesäet, alles gepflanzt hatten, stand nun im völligen Flor; kaum bedurfte es noch einer Pflege, außer dass Nanny immer zum Gießen bereit war. Mit welchen Empfindungen betrachtete Ottilie die späteren Blumen, die sich erst anzeigten, deren Glanz und Fülle dereinst an Eduards Geburtstag, dessen Feier sie sich manchmal versprach, prangen, ihre Neigung und Dankbarkeit ausdrücken sollten. Doch war die Hoffnung dieses Fest zu sehen nicht immer gleich lebendig. Zweifel und Sorgen umflüsterten stets die Seele des guten Mädchens.

Zu einer eigentlichen offnen Übereinstimmung mit Charlotten konnte es auch wohl nicht wieder gebracht werden. Denn freilich war der Zustand beider Frauen sehr verschieden. Wenn alles beim Alten blieb, wenn man in das Gleis des gesetzmäßigen Lebens zurückkehrte, gewann Charlotte an gegenwärtigem Glück, und eine frohe Aussicht in die Zukunft öffnete sich ihr; Ottilie hingegen verlor alles, man kann wohl sagen, alles: denn sie hatte zuerst Leben und Freude in Eduard gefunden, und in dem gegenwärtigen Zustande fühlte sie eine unendliche Leere, wovon sie früher kaum etwas geahnet hatte. Denn ein Herz das sucht, fühlt wohl, dass ihm etwas mangle, ein Herz das verloren hat, fühlt, dass es entbehre. Sehnsucht verwandelt sich in Unmut und Ungeduld, und ein weibliches Gemüt, zum Erwarten und Abwarten gewöhnt, möchte nun aus seinem Kreise herausschreiten, tätig werden, unternehmen und auch etwas für sein Glück tun.

Ottilie hatte Eduarden nicht entsagt. Wie konnte sie es auch, obgleich Charlotte klug genug, gegen ihre eigne Überzeugung, die Sache für bekannt annahm, und als entschieden voraussetzte, dass ein freundschaftliches ruhiges Verhältnis zwischen ihrem Gatten und Ottilien möglich sei. Wie oft aber lag diese nachts, wenn sie sich eingeschlossen, auf den Knien vor dem eröffneten Koffer und betrachtete die Geburtstagsgeschenke, von denen sie noch nichts gebraucht, nichts zerschnitten, nichts gefertigt. Wie oft eilte das gute Mädchen mit Sonnenaufgang aus dem Hause, in dem sie sonst alle ihre Glückseligkeit gefunden hatte, ins Freie hinaus, in die Gegend, die sie sonst nicht ansprach. Auch auf dem Boden mochte sie nicht verweilen. Sie sprang in den Kahn, und ruderte sich bis mitten in den See: dann zog sie eine Reisebeschreibung hervor, ließ sich von den bewegten Wellen schaukeln, las, träumte sich in die Fremde und immer fand sie dort ihren Freund; seinem Herzen war sie noch immer nahe geblieben, er dem ihrigen.

Achtzehntes Kapitel

Dass jener wunderlich tätige Mann, den wir bereits kennen gelernt, dass Mittler, nachdem er von dem Unheil, das unter diesen Freunden ausgebrochen, Nachricht erhalten, obgleich kein Teil noch seine Hülfe angerufen, in diesem Falle seine Freundschaft, seine Geschicklichkeit zu beweisen, zu üben geneigt war, lässt sich denken. Doch schien es ihm rätlich, erst eine Weile zu zaudern; denn er wusste nur zu wohl, dass es schwerer sei, gebildeten Menschen bei sittlichen Verworrenheiten zu Hülfe zu kommen, als ungebildeten. Er überließ sie deshalb eine Zeitlang sich selbst; allein zuletzt konnte er es nicht mehr aushalten, und eilte Eduarden aufzusuchen, dem er schon auf die Spur gekommen war.

Sein Weg führte ihn zu einem angenehmen Tal, dessen anmutig grünen baumreichen Wiesengrund die Wasserfülle eines immer lebendigen Baches bald durchschlängelte bald durchrauschte. Auf den sanften Anhöhen zogen sich fruchtbare Felder und wohlbestandene Obstpflanzungen hin. Die Dörfer lagen nicht zu nah aneinander, das Ganze hatte einen friedlichen Charakter und die einzelnen Partien, wenn auch nicht zum Malen, schienen doch zum Leben vorzüglich geeignet zu sein.

Ein wohlerhaltenes Vorwerk mit einem reinlichen bescheidenen Wohnhause, von Gärten umgeben, fiel ihm endlich in die Augen. Er vermutete, hier sei Eduards gegenwärtiger Aufenthalt, und er irrte nicht.

Von diesem einsamen Freunde können wir so viel sagen, dass er sich im Stillen dem Gefühl seiner Leidenschaft ganz überließ und dabei mancherlei Plane sich ausdachte, mancherlei Hoffnungen nährte. Er konnte sich nicht leugnen, dass er Ottilien hier zu sehen wünsche, dass er wünsche sie hieher zu führen, zu locken, und was er sich sonst noch Erlaubtes und Unerlaubtes zu denken nicht verwehrte. Dann schwankte seine Einbildungskraft in allen Möglichkeiten herum. Sollte er sie hier nicht besitzen, nicht rechtmäßig besitzen können, so wollte er ihr den Besitz des Gutes zueignen. Hier sollte sie still für sich, unabhängig leben; sie sollte glücklich sein, und wenn ihn eine selbstquälerische Einbildungskraft noch weiter führte, vielleicht mit einem andern glücklich sein.

So verflossen ihm seine Tage in einem ewigen Schwanken zwischen Hoffnung und Schmerz, zwischen Tränen und Heiterkeit, zwischen Vorsätzen, Vorbereitungen und Verzweiflung. Der Anblick Mittlers überraschte ihn nicht. Er hatte dessen Ankunft längst erwartet, und so war er ihm auch halb willkommen. Glaubte er ihn von Charlotten gesendet, so hatte er sich schon auf allerlei Entschuldigungen und Verzögerungen und sodann auf entscheidendere Vorschläge bereitet; hoffte er nun aber von Ottilien wieder etwas zu vernehmen, so war ihm Mittler so lieb als ein himmlischer Bote.

Verdrießlich daher und verstimmt war Eduard, als er vernahm, Mittler komme nicht von dorther, sondern aus eignem Antriebe. Sein Herz verschloss sich, und das Gespräch wollte sich anfangs nicht einleiten. Doch wusste Mittler nur zu gut, dass ein liebevoll beschäftigtes Gemüt das dringende Bedürfnis hat sich zu äußern, das was in ihm vorgeht, vor einem Freunde auszuschütten, und ließ sich daher gefallen, nach einigem Hin- und Widerreden, diesmal aus seiner Rolle herauszugehen, und statt des Vermittlers den Vertrauten zu spielen.

Als er hiernach, auf eine freundliche Weise, Eduarden wegen seines einsamen Lebens tadelte, erwiderte dieser: O ich wüsste nicht, wie ich meine Zeit angenehmer zubringen sollte! Immer bin ich mit ihr beschäftigt, immer in ihrer Nähe. Ich habe den unschätzbaren Vorteil mir denken zu können, wo sich Ottilie befindet, wo sie geht, wo sie steht, wo sie ausruht. Ich sehe sie vor mir tun und handeln wie gewöhnlich, schaffen und vornehmen, freilich immer das, was mir am meisten schmeichelt. Dabei bleibt es aber nicht: denn wie kann ich fern von ihr glücklich sein! Nun arbeitet meine Phantasie durch, was Ottilie tun sollte sich mir zu nähern. Ich schreibe süße zutrauliche Briefe in ihrem Namen an mich; ich antworte ihr und verwahre die Blätter zusammen. Ich habe versprochen keinen Schritt gegen sie zu tun, und das will ich halten. Aber was bindet sie, dass sie sich nicht zu mir wendet? Hat etwa Charlotte die Grausamkeit gehabt, Versprechen und Schwur von ihr zu fordern, dass sie mir nicht schreiben, keine Nachricht von sich geben wolle? Es ist natürlich, es ist wahrscheinlich, und doch finde ich es unerhört, unerträglich. Wenn sie mich liebt, wie ich glaube, wie ich weiß, warum entschließt sie sich nicht, warum wagt sie es nicht, zu fliehen und sich in meine Arme zu werfen? Sie sollte das, denke ich manchmal, sie könnte das. Wenn sich etwas auf dem Vorsaale regt, sehe ich gegen die Türe. Sie soll hereintreten! denk' ich, hoff' ich. Ach! und da das Mögliche unmöglich ist, bilde ich mir ein, das Unmögliche müsse möglich werden. Nachts wenn ich aufwache, die Lampe einen unsichern Schein durch das Schlafzimmer wirft, da sollte ihre Gestalt, ihr Geist, eine Ahnung von ihr, vorüberschweben, herantreten, mich ergreifen, nur einen Augenblick, dass ich eine Art von Versicherung hätte, sie denke mein, sie sei mein.

Eine einzige Freude bleibt mir noch. Da ich ihr nahe war, träumte ich nie von ihr; jetzt aber in der Ferne sind wir im Traume zusammen, und sonderbar genug, seit ich andre liebenswürdige Personen hier in der Nachbarschaft kennen gelernt, jetzt erst erscheint mir ihr Bild im Traum, als wenn sie mir sagen wollte: siehe nur hin und her! du findest doch nichts Schöneres und Lieberes als mich. Und so mischt sich ihr Bild in jeden meiner Träume. Alles was mir mit ihr begegnet, schiebt sich durch- und übereinander. Bald unterschreiben wir einen Kontrakt; da ist ihre Hand und die meinige, ihr Name und der meinige, beide löschen einander aus, beide verschlingen sich. Auch nicht ohne Schmerz sind diese wonnevollen Gaukeleien der Phantasie. Manchmal tut sie etwas, das die reine Idee beleidigt, die ich von ihr habe; dann fühl' ich erst, wie sehr ich sie liebe, indem ich über alle Beschreibung geängstet bin. Manchmal neckt sie mich ganz gegen ihre Art und quält mich; aber sogleich verändert sich ihr Bild, ihr schönes, rundes, himmlisches Gesichtchen verlängert sich: es ist eine andre. Aber ich bin doch gequält, unbefriedigt und zerrüttet.

Lächeln Sie nicht, lieber Mittler, oder, lächeln Sie auch! O ich schäme mich nicht dieser Anhänglichkeit, dieser, wenn Sie wollen, törigen rasenden Neigung. Nein, ich habe noch nie geliebt; jetzt erfahre ich erst, was das heißt. Bisher war alles in meinem Leben nur Vorspiel, nur Hinhalten, nur Zeitvertreib, nur Zeitverderb, bis ich sie kennen lernte, bis ich sie liebte und ganz und eigentlich liebte. Man hat mir, nicht gerade ins Gesicht, aber doch wohl im Rücken, den Vorwurf gemacht: ich pfusche, ich stümpere nur in den meisten Dingen. Es mag sein, aber ich hatte das noch nicht gefunden, worin ich mich als Meister zeigen kann. Ich will den sehen, der mich im Talent des Liebens übertrifft.

Zwar es ist ein jammervolles, ein schmerzen-, ein tränenreiches; aber ich finde es mir so natürlich, so eigen, dass ich es wohl schwerlich je wieder aufgebe.

Durch diese lebhaften herzlichen Äußerungen hatte sich Eduard wohl erleichtert, aber es war ihm auch auf einmal jeder einzelne Zug seines wunderlichen Zustandes deutlich vor die Augen getreten, dass er vom schmerzlichen Widerstreit überwältigt in Tränen ausbrach, die umso reichlicher flossen, als sein Herz durch Mitteilung weich geworden war.

Mittler, der sein rasches Naturell, seinen unerbittlichen Verstand umso weniger verleugnen konnte, als er sich durch diesen schmerzlichen Ausbruch der Leidenschaft Eduards weit von dem Ziel seiner Reise verschlagen sah, äußerte aufrichtig und derb seine Missbilligung. Eduard – hieß es – solle sich ermannen, solle bedenken, was er seiner Manneswürde schuldig sei; solle nicht vergessen, dass dem Menschen zur höchsten Ehre gereiche im Unglück sich zu fassen, den Schmerz mit Gleichmut und Anstand zu ertragen, um höchlich geschätzt, verehrt und als Muster aufgestellt zu werden.

Aufgeregt, durchdrungen von den peinlichsten Gefühlen, wie Eduard war, mussten ihm diese Worte hohl und nichtig vorkommen. Der Glückliche, der Behagliche hat gut reden, fuhr Eduard auf: aber schämen würde er sich, wenn er einsähe, wie unerträglich er dem Leidenden wird. Eine unendliche Geduld soll es geben, einen unendlichen Schmerz will der starre Behagliche nicht anerkennen. Es gibt Fälle, ja es gibt deren! wo jeder Trost niederträchtig und Verzweiflung Pflicht ist. Verschmäht doch ein edler Grieche, der auch Helden zu schildern weiß, keineswegs, die seinigen bei schmerzlichem Drange weinen zu lassen. Selbst im Sprichwort sagt er: tränenreiche Männer sind gut. Verlasse mich jeder, der trocknen Herzens, trockner Augen ist! Ich verwünsche die Glücklichen, denen der Unglückliche nur zum Spektakel dienen soll. Er soll sich in der grausamsten Lage körperlicher und geistiger Bedrängnis noch edel gebärden, um ihren Beifall zu erhalten; und damit sie ihm beim Verscheiden noch applaudieren, wie ein Gladiator mit Anstand vor ihren Augen umkommen. Lieber Mittler, ich danke Ihnen für Ihren Besuch; aber Sie erzeigten mir eine große Liebe, wenn Sie sich im Garten, in der Gegend umsähen. Wir kommen wieder zusammen. Ich suche gefasster und Ihnen ähnlicher zu werden.

Mittler mochte lieber einlenken als die Unterhaltung abbrechen, die er so leicht nicht wieder anknüpfen konnte. Auch Eduarden war es ganz gemäß, das Gespräch weiter fortzusetzen, das ohnehin zu seinem Ziele abzulaufen strebte.

Freilich, sagte Eduard, hilft das Hin- und Widerdenken, das Hin- und Widerreden zu nichts; doch unter diesem Reden bin ich mich selbst erst gewahr worden, habe ich erst entschieden gefühlt, wozu ich mich entschließen sollte, wozu ich entschlossen bin. Ich sehe mein gegenwärtiges, mein zukünftiges Leben vor mir; nur zwischen Elend und Genuss habe ich zu wählen. Bewirken Sie, bester Mann, eine Scheidung, die so notwendig, die schon geschehen ist; schaffen Sie mir Charlottens Einwilligung. Ich will nicht weiter ausführen, warum ich glaube dass sie zu erlangen sein wird. Gehen Sie hin, lieber Mann, beruhigen Sie uns alle, machen Sie uns glücklich!

Mittler stockte. Eduard fuhr fort: Mein Schicksal und Ottiliens ist nicht zu trennen und wir werden nicht zu Grunde gehen. Sehen Sie dieses Glas! Unsere Namenszüge sind darein geschnitten. Ein fröhlich Jubelnder warf es in die Luft; niemand sollte mehr daraus trinken; auf dem felsigen Boden sollte es zerschellen, aber es ward aufgefangen. Um hohen Preis habe ich es wieder eingehandelt, und ich trinke nun täglich daraus, um mich täglich zu überzeugen: dass alle Verhältnisse unzerstörlich sind, die das Schicksal beschlossen hat.

O wehe mir, rief Mittler, was muss ich nicht mit meinen Freunden für Geduld haben! Nun begegnet mir noch gar der Aberglaube, der mir als das Schädlichste was bei den Menschen einkehren kann, verhasst bleibt. Wir spielen mit Voraussagungen, Ahnungen und Träumen und machen dadurch das alltägliche Leben bedeutend. Aber wenn das Leben nun selbst bedeutend wird, wenn alles um uns sich bewegt und braust, dann wird das Gewitter durch jene Gespenster nur noch fürchterlicher.

Lassen Sie in dieser Ungewissheit des Lebens, rief Eduard, zwischen diesem Hoffen und Bangen, dem bedürftigen Herzen doch nur eine Art von Leitstern, nach welchem es hinblicke, wenn es auch nicht darnach steuern kann.

Ich ließe mir's wohl gefallen, versetzte Mittler, wenn dabei nur einige Konsequenz zu hoffen wäre; aber ich habe immer gefunden, auf die warnenden Symptome achtet kein Mensch, auf die schmeichelnden und versprechenden allein ist die Aufmerksamkeit gerichtet und der Glaube für sie ganz allein lebendig.

Da sich nun Mittler sogar in die dunklen Regionen geführt sah, in denen er sich immer unbehaglicher fühlte, je länger er darin verweilte, so nahm er den dringenden Wunsch Eduards, der ihn zu Charlotten gehen hieß, etwas williger auf. Denn was wollte er überhaupt Eduarden in diesem Augenblicke noch entgegensetzen? Zeit zu gewinnen, zu erforschen, wie es um die Frauen stehe, das war es, was ihm selbst nach seinen eignen Gesinnungen zu tun übrig blieb.

Er eilte zu Charlotten, die er wie sonst gefasst und heiter fand. Sie unterrichtete ihn gern von allem, was vorgefallen war: denn aus Eduards Reden konnte er nur die Wirkung abnehmen. Er trat von seiner Seite behutsam heran, konnte es aber nicht über sich gewinnen, das Wort Scheidung auch nur im Vorbeigehn auszusprechen. Wie verwundert, erstaunt und, nach seiner Gesinnung, erheitert war er daher, als Charlotte ihm, in Gefolg so manches Unerfreulichen, endlich sagte: Ich muss glauben, ich muss hoffen, dass alles sich wieder geben, dass Eduard sich wieder nähern werde. Wie kann es auch wohl anders sein, da Sie mich guter Hoffnung finden.

Versteh' ich Sie recht? fiel Mittler ein – Vollkommen, versetzte Charlotte – Tausendmal gesegnet sei mir diese Nachricht! rief er, die Hände zusammenschlagend. Ich kenne die Stärke dieses Arguments auf ein männliches Gemüt. Wie viele Heiraten sah ich dadurch beschleunigt, befestigt, wiederhergestellt! Mehr als tausend Worte wirkt eine solche gute Hoffnung, die fürwahr die beste Hoffnung ist, die wir haben können. Doch, fuhr er fort, was mich betrifft, so hätte ich alle Ursache verdrießlich zu sein. In diesem Falle, sehe ich wohl, wird meiner Eigenliebe nicht geschmeichelt. Bei euch kann meine Tätigkeit keinen Dank verdienen. Ich komme mir vor, wie jener Arzt, mein Freund, dem alle Kuren gelangen, die er um Gottes willen an Armen tat, der aber selten einen Reichen heilen konnte, der es gut bezahlen wollte. Glücklicherweise hilft sich hier die Sache von selbst, da meine Bemühungen, mein Zureden fruchtlos geblieben wären.

Charlotte verlangte nun von ihm, er solle die Nachricht Eduarden bringen, einen Brief von ihr mitnehmen und sehen, was zu tun, was herzustellen sei. Er wollte das nicht eingehen. Alles ist schon getan, rief er aus. Schreiben Sie! ein jeder Bote ist so gut als ich. Muss ich doch meine Schritte hinwenden, wo ich nötiger bin. Ich komme nur wieder, um Glück zu wünschen, ich komme zur Taufe.

Charlotte war diesmal, wie schon öfters, über Mittlern unzufrieden. Sein rasches Wesen brachte manches Gute hervor, aber seine Übereilung war schuld an manchem Misslingen. Niemand war abhängiger von augenblicklich vorgefassten Meinungen als er.

Charlottens Bote kam zu Eduarden, der ihn mit halbem Schrecken empfing. Der Brief konnte ebenso gut für Nein als für Ja entscheiden. Er wagte lange nicht ihn aufzubrechen, und wie stand er betroffen, als er das Blatt gelesen, versteinert bei folgender Stelle, womit es sich endigte.

»Gedenke jener nächtlichen Stunden, in denen du deine Gattin abenteuerlich als Liebender besuchtest, sie unwiderstehlich an dich zogst, sie als eine Geliebte, als eine Braut in die Arme schlossest. Lass uns in dieser seltsamen Zufälligkeit eine Fügung des Himmels verehren, die für ein neues Band unserer Verhältnisse gesorgt hat, in dem Augenblick da das Glück unsres Lebens auseinanderzufallen und zu verschwinden droht.«

Was von dem Augenblick an in der Seele Eduards vorging, würde schwer zu schildern sein. In einem solchen Gedränge treten zuletzt alte Gewohnheiten, alte Neigungen wieder hervor, um die Zeit zu töten und den Lebensraum auszufüllen. Jagd und Krieg sind eine solche für den Edelmann immer bereite Aushülfe. Eduard sehnte sich nach äußerer Gefahr, um der innerlichen das Gleichgewicht zu halten. Er sehnte sich nach dem Untergang, weil ihm das Dasein unerträglich zu werden drohte; ja es war ihm ein Trost zu denken, dass er nicht mehr sein werde und eben dadurch seine Geliebten, seine Freunde glücklich machen könne. Niemand stellte seinem Willen ein Hindernis entgegen, da er seinen Entschluss verheimlichte. Mit allen Förmlichkeiten setzte er sein Testament auf: es war ihm eine süße Empfindung, Ottilien das Gut vermachen zu können. Für Charlotten, für das

Ungeborne, für den Hauptmann, für seine Dienerschaft war gesorgt. Der wieder ausgebrochene Krieg begünstigte sein Vorhaben. Militärische Halbheiten hatten ihm in seiner Jugend viel zu schaffen gemacht; er hatte deswegen den Dienst verlassen: nun war es ihm eine herrliche Empfindung, mit einem Feldherrn zu ziehen, von dem er sich sagen konnte: unter seiner Anführung ist der Tod wahrscheinlich und der Sieg gewiss.

Ottilie, nachdem auch ihr Charlottens Geheimnis bekannt geworden, betroffen wie Eduard, und mehr, ging in sich zurück. Sie hatte nichts weiter zu sagen. Hoffen konnte sie nicht, und wünschen durfte sie nicht. Einen Blick jedoch in ihr Inneres gewährt uns ihr Tagebuch, aus dem wir einiges mitzuteilen gedenken.

Zweiter Teil

Erstes Kapitel

Im gemeinen Leben begegnet uns oft, was wir in der Epopöe als Kunstgriff des Dichters zu rühmen pflegen, dass nämlich, wenn die Hauptfiguren sich entfernen, verbergen, sich der Untätigkeit hingeben, gleich sodann schon ein zweiter, dritter, bisher kaum Bemerkter den Platz füllt, und indem er seine ganze Tätigkeit äußert, uns gleichfalls der Aufmerksamkeit, der Teilnahme, ja des Lobes und Preises würdig erscheint.

So zeigte sich gleich nach der Entfernung des Hauptmanns und Eduards jener Architekt täglich bedeutender, von welchem die Anordnung und Ausführung so manches Unternehmens allein abhing, wobei er sich genau, verständig und tätig erwies, und zugleich den Damen auf mancherlei Art beistand und in stillen langwierigen Stunden sie zu unterhalten wusste. Schon sein Äußeres war von der Art, dass es Zutrauen einflößte und Neigung erweckte. Ein Jüngling im vollen Sinne des Worts, wohlgebaut, schlank, eher ein wenig zu groß, bescheiden ohne ängstlich, zutraulich ohne zudringend zu sein. Freudig übernahm er jede Sorge und Bemühung, und weil er mit großer Leichtigkeit rechnete, so war ihm bald das ganze Hauswesen kein Geheimnis, und überall hin verbreitete sich sein günstiger Einfluss. Die Fremden ließ man ihn gewöhnlich empfangen, und er wusste einen unerwarteten Besuch entweder abzulehnen, oder die Frauen wenigstens dergestalt darauf vorzubereiten, dass ihnen keine Unbequemlichkeit daraus entsprang.

Unter andern gab ihm eines Tages ein junger Rechtsgelehrter viel zu schaffen, der von einem benachbarten Edelmann gesendet eine Sache zur Sprache brachte, die, zwar von keiner sonderlichen Bedeutung, Charlotten dennoch innig berührte. Wir müssen dieses Vorfalls gedenken, weil er verschiedenen Dingen einen Anstoß gab, die sonst vielleicht lange geruht hätten.

Wir erinnern uns jener Veränderung, welche Charlotte mit dem Kirchhofe vorgenommen hatte. Die sämtlichen Monumente waren von ihrer Stelle gerückt und hatten an der Mauer, an dem Sockel der Kirche Platz gefunden. Der übrige Raum war geebnet. Außer einem breiten Wege, der zur Kirche und an derselben vorbei zu dem jenseitigen Pförtchen führte, war das Übrige alles mit verschiedenen Arten Klee besäet, der auf das schönste grünte und blühte. Nach einer gewissen Ordnung sollten vom Ende heran die neuen Gräber bestellt, doch der Platz jederzeit wieder verglichen und ebenfalls besäet werden. Niemand konnte leugnen, dass diese Anstalt beim sonn- und festtägigen Kirchgang eine heitere und würdige Ansicht gewährte. Sogar der betagte und an alten Gewohnheiten haftende Geistliche, der anfänglich mit der Einrichtung nicht sonderlich zufrieden gewesen, hatte nunmehr seine Freude daran, wenn er unter den alten Linden, gleich Philemon, mit seiner Baucis vor der Hintertür ruhend, statt der holprigen Grabstätten einen schönen bunten Teppich vor sich sah; der noch überdies seinem Haushalt zugutekommen sollte, indem Charlotte die Nutzung dieses Fleckes der Pfarre zusichern lassen.

Allein desungeachtet hatten schon manche Gemeindeglieder früher gemissbilligt, dass man die Bezeichnung der Stelle, wo ihre Vorfahren ruhten, aufgehoben und das Andenken dadurch gleichsam ausgelöscht: denn die wohlerhaltenen Monumente zeigen zwar an, wer begraben sei, aber nicht wo er begraben sei, und auf das Wo komme es eigentlich an, wie viele behaupteten.

Von eben solcher Gesinnung war eine benachbarte Familie, die sich und den Ihrigen einen Raum auf dieser allgemeinen Ruhestätte vor mehreren Jahren ausbedungen und dafür der Kirche eine kleine Stiftung zugewendet hatte. Nun war der junge Rechtsgelehrte abgesendet, um die Stiftung zu widerrufen und anzuzeigen, dass man nicht weiter zahlen werde, weil die Bedingung, unter welcher dieses bisher geschehen, einseitig aufgehoben und auf alle Vorstellungen und Widerreden nicht geachtet worden. Charlotte, die Urheberin dieser Veränderung, wollte den jungen Mann selbst sprechen, der zwar lebhaft, aber nicht allzu vorlaut, seine und seines Prinzipals Gründe darlegte und der Gesellschaft manches zu denken gab.

Sie sehen, sprach er, nach einem kurzen Eingang, in welchem er seine Zudringlichkeit zu rechtfertigen wusste: Sie sehen, dass dem Geringsten wie dem Höchsten daran gelegen ist, den Ort zu bezeichnen, der die Seinigen aufbewahrt. Dem ärmsten Landmann, der ein Kind begräbt, ist es eine Art von Trost, ein schwaches hölzernes Kreuz auf das Grab zu stellen, es mit einem Kranze zu zieren, um wenigstens das Andenken so lange zu erhalten, als der Schmerz währt, wenn auch ein solches Merkzeichen, wie die Trauer selbst, durch die Zeit aufgehoben wird. Wohlhabende verwandeln diese Kreuze in eiserne, befestigen und schützen sie auf mancherlei Weise, und hier ist schon Dauer für mehrere Jahre. Doch weil auch diese endlich sinken und unscheinbar werden, so haben Begüterte nichts Angelegeneres, als einen Stein aufzurichten, der für mehrere Generationen zu dauern verspricht und von den Nachkommen erneut und aufgefrischt werden kann. Aber dieser Stein ist es nicht, der uns anzieht, sondern das darunter Enthaltene, das daneben der Erde Vertraute. Es ist nicht sowohl vom Andenken die Rede, als von der Person selbst, nicht von der Erinnerung, sondern von der Gegenwart. Ein geliebtes Abgeschiedenes umarme ich weit eher und inniger im Grabhügel als im Denkmal: denn dieses ist für sich eigentlich nur wenig; aber um dasselbe her sollen sich, wie um einen Markstein, Gatten, Verwandte, Freunde, selbst nach ihrem Hinscheiden noch versammeln, und der Lebende soll das Recht behalten, Fremde und Misswollende auch von der Seite seiner geliebten Ruhenden abzuweisen und zu entfernen.

Ich halte deswegen dafür, dass mein Prinzipal völlig recht habe, die Stiftung zurückzunehmen; und dies ist noch billig genug, denn die Glieder der Familie sind auf eine Weise verletzt, wofür gar kein Ersatz zu denken ist. Sie sollen das schmerzlich süße Gefühl entbehren, ihren Geliebten ein Totenopfer zu bringen, die tröstliche Hoffnung dereinst unmittelbar neben ihnen zu ruhen.

Die Sache ist nicht von der Bedeutung, versetzte Charlotte, dass man sich deshalb durch einen Rechtshandel beunruhigen sollte. Meine Anstalt reut mich so wenig, dass ich die Kirche gern, wegen dessen was ihr entgeht, entschädigen will. Nur muss ich Ihnen aufrichtig gestehen, Ihre Argumente haben mich nicht überzeugt. Das reine Gefühl einer endlichen allgemeinen Gleichheit, wenigstens nach dem Tode, scheint mir beruhigender als dieses eigensinnige starre Fortsetzen unserer Persönlichkeiten, Anhänglichkeiten und Lebensverhältnisse. Und was sagen Sie hiezu? richtete sie ihre Frage an den Architekten.

Ich möchte, versetzte dieser, in einer solchen Sache weder streiten, noch den Ausschlag geben. Lassen Sie mich das, was meiner Kunst, meiner Denkweise am nächsten liegt, bescheidentlich äußern. Seitdem wir nicht mehr so glücklich sind, die Reste eines geliebten Gegenstandes eingeurnt an unsere Brust zu drücken; da wir weder reich noch heiter genug sind, sie unversehrt in großen wohlausgezierten Sarkophagen zu verwahren; ja da wir nicht einmal in den Kirchen mehr Platz für uns und für die Unsrigen finden, sondern hinaus ins Freie gewiesen sind, so haben wir alle Ursache, die Art und Weise, die Sie, meine gnädige Frau, eingeleitet haben, zu billigen. Wenn die Glieder einer Gemeinde reihenweise nebeneinander liegen, so ruhen sie bei und unter den Ihrigen; und wenn die Erde uns einmal aufnehmen soll, so finde ich nichts natürlicher und reinlicher, als dass man die zufällig entstandenen, nach und nach zusammensinkenden Hügel ungesäumt vergleiche, und so die Decke, indem alle sie tragen, einem jeden leichter gemacht werde.

Und ohne irgendein Zeichen des Andenkens, ohne irgendetwas das der Erinnerung entgegen käme, sollte das alles so vorübergehen? versetzte Ottilie.

Keineswegs! fuhr der Architekt fort: nicht vom Andenken, nur vom Platze soll man sich lossagen. Der Baukünstler, der

Bildhauer sind höchlich interessiert, dass der Mensch von ihnen, von ihrer Kunst, von ihrer Hand, eine Dauer seines Daseins erwarte; und deswegen wünschte ich gut gedachte, gut ausgeführte Monumente, nicht einzeln und zufällig ausgesäet, sondern an einem Orte aufgestellt, wo sie sich Dauer versprechen können. Da selbst die Frommen und Hohen auf das Vorrecht Verzicht tun, in den Kirchen persönlich zu ruhen, so stelle man wenigstens dort, oder in schönen Hallen um die Begräbnisplätze, Denkzeichen, Denkschriften auf. Es gibt tausenderlei Formen, die man ihnen vorschreiben, tausenderlei Zieraten, womit man sie ausschmücken kann.

Wenn die Künstler so reich sind, versetzte Charlotte, so sagen Sie mir doch: wie kann man sich niemals aus der Form eines kleinlichen Obelisken, einer abgestutzten Säule und eines Aschenkrugs herausfinden? Anstatt der tausend Erfindungen, deren Sie sich rühmen, habe ich nur immer tausend Wiederholungen gesehen.

Das ist wohl bei uns so, entgegnete ihr der Architekt, aber nicht überall. Und überhaupt mag es mit der Erfindung und der schicklichen Anwendung eine eigne Sache sein. Besonders hat es in diesem Falle manche Schwierigkeit, einen ernsten Gegenstand zu erheitern und bei einem unerfreulichen nicht ins Unerfreuliche zu geraten. Was Entwürfe zu Monumenten aller Art betrifft, deren habe ich viele gesammelt und zeige sie gelegentlich; doch bleibt immer das schönste Denkmal des Menschen eigenes Bildnis. Dieses gibt mehr als irgendetwas anders einen Begriff von dem was er war; es ist der beste Text zu vielen oder wenigen Noten: nur müsste es aber auch in seiner besten Zeit gemacht sein, welches gewöhnlich versäumt wird. Niemand denkt daran lebende Formen zu erhalten, und wenn es geschieht, so geschieht es auf unzulängliche Weise. Da wird ein Toter geschwind noch abgegossen und eine solche Maske auf einen Block gesetzt, und das heißt man eine Büste. Wie selten ist der Künstler im Stande sie völlig wieder zu beleben!

Sie haben, ohne es vielleicht zu wissen und zu wollen, versetzte Charlotte, dies Gespräch ganz zu meinen Gunsten gelenkt. Das Bild eines Menschen ist doch wohl unabhängig; überall wo es steht, steht es für sich und wir werden von ihm nicht verlangen, dass es die eigentliche Grabstätte bezeichne. Aber soll ich Ihnen eine wunderliche Empfindung bekennen? Selbst gegen die Bildnisse habe ich eine Art von Abneigung: denn sie scheinen mir immer einen stillen Vorwurf zu machen; sie deuten auf etwas Entferntes, Abgeschiedenes und erinnern mich, wie schwer es sei, die Gegenwart recht zu ehren. Gedenkt man, wie viel Menschen man gesehen, gekannt, und gesteht sich, wie wenig wir ihnen, wie wenig sie uns gewesen, wie wird uns da zu Mute! Wir begegnen dem Geistreichen ohne uns mit ihm zu unterhalten, dem Gelehrten ohne von ihm zu lernen, dem Gereisten ohne uns zu unterrichten, dem Liebevollen ohne ihm etwas Angenehmes zu erzeigen.

Und leider ereignet sich dies nicht bloß mit den Vorübergehenden. Gesellschaften und Familien betragen sich so gegen ihre liebsten Glieder, Städte gegen ihre würdigsten Bürger, Völker gegen ihre trefflichsten Fürsten, Nationen gegen ihre vorzüglichsten Menschen.

Ich hörte fragen, warum man von den Toten so unbewunden Gutes sage, von den Lebenden immer mit einer gewissen Vorsicht. Es wurde geantwortet: weil wir von jenen nichts zu befürchten haben, und diese uns noch irgendwo in den Weg kommen könnten. So unrein ist die Sorge für das Andenken der andern; es ist meist nur ein selbstischer Scherz, wenn es dagegen ein heiliger Ernst wäre, seine Verhältnisse gegen die Überbliebenen immer lebendig und tätig zu erhalten.

Zweites Kapitel

Aufgeregt durch den Vorfall und die daran sich knüpfenden Gespräche, begab man sich des andern Tages nach dem Begräbnisplatz, zu dessen Verzierung und Erheiterung der Architekt manchen glücklichen Vorschlag tat. Allein auch auf die Kirche sollte sich seine Sorgfalt erstrecken, auf ein Gebäude das gleich anfänglich seine Aufmerksamkeit an sich gezogen hatte.

Diese Kirche stand seit mehrern Jahrhunderten, nach deutscher Art und Kunst, in guten Maßen errichtet und auf eine glückliche Weise verziert. Man konnte wohl nachkommen, dass der Baumeister eines benachbarten Klosters mit Einsicht und Neigung sich auch an diesem kleineren Gebäude bewährt, und es wirkte noch immer ernst und angenehm auf den Betrachter, obgleich die innere neue Einrichtung zum protestantischen Gottesdienste ihm etwas von seiner Ruhe und Majestät genommen hatte.

Dem Architekten fiel es nicht schwer, sich von Charlotten eine mäßige Summe zu erbitten, wovon er das Äußere sowohl als das Innere im altertümlichen Sinne herzustellen und mit dem davorliegenden Auferstehungsfelde zur Übereinstimmung zu bringen gedachte. Er hatte selbst viel Handgeschick, und einige Arbeiter, die noch am Hausbau beschäftigt waren, wollte man gern so lange beibehalten bis auch dieses fromme Werk vollendet wäre.

Man war nunmehr in dem Falle, das Gebäude selbst mit allen Umgebungen und Angebäuden zu untersuchen, und da zeigte sich zum größten Erstaunen und Vergnügen des Architekten eine wenig bemerkte kleine Seitenkapelle von noch geistreichern und leichtern Maßen, von noch gefälligern und fleißigern Zieraten. Sie enthielt zugleich manchen geschnitzten und gemalten Rest jenes älteren Gottesdienstes, der mit mancherlei Gebild und Gerätschaft die verschiedenen Feste zu bezeichnen und jedes auf seine eigne Weise zu feiern wusste.

Der Architekt konnte nicht unterlassen, die Kapelle sogleich in seinen Plan mit hereinzuziehen und besonders diesen engen Raum als ein Denkmal voriger Zeiten und ihres Geschmacks wiederherzustellen. Er hatte sich die leeren Flächen nach seiner Neigung schon verziert gedacht, und freute sich dabei sein malerisches Talent zu üben; allein er machte seinen Hausgenossen fürs Erste ein Geheimnis davon.

Vor allem andern zeigte er versprochenermaßen den Frauen die verschiedenen Nachbildungen und Entwürfe von alten Grabmonumenten, Gefäßen und andern dahin sich nähernden Dingen, und als man im Gespräch auf die einfachern Grabhügel der nordischen Völker zu reden kam, brachte er seine Sammlung von mancherlei Waffen und Gerätschaften, die darin gefunden worden, zur Ansicht. Er hatte alles sehr reinlich und tragbar in Schubladen und Fächern auf eingeschnittenen, mit Tuch überzogenen Brettern, so dass diese alten ernsten Dinge durch seine Behandlung etwas Putzhaftes annahmen und man mit Vergnügen darauf, wie auf die Kästchen eines Modehändlers hinblickte. Und da er einmal im Vorzeigen war, da die Einsamkeit eine Unterhaltung forderte, so pflegte er jeden Abend mit einem Teil seiner Schätze hervorzutreten. Sie waren meistenteils deutschen Ursprungs: Brakteaten, Dickmünzen, Siegel und was sonst sich noch anschließen mag. Alle diese Dinge richteten die Einbildungskraft gegen die ältere Zeit hin, und da er zuletzt mit den Anfängen des Drucks, Holzschnitten und den ältesten Kupfern seine Unterhaltung zierte, und die Kirche täglich auch, jenem Sinne gemäß, an Farbe und sonstiger Auszierung gleichsam der Vergangenheit entgegen wuchs; so musste man sich beinahe selbst fragen: ob man denn wirklich in der neueren Zeit lebe, ob es nicht ein Traum sei, dass man nunmehr in ganz andern Sitten, Gewohnheiten, Lebensweisen und Überzeugungen verweile.

Auf solche Art vorbereitet tat ein größeres Portefeuille, das er zuletzt herbeibrachte, die beste Wirkung. Es enthielt zwar meist nur umrissene Figuren, die aber, weil sie auf die Bilder selbst durchgezeichnet waren, ihren altertümlichen Charakter vollkommen erhalten hatten, und diesen, wie einnehmend fanden ihn die Beschauenden! Aus allen Gestalten blickte nur das reinste Dasein hervor, alle musste man, wo nicht für edel, doch für gut ansprechen. Heitere Sammlung, willige Anerkennung eines Ehrwürdigen über uns, stille Hingebung in Liebe und Erwartung auf allen Gesichtern, in allen Gebärden ausgedrückt. Der Greis mit dem kahlen Scheitel, der reichlockige Knabe, der muntere Jüngling, der ernste Mann, der verklärte Heilige, der schwebende Engel, alle schienen selig in einem unschuldigen Genügen, in einem frommen Erwarten. Das Gemeinste was geschah hatte einen Zug von himmlischem Leben, und eine gottesdienstliche Handlung schien ganz jeder Natur angemessen.

Nach einer solchen Region blicken wohl die meisten wie nach einem verschwundenen goldenen Zeitalter, nach einem verlorenen Paradiese hin. Nur vielleicht Ottilie war in dem Fall sich unter ihresgleichen zu fühlen.

Wer hätte nun widerstehen können, als der Architekt sich erbot, nach dem Anlass dieser Urbilder, die Räume zwischen den Spitzbogen der Kapelle auszumalen und dadurch sein Andenken entschieden an einem Orte zu stiften, wo es ihm so gut gegangen war. Er erklärte sich hierüber mit einiger Wehmut: denn er konnte nach der Lage der Sache wohl einsehen, dass sein Aufenthalt in so vollkommener Gesellschaft nicht immer dauern könne, ja vielleicht bald abgebrochen werden müsse.

Übrigens waren diese Tage zwar nicht reich an Begebenheiten, doch voller Anlässe zu ernsthafter Unterhaltung. Wir nehmen daher Gelegenheit von demjenigen, was Ottilie sich daraus in ihren Heften angemerkt, einiges mitzuteilen, wozu wir keinen schicklichern Übergang finden als durch ein Gleichnis, das sich uns beim Betrachten ihrer liebenswürdigen Blätter aufdringt.

Wir hören von einer besondern Einrichtung bei der englischen Marine. Sämtliche Tauwerke der königlichen Flotte, vom stärksten bis zum schwächsten, sind dergestalt gesponnen, dass ein roter Faden durch das Ganze durchgeht, den man nicht herauswinden kann ohne alles aufzulösen, und woran auch die kleinsten Stücke kenntlich sind, dass sie der Krone gehören.

Eben so zieht sich durch Ottiliens Tagebuch ein Faden der Neigung und Anhänglichkeit, der alles verbindet und das Ganze bezeichnet. Dadurch werden diese Bemerkungen, Betrachtungen, ausgezogenen Sinnsprüche und, was sonst vorkommen mag, der Schreibenden ganz besonders eigen und für sie von Bedeutung. Selbst jede einzelne von uns ausgewählte und mitgeteilte Stelle gibt davon das entschiedenste Zeugnis.

Aus Ottiliens Tagebuche

Neben denen dereinst zu ruhen, die man liebt, ist die angenehmste Vorstellung, welche der Mensch haben kann, wenn er einmal über das Leben hinausdenkt. Zu den Seinigen versammelt werden, ist ein so herzlicher Ausdruck.

Es gibt mancherlei Denkmale und Merkzeichen, die uns Entfernte und Abgeschiedene näherbringen. Keins ist von der Bedeutung des Bildes. Die Unterhaltung mit einem geliebten Bilde, selbst wenn es unähnlich ist, hat was Reizendes, wie es manchmal etwas Reizendes hat, sich mit einem Freunde streiten. Man fühlt auf eine angenehme Weise, dass man zu zweien ist und doch nicht auseinander kann.

Man unterhält sich manchmal mit einem gegenwärtigen Menschen als mit einem Bilde. Er braucht nicht zu sprechen, uns nicht anzusehen, sich nicht mit uns zu beschäftigen: wir sehen ihn, wir fühlen unser Verhältnis zu ihm, ja sogar unsere Verhältnisse zu ihm können wachsen, ohne dass er etwas dazu tut, ohne dass er etwas davon empfindet, dass er sich eben bloß zu uns wie ein Bild verhält.

Man ist niemals mit einem Porträt zufrieden von Personen, die man kennt. Deswegen habe ich die Porträtmaler immer bedauert. Man verlangt so selten von den Leuten das Unmögliche, und gerade von diesen fordert man's. Sie sollen einem jeden sein Verhältnis zu den Personen, seine Neigung und Abneigung mit in ihr Bild aufnehmen; sie sollen nicht bloß darstellen, wie sie einen Menschen fassen, sondern wie jeder ihn fassen würde. Es nimmt mich nicht wunder, wenn solche Künstler nach und nach verstockt, gleichgültig und eigensinnig werden. Daraus möchte denn entstehen was wollte, wenn man nur nicht gerade darüber die Abbildungen so mancher lieben und teuren Menschen entbehren müsste!

Es ist wohl wahr, die Sammlung des Architekten von Waffen und alten Gerätschaften, die nebst dem Körper mit hohen Erdhügeln und Felsenstücken zugedeckt waren, bezeugt uns, wie unnütz die Vorsorge des Menschen sei für die Erhaltung seiner Persönlichkeit nach dem Tode. Und so widersprechend sind wir! Der Architekt gesteht, selbst solche Grabhügel der Vorfahren geöffnet zu haben und fährt dennoch fort sich mit Denkmälern für die Nachkommen zu beschäftigen.

Warum soll man es aber so streng nehmen! Ist denn alles was wir tun für die Ewigkeit getan? Ziehen wir uns nicht morgens an, um uns abends wieder auszuziehen? Verreisen wir nicht, um wiederzukehren? Und warum sollten wir nicht wünschen, neben den Unsrigen zu ruhen, und wenn es auch nur für ein Jahrhundert wäre.

Wenn man die vielen versunkenen, die durch Kirchgänger abgetretenen Grabsteine, die über ihren Grabmälern selbst zusammengestürzten Kirchen erblickt, so kann einem das Leben nach dem Tode doch immer wie ein zweites Leben vorkommen, in das man nun im Bilde, in der Überschrift eintritt und länger darin verweilt als in dem eigentlichen lebendigen Leben. Aber auch dieses Bild, dieses zweite Dasein, verlischt früher oder später. Wie über die Menschen so auch über die Denkmäler lässt sich die Zeit ihr Recht nicht nehmen.

Drittes Kapitel

Es ist eine so angenehme Empfindung sich mit etwas zu beschäftigen, was man nur halb kann, dass niemand den Dilettanten schelten sollte, wenn er sich mit einer Kunst abgibt, die er nie lernen wird, noch den Künstler tadeln dürfte, wenn er, über die Grenze seiner Kunst hinaus, in einem benachbarten Felde sich zu ergehen Lust hat.

Mit so billigen Gesinnungen betrachten wir die Anstalten des Architekten zum Ausmalen der Kapelle. Die Farben waren bereitet, die Maße genommen, die Kartone gezeichnet; allen Anspruch auf Erfindung hatte er aufgegeben; er hielt sich an seine Umrisse: nur die sitzenden und schwebenden Figuren geschickt auszuteilen, den Raum damit geschmackvoll auszuzieren, war seine Sorge.

Das Gerüste stand, die Arbeit ging vorwärts, und da schon einiges, was in die Augen fiel, erreicht war, konnte es ihm nicht zuwider sein, dass Charlotte mit Ottilien ihn besuchte. Die lebendigen Engelsgesichter, die lebhaften Gewänder auf dem blauen Himmelsgrunde erfreuten das Auge, indem ihr stilles frommes Wesen das Gemüt zur Sammlung berief und eine sehr zarte Wirkung hervorbrachte.

Die Frauen waren zu ihm aufs Gerüst gestiegen, und Ottilie bemerkte kaum, wie abgemessen leicht und bequem das alles zuging, als sich in ihr das durch frühern Unterricht Empfangene mit einmal zu entwickeln schien, sie nach Farbe und Pinsel griff und auf erhaltene Anweisung ein faltenreiches Gewand mit so viel Reinlichkeit als Geschicklichkeit anlegte.

Charlotte, welche gern sah, wenn Ottilie sich auf irgendeine Weise beschäftigte und zerstreute, ließ die beiden gewähren und ging, um ihren eigenen Gedanken nachzuhängen, um ihre Betrachtungen und Sorgen, die sie niemanden mitteilen konnte, für sich durchzuarbeiten.

Wenn gewöhnliche Menschen, durch gemeine Verlegenheiten des Tags zu einem leidenschaftlich ängstlichen Betragen aufgeregt, uns ein mitleidiges Lächeln abnötigen, so betrachten wir dagegen mit Ehrfurcht ein Gemüt, in welchem die Saat eines großen Schicksals ausgesäet worden, das die Entwicklung dieser Empfängnis abwarten muss, und weder das Gute noch das Böse, weder das Glückliche noch das Unglückliche, was daraus entspringen soll, beschleunigen darf und kann.

Eduard hatte durch Charlottens Boten, den sie ihm in seine Einsamkeit gesendet, freundlich und teilnehmend, aber doch eher gefasst und ernst als zutraulich und liebevoll, geantwortet. Kurz darauf war Eduard verschwunden, und seine Gattin konnte zu keiner Nachricht von ihm gelangen, bis sie endlich von ungefähr seinen Namen in den Zeitungen fand, wo er unter denen, die sich bei einer bedeutenden Kriegsgelegenheit hervorgetan hatten, mit Auszeichnung genannt war. Sie wusste nun, welchen Weg er genommen hatte, sie erfuhr dass er großen Gefahren entronnen war; allein sie überzeugte sich zugleich, dass er größere aufsuchen würde, und sie konnte sich daraus nur allzu sehr deuten, dass er in jedem Sinne schwerlich vom Äußersten würde zurückzuhalten sein. Sie trug diese Sorgen für sich allein immer in Gedanken und mochte sie hin und wieder legen wie sie wollte, so konnte sie doch bei keiner Ansicht Beruhigung finden.

Ottilie, von alle dem nichts ahnend, hatte indessen zu jener Arbeit die größte Neigung gefasst, und von Charlotten gar leicht die Erlaubnis erhalten, regelmäßig darin fortfahren zu dürfen. Nun ging es rasch weiter und der azurne Himmel war bald mit würdigen Bewohnern bevölkert. Durch eine anhaltende Übung gewannen Ottilie und der Architekt bei den letzten Bildern mehr Freiheit, sie wurden zusehends besser. Auch die Gesichter, welche dem Architekten zu malen allein überlassen war, zeigten nach und nach eine ganz besondere Eigenschaft: sie fingen sämtlich an Ottilien zu gleichen. Die Nähe des schönen Kindes musste wohl in die Seele des jungen Mannes, der noch keine natürliche oder künstlerische Physiognomie vorgefasst hatte, einen so lebhaften Eindruck machen, dass ihm nach und nach, auf dem Wege vom Auge zur Hand, nichts verloren ging, ja dass beide zuletzt ganz gleichstimmig arbeiteten. Genug, eins der letzten Gesichtchen glückte vollkommen, so dass es schien als wenn Ottilie selbst aus den himmlischen Räumen heruntersähe.

An dem Gewölbe war man fertig; die Wände hatte man sich vorgenommen einfach zu lassen und nur mit einer hellern bräunlichen Farbe zu überziehen; die zarten Säulen und künstlichen bildhauerischen Zieraten sollten sich durch eine dunklere auszeichnen. Aber wie in solchen Dingen immer eins zum andern führt, so wurden noch Blumen und Fruchtgehänge beschlossen, welche Himmel und Erde gleichsam zusammenknüpfen sollten. Hier war nun Ottilie ganz in ihrem Felde. Die Gärten lieferten die schönsten Muster, und obschon die Kränze sehr reich ausgestattet wurden, so kam man doch früher, als man gedacht hatte, damit zu Stande.

Noch sah aber alles wüste und roh aus. Die Gerüste waren durcheinandergeschoben, die Bretter übereinandergeworfen, der ungleiche Fußboden durch mancherlei vergossene Farben noch mehr verunstaltet. Der Architekt erbat sich nunmehr, dass die Frauenzimmer ihm acht Tage Zeit lassen und bis dahin die Kapelle nicht betreten möchten. Endlich ersuchte er sie an einem schönen Abende, sich beiderseits dahin zu verfügen; doch wünschte er sie nicht begleiten zu dürfen und empfahl sich sogleich.

Was er uns auch für eine Überraschung zugedacht haben mag, sagte Charlotte als er weggegangen war, so habe ich doch gegenwärtig keine Lust hinunterzugehen. Du nimmst es wohl allein über dich und gibst mir Nachricht. Gewiss hat er etwas Angenehmes zu Stande gebracht. Ich werde es erst in deiner Beschreibung und dann gern in Wirklichkeit genießen.

Ottilie, die wohl wusste, dass Charlotte sich in manchen Stücken in Acht nahm, alle Gemütsbewegungen vermied, und besonders nicht überrascht sein wollte, begab sich sogleich allein auf den Weg und sah sich unwillkürlich nach dem Architekten um, der aber nirgends erschien und sich mochte verborgen haben. Sie trat in die Kirche, die sie offen fand. Diese war schon früher fertig, gereinigt und eingeweiht. Sie trat zur Türe der Kapelle, deren schwere, mit Erz beschlagene Last sich leicht vor ihr auftat und sie in einem bekannten Raume mit einem unerwarteten Anblick überraschte.

Durch das einzige hohe Fenster fiel ein ernstes buntes Licht herein: denn es war von farbigen Gläsern anmutig zusammengesetzt. Das Ganze erhielt dadurch einen fremden Ton und bereitete zu einer eigenen Stimmung. Die Schönheit des Gewölbes und der Wände ward durch die Zierde des Fußbodens erhöht, der aus besonders geformten, nach einem schönen Muster gelegten, durch eine gegossene Gipsfläche verbundenen Ziegelsteinen bestand. Diese sowohl als die farbigen Scheiben hatte der Architekt heimlich bereiten lassen, und konnte nun in kurzer Zeit alles zusammenfügen. Auch für Ruheplätze war gesorgt. Es hatten sich unter jenen kirchlichen Altertümern einige schöngeschnitzte Chorstühle vorgefunden, die nun gar schicklich an den Wänden angebracht umherstanden.

Ottilie freute sich der bekannten, ihr als ein unbekanntes Ganze entgegentretenden Teile. Sie stand, ging hin und wieder, sah und besah; endlich setzte sie sich auf einen der Stühle, und es schien ihr, indem sie auf- und umherblickte, als wenn sie wäre und nicht wäre, als wenn sie sich empfände und nicht empfände, als wenn dies alles vor ihr, sie vor sich selbst verschwinden sollte, und nur als die Sonne das bisher sehr lebhaft beschienene Fenster verließ, erwachte Ottilie vor sich selbst und eilte nach dem Schlosse.

Sie verbarg sich nicht, in welche sonderbare Epoche diese Überraschung gefallen sei. Es war der Abend vor Eduards Geburtstage. Diesen hatte sie freilich ganz anders zu feiern gehofft: wie sollte nicht alles zu diesem Feste geschmückt sein? Aber nunmehr stand der ganze herbstliche Blumenreichtum ungepflückt. Diese Sonnenblumen wendeten noch immer ihr Angesicht gen Himmel; diese Astern sahen noch immer stillbescheiden vor sich hin, und was allenfalls davon zu Kränzen gebunden war, hatte zum Muster gedient einen Ort auszuschmücken, der, wenn er nicht bloß eine Künstlergrille bleiben, wenn er zu irgendetwas genutzt werden sollte, nur zu einer gemeinsamen Grabstätte geeignet schien.

Sie musste sich dabei der geräuschvollen Geschäftigkeit erinnern, mit welcher Eduard ihr Geburtsfest gefeiert; sie musste des neugerichteten Hauses gedenken, unter dessen Decke man sich so viel Freundliches versprach. Ja das Feuerwerk rauschte ihr wieder vor Augen und Ohren, je einsamer sie war, desto mehr vor der Einbildungskraft; aber sie fühlte sich auch nur um desto mehr allein. Sie lehnte sich nicht mehr auf seinen Arm, und hatte keine Hoffnung, an ihm jemals wieder eine Stütze zu finden.

Aus Ottiliens Tagebuche

Eine Bemerkung des jungen Künstlers muss ich aufzeichnen: Wie am Handwerker so am bildenden Künstler kann man auf das deutlichste gewahr werden, dass der Mensch sich das am wenigsten zuzueignen vermag, was ihm ganz eigens angehört. Seine Werke verlassen ihn, so wie die Vögel das Nest, worin sie ausgebrütet worden.

Der Baukünstler vor allen hat hierin das wunderlichste Schicksal. Wie oft wendet er seinen ganzen Geist, seine ganze Neigung auf, um Räume hervorzubringen, von denen er sich selbst ausschließen muss. Die königlichen Säle sind ihm ihre Pracht schuldig, deren größte Wirkung er nicht mitgenießt. In den Tempeln zieht er eine Grenze zwischen sich und dem Allerheiligsten; er darf die Stufen nicht mehr betreten, die er zur herzerhebenden Feierlichkeit gründete, so wie der Goldschmied die Monstranz nur von fern anbetet, deren Schmelz und Edelsteine er zusammengeordnet hat. Dem Reichen übergibt der Baumeister mit dem Schlüssel des Palastes alle Bequemlichkeit und Behäbigkeit, ohne irgendetwas davon mitzugenießen. Muss sich nicht allgemach auf diese Weise die Kunst von dem Künstler entfernen, wenn das Werk, wie ein ausgestattetes Kind, nicht mehr auf den Vater zurückwirkt? Und wie sehr musste die Kunst sich selbst befördern, als sie fast allein mit dem Öffentlichen, mit dem, was allen und also auch dem Künstler gehörte, sich zu beschäftigen bestimmt war! –

Eine Vorstellung der alten Völker ist ernst und kann furchtbar scheinen. Sie dachten sich ihre Vorfahren in großen Höhlen rings umher auf Thronen sitzend in stummer Unterhaltung. Dem Neuen, der hereintrat, wenn er würdig genug war, standen sie auf und neigten ihm einen Willkommen. Gestern, als ich in der Kapelle saß, und meinem geschnitzten Stuhle gegenüber noch mehrere umhergestellt sah, erschien mir jener Gedanke gar freundlich und anmutig. Warum kannst du nicht sitzen bleiben? dachte ich bei mir selbst, still und in dich gekehrt sitzen bleiben, lange, lange, bis endlich die Freunde kämen, denen du aufstündest und ihren Platz mit freundlichem Neigen anwiesest. Die farbigen Scheiben machen den Tag zur ernsten Dämmerung und jemand müsste eine ewige Lampe stiften, damit auch die Nacht nicht ganz finster bliebe.

Man mag sich stellen wie man will, und man denkt sich immer sehend. Ich glaube der Mensch träumt nur, damit er nicht aufhöre zu sehen. Es könnte wohl sein, dass das innere Licht einmal aus uns heraussträte, so dass wir keines andern mehr bedürften. –

Das Jahr klingt ab. Der Wind geht über die Stoppeln und findet nichts mehr zu bewegen; nur die roten Beeren jener schlanken Bäume scheinen uns noch an etwas Munteres erinnern zu wollen, so wie uns der Taktschlag des Dreschers den Gedanken erweckt, dass in der abgesichelten Ähre so viel Nährendes und Lebendiges verborgen liegt.

Viertes Kapitel

Wie seltsam musste, nach solchen Ereignissen, nach diesem aufgedrungenen Gefühl von Vergänglichkeit und Hinschwinden, Ottilie durch die Nachricht getroffen werden, die ihr nicht länger verborgen bleiben konnte, dass Eduard sich dem wechselnden Kriegsglück überliefert habe. Es entging ihr leider keine von den Betrachtungen, die sie dabei zu machen Ursache hatte. Glücklicherweise kann der Mensch nur einen gewissen Grad des Unglücks fassen; was darüber hinausgeht, vernichtet ihn oder lässt ihn gleichgültig. Es gibt Lagen, in denen Furcht und Hoffnung eins werden, sich einander wechselseitig aufheben und in eine dunkle Fühllosigkeit verlieren. Wie könnten wir sonst die entfernten Geliebtesten in stündlicher Gefahr wissen und dennoch unser tägliches gewöhnliches Leben immer so forttreiben.

Es war daher, als wenn ein guter Geist für Ottilien gesorgt hätte, indem er auf einmal in diese Stille, in der sie einsam und unbeschäftigt zu versinken schien, ein wildes Heer hereinbrachte, das, indem es ihr von außen genug zu schaffen gab und sie aus sich selbst führte, zugleich in ihr das Gefühl eigener Kraft anregte.

Charlottens Tochter, Luciane, war kaum aus der Pension in die große Welt getreten, hatte kaum in dem Hause ihrer Tante sich von zahlreicher Gesellschaft umgeben gesehen, als ihr Gefallenwollen wirklich Gefallen erregte, und ein junger, sehr reicher Mann gar bald eine heftige Neigung empfand, sie zu besitzen. Sein ansehnliches Vermögen gab ihm ein Recht, das Beste jeder Art sein Eigen zu nennen, und es schien ihm nichts weiter abzugehen als eine vollkommene Frau, um die ihn die Welt so wie um das Übrige zu beneiden hätte.

Diese Familienangelegenheit war es, welche Charlotten bisher sehr viel zu tun gab, der sie ihre ganze Überlegung, ihre Korrespondenz widmete, insofern diese nicht darauf gerichtet war, von Eduard nähere Nachricht zu erhalten; deswegen auch Ottilie mehr als sonst in der letzten Zeit allein blieb. Diese wusste zwar um die Ankunft Lucianens; im Hause hatte sie deshalb die nötigsten Vorkehrungen getroffen; allein so nahe stellte man sich den Besuch nicht vor. Man wollte vorher noch schreiben, abreden, näher bestimmen, als der Sturm auf einmal über das Schloss und Ottilien hereinbrach.

Angefahren kamen nun Kammerjungfern und Bediente, Brancards mit Koffern und Kisten; man glaubte schon eine doppelte und dreifache Herrschaft im Hause zu haben; aber nun erschienen erst die Gäste selbst: die Großtante mit Lucianen und einigen Freundinnen, der Bräutigam, gleichfalls nicht unbegleitet. Da lag das Vorhaus voll Vachen, Mantelsäcke und anderer lederner Gehäuse. Mit Mühe sonderte man die vielen Kästchen und Futterale auseinander. Des Gepäckes und Geschleppes war kein Ende. Dazwischen regnete es mit Gewalt, woraus manche Unbequemlichkeit entstand. Diesem ungestümen Treiben begegnete Ottilie mit gleichmütiger Tätigkeit, ja ihr heiteres Geschick erschien im schönsten Glanze: denn sie hatte in kurzer Zeit alles untergebracht und angeordnet. Jedermann war logiert, jedermann nach seiner Art bequem, und glaubte gut bedient zu sein, weil er nicht gehindert war sich selbst zu bedienen.

Nun hätten alle gern, nach einer höchst beschwerlichen Reise, einige Ruhe genossen; der Bräutigam hätte sich seiner Schwiegermutter gern genähert, um ihr seine Liebe, seinen guten Willen zu beteuern: aber Luciane konnte nicht rasten. Sie war nun einmal zu dem Glücke gelangt, ein Pferd besteigen zu dürfen. Der Bräutigam hatte schöne Pferde, und sogleich musste man aufsitzen. Wetter und Wind, Regen und Sturm kamen nicht in Anschlag; es war als wenn man nur lebte, um nass zu werden und sich wieder zu trocknen. Fiel es ihr ein, zu Fuße auszugehen, so fragte sie nicht, was für Kleider sie anhatte und wie sie beschuht war: sie musste die Anlagen besichtigen, von denen sie vieles gehört hatte. Was nicht zu Pferde geschehen konnte, wurde zu Fuß durchrannt. Bald hatte sie alles gesehen und abgeurteilt. Bei der Schnelligkeit ihres Wesens war ihr nicht leicht zu widersprechen. Die Gesellschaft hatte manches zu leiden, am meisten aber die Kammermädchen, die mit Waschen und Bügeln, Auftrennen und Annähen nicht fertig werden konnten.

Kaum hatte sie das Haus und die Gegend erschöpft, als sie sich verpflichtet fühlte, rings in der Nachbarschaft Besuch abzulegen. Weil man sehr schnell ritt und fuhr, so reichte die Nachbarschaft ziemlich fern umher. Das Schloss ward mit Gegenbesuchen überschwemmt, und damit man sich ja nicht verfehlen möchte, wurden bald bestimmte Tage angesetzt.

Indessen Charlotte mit der Tante und dem Geschäftsträger des Bräutigams die innern Verhältnisse festzustellen bemüht war, und Ottilie mit ihren Untergebenen dafür zu sorgen wusste, dass es an nichts bei so großem Zudrang fehlen möchte, da denn Jäger und Gärtner, Fischer und Krämer in Bewegung gesetzt wurden, zeigte sich Luciane immer wie ein brennender Kometenkern, der einen langen Schweif nach sich zieht. Die gewöhnlichen Besuchsunterhaltungen dünkten ihr bald ganz unschmackhaft. Kaum dass sie den ältesten Personen eine Ruhe am Spieltisch gönnte; wer noch einigermaßen beweglich war – und wer ließ sich nicht durch ihre reizenden Zudringlichkeiten in Bewegung setzen? – musste herbei, wo nicht zum Tanze, doch zum lebhaften Pfand-, Straf- und Vexierspiel. Und obgleich das alles, so wie hernach die Pfänderlösung, auf sie selbst berechnet war, so ging doch von der andren Seite niemand, besonders kein Mann, er mochte von einer Art sein von welcher er wollte, ganz leer aus; ja es glückte ihr, einige ältere Personen von Bedeutung ganz für sich zu gewinnen, indem sie ihre eben einfallenden Geburts- und Namenstage ausgeforscht hatte und besonders feierte. Dabei kam ihr ein ganz eignes Geschick zustatten, so dass, indem alle sich begünstigt sahen, jeder sich für den am meisten Begünstigten hielt: eine Schwachheit, deren sich sogar der Älteste in der Gesellschaft am allermerklichsten schuldig machte.

Schien es bei ihr Plan zu sein, Männer, die etwas vorstellten, Rang, Ansehen, Ruhm oder sonst etwas Bedeutendes für sich hatten, für sich zu gewinnen, Weisheit und Besonnenheit zuschanden zu machen und ihrem wilden wunderlichen Wesen selbst bei der Bedächtlichkeit Gunst zu erwerben; so kam die Jugend doch dabei nicht zu kurz: jeder hatte sein Teil, seinen Tag, seine Stunde, in der sie ihn zu entzücken und zu fesseln wusste. So hatte sie den Architekten schon bald ins Auge gefasst, der jedoch aus seinem schwarzen langlockigen Haar so unbefangen heraussah, so gerad und ruhig in der Entfernung stand, auf alle Fragen kurz und verständig antwortete, sich aber auf nichts weiter einzulassen geneigt schien, dass sie sich endlich einmal, halb unwillig, halb listig, entschloss ihn zum Helden des Tages zu machen und dadurch auch für ihren Hof zu gewinnen.

Nicht umsonst hatte sie so vieles Gepäcke mitgebracht, ja es war ihr noch manches gefolgt. Sie hatte sich auf eine unendliche Abwechselung in Kleidern vorgesehen. Wenn es ihr Vergnügen machte, sich des Tags drei-, viermal umzuziehen und mit gewöhnlichen, in der Gesellschaft üblichen Kleidern vom Morgen bis in die Nacht zu wechseln; so erschien sie dazwischen wohl auch einmal im wirklichen Maskenkleid, als Bäuerin und Fischerin, als Fee und Blumenmädchen. Sie verschmähte nicht, sich als alte Frau zu verkleiden, um desto frischer ihr junges Gesicht aus der Kutte hervorzuzeigen; und wirklich verwirrte sie dadurch das Gegenwärtige und das Eingebildete dergestalt, dass man sich mit der Saalnixe verwandt und verschwägert zu sein glaubte.

Wozu sie aber diese Verkleidungen hauptsächlich benutzte, waren pantomimische Stellungen und Tänze, in denen sie verschiedene Charaktere auszudrücken gewandt war. Ein Kavalier aus ihrem Gefolge hatte sich eingerichtet, auf dem Flügel ihre Gebärden mit der wenigen nötigen Musik zu begleiten; es bedurfte nur einer kurzen Abrede und sie waren sogleich in Einstimmung.

Eines Tages, als man sie bei der Pause eines lebhaften Balls auf ihren eigenen heimlichen Antrieb gleichsam aus dem Stegereife zu einer solchen Darstellung aufgefordert hatte, schien sie verlegen und überrascht und ließ sich wider ihre Gewohnheit lange bitten. Sie zeigte sich unentschlossen, ließ die Wahl, bat wie ein Improvisator um einen Gegenstand, bis endlich jener Klavier spielende Gehülfe, mit dem es abgeredet sein mochte, sich an den Flügel setzte, einen Trauermarsch zu spielen anfing und sie aufforderte, jene Artemisia zu geben, welche sie so vortrefflich einstudiert habe. Sie ließ sich erbitten, und nach einer kurzen Abwesenheit erschien sie, bei den zärtlich traurigen Tönen des Totenmarsches, in Gestalt der königlichen Witwe, mit gemessenem Schritt, einen Aschenkrug vor sich hertragend. Hinter ihr brachte man eine große schwarze Tafel und in einer goldenen Reißfeder ein wohlzugeschnitztes Stück Kreide.

Einer ihrer Verehrer und Adjutanten, dem sie etwas ins Ohr sagte, ging sogleich den Architekten aufzufordern, zu nötigen und gewissermaßen herbeizuschieben, dass er als Baumeister das Grab des Mausolus zeichnen, und also keineswegs einen Statisten, sondern einen ernstlich Mitspielenden vorstellen sollte. Wie verlegen der Architekt auch äußerlich erschien – denn er machte in seiner ganz schwarzen, knappen, modernen Zivilgestalt einen wunderlichen Kontrast mit jenen Flören, Kreppen, Franzen, Schmelzen, Quasten und Kronen –, so fasste er sich doch gleich innerlich, allein umso wunderlicher war es anzusehen. Mit dem größten Ernst stellte er sich vor die große Tafel, die von ein paar Pagen gehalten wurde, und zeichnete mit viel Bedacht und Genauigkeit ein Grabmal, das zwar eher einem longobardischen als einem karischen König wäre gemäß gewesen, aber doch in so schönen Verhältnissen, so ernst in seinen Teilen, so geistreich in seinen Zieraten, dass man es mit Vergnügen entstehen sah, und als es fertig war, bewunderte.

Er hatte sich in diesem ganzen Zeitraum fast nicht gegen die Königin gewendet, sondern seinem Geschäft alle Aufmerksamkeit gewidmet. Endlich, als er sich vor ihr neigte und andeutete, dass er nun ihre Befehle vollzogen zu haben glaube, hielt sie ihm noch die Urne hin, und bezeichnete das Verlangen, diese oben auf dem Gipfel abgebildet zu sehen. Er tat es, obgleich ungern, weil sie zu dem Charakter seines übrigen Entwurfs nicht passen wollte. Was Lucianen betraf, so war sie endlich von ihrer Ungeduld erlöst: denn ihre Absicht war keineswegs eine gewissenhafte Zeichnung von ihm zu haben. Hätte er mit wenigen Strichen nur hinskizziert, was etwa einem Monument ähnlich gesehen, und sich die übrige Zeit mit ihr abgegeben, so wäre das wohl dem Endzweck und ihren Wünschen gemäßer gewesen. Bei seinem Benehmen dagegen kam sie in die größte Verlegenheit: denn ob sie gleich in ihrem Schmerz, ihren Anordnungen und Andeutungen, ihrem Beifall über das nach und nach Entstehende, ziemlich abzuwechseln suchte und sie ihn einige Mal beinahe herumzerrte, um nur mit ihm in eine Art von Verhältnis zu kommen, so erwies er sich doch gar zu steif, dergestalt dass sie allzu oft ihre Zuflucht zur Urne nehmen, sie an ihr Herz drücken und zum Himmel schauen musste, ja zuletzt, weil sich doch dergleichen Situationen immer steigern, mehr einer Witwe von Ephesus als einer Königin von Karien ähnlich sah. Die Vorstellung zog sich daher in die Länge; der Klavierspieler, der sonst Geduld genug hatte, wusste nicht mehr, in welchen Ton er ausweichen sollte. Er dankte Gott, als er die Urne auf der Pyramide stehn sah und fiel unwillkürlich, als die Königin ihren Dank ausdrücken wollte, in ein lustiges Thema; wodurch die Vorstellung zwar ihren Charakter verlor, die Gesellschaft jedoch völlig aufgeheitert wurde, die sich denn sogleich teilte, der Dame für ihren vortrefflichen Ausdruck, und dem Architekten für seine künstliche und zierliche Zeichnung eine freudige Bewunderung zu beweisen.

Besonders der Bräutigam unterhielt sich mit dem Architekten. Es tut mir leid, sagte jener, dass die Zeichnung so vergänglich ist. Sie erlauben wenigstens, dass ich sie mir auf mein Zimmer bringen lasse und mich mit Ihnen darüber unterhalte. Wenn es Ihnen Vergnügen macht, sagte der Architekt, so kann ich Ihnen sorgfältige Zeichnungen von dergleichen Gebäuden und Monumenten vorlegen, wovon dieses nur ein zufälliger flüchtiger Entwurf ist.

Ottilie stand nicht fern und trat zu den beiden. Versäumen Sie nicht, sagte sie zum Architekten, den Herrn Baron gelegentlich Ihre Sammlung sehen zu lassen: er ist ein Freund der Kunst und des Altertums; ich wünsche, dass Sie sich näher kennen lernen.

Luciane kam herbeigefahren und fragte: Wovon ist die Rede?

Von einer Sammlung Kunstwerke, antwortete der Baron, welche dieser Herr besitzt und die er uns gelegentlich zeigen will.

Er mag sie nur gleich bringen, rief Luciane. Nicht wahr, Sie bringen sie gleich, setzte sie schmeichelnd hinzu, indem sie ihn mit beiden Händen freundlich anfasste.

Es möchte jetzt der Zeitpunkt nicht sein, versetzte der Architekt.

Was! rief Luciane gebieterisch: Sie wollen dem Befehl Ihrer Königin nicht gehorchen? Dann legte sie sich auf ein neckisches Bitten.

Sein Sie nicht eigensinnig, sagte Ottilie halb leise.

Der Architekt entfernte sich mit einer Beugung, sie war weder bejahend noch verneinend.

Kaum war er fort, als Luciane sich mit einem Windspiel im Saale herumjagte. Ach! rief sie aus, indem sie zufällig an ihre Mutter stieß: wie bin ich nicht unglücklich! Ich habe meinen Affen nicht mitgenommen; man hat mir es abgeraten, es ist aber nur die Bequemlichkeit meiner Leute, die mich um dieses Vergnügen bringt. Ich will ihn aber nachkommen lassen, es soll mir jemand hin ihn zu holen. Wenn ich nur sein Bildnis sehen könnte, so wäre ich schon vergnügt. Ich will ihn aber gewiss auch malen lassen und er soll mir nicht von der Seite kommen.

Vielleicht kann ich dich trösten, versetzte Charlotte, wenn

ich dir aus der Bibliothek einen ganzen Band der wunderlichsten Affenbilder kommen lasse. Luciane schrie vor Freuden laut auf, und der Folioband wurde gebracht. Der Anblick dieser menschenähnlichen und durch den Künstler noch mehr vermenschlichten abscheulichen Geschöpfe machte Lucianen die größte Freude. Ganz glücklich aber fühlte sie sich, bei einem jeden dieser Tiere die Ähnlichkeit mit bekannten Menschen zu finden. Sieht der nicht aus wie der Onkel? rief sie unbarmherzig, der wie der Galanteriehändler M–, der wie der Pfarrer S– und dieser ist der Dings – der – leibhaftig. Im Grunde sind doch die Affen die eigentlichen Incroyables, und es ist unbegreiflich, wie man sie aus der besten Gesellschaft ausschließen mag.

Sie sagte das in der besten Gesellschaft, doch niemand nahm es ihr übel. Man war so gewohnt ihrer Anmut vieles zu erlauben, dass man zuletzt ihrer Unart alles erlaubte.

Ottilie unterhielt sich indessen mit dem Bräutigam. Sie hoffte auf die Rückkunft des Architekten, dessen ernstere geschmackvollere Sammlungen die Gesellschaft von diesem Affenwesen befreien sollten. In dieser Erwartung hatte sie sich mit dem Baron besprochen und ihn auf manches aufmerksam gemacht. Allein der Architekt blieb aus, und als er endlich wiederkam, verlor er sich unter der Gesellschaft, ohne etwas mitzubringen, und ohne zu tun, als ob von etwas die Frage gewesen wäre. Ottilie ward einen Augenblick – wie soll man's nennen? – verdrießlich, ungehalten, betroffen; sie hatte ein gutes Wort an ihn gewendet, sie gönnte dem Bräutigam eine vergnügte Stunde nach seinem Sinne, der bei seiner unendlichen Liebe für Lucianen doch von ihrem Betragen zu leiden schien.

Die Affen mussten einer Kollation Platz machen. Gesellige Spiele, ja sogar noch Tänze, zuletzt ein freudeloses Herumsitzen und Wiederaufjagen einer schon gesunkenen Lust dauerten diesmal, wie sonst auch, weit über Mitternacht. Denn schon hatte sich Luciane gewöhnt, morgens nicht aus dem Bette und abends nicht ins Bette gelangen zu können.

Um diese Zeit finden sich in Ottiliens Tagebuch Ereignisse seltner angemerkt, dagegen häufiger auf das Leben bezügliche und vom Leben abgezogene Maximen und Sentenzen. Weil aber die meisten derselben wohl nicht durch ihre eigene Reflexion entstanden sein können, so ist es wahrscheinlich, dass man ihr irgendeinen Heft mitgeteilt, aus dem sie sich, was ihr gemütlich war, ausgeschrieben. Manches eigene von innigerem Bezug wird an dem roten Faden wohl zu erkennen sein.

Aus Ottiliens Tagebuche

Wir blicken so gern in die Zukunft, weil wir das Ungefähre, was sich in ihr hin- und herbewegt, durch stille Wünsche so gern zu unsern Gunsten heranleiten möchten.

Wir befinden uns nicht leicht in großer Gesellschaft, ohne zu denken: der Zufall, der so viele zusammenbringt, solle uns auch unsre Freunde herbeiführen.

Man mag noch so eingezogen leben, so wird man, ehe man sich's versieht, ein Schuldner oder ein Gläubiger.

Begegnet uns jemand, der uns Dank schuldig ist, gleich fällt es uns ein. Wie oft können wir jemand begegnen, dem wir Dank schuldig sind, ohne daran zu denken.

Sich mitzuteilen ist Natur; Mitgeteiltes aufzunehmen, wie es gegeben wird, ist Bildung.

Niemand würde viel in Gesellschaften sprechen, wenn er sich bewusst wäre, wie oft er die andern missversteht.

Man verändert fremde Reden beim Wiederholen wohl nur darum so sehr, weil man sie nicht verstanden hat.

Wer vor andern lange allein spricht, ohne den Zuhörern zu schmeicheln, erregt Widerwillen.

Jedes ausgesprochene Wort erregt den Gegensinn.

Widerspruch und Schmeichelei machen beide ein schlechtes Gespräch.

Die angenehmsten Gesellschaften sind die, in welchen eine heitere Ehrerbietung der Glieder gegeneinander obwaltet.

Durch nichts bezeichnen die Menschen mehr ihren Charakter als durch das, was sie lächerlich finden.

Das Lächerliche entspringt aus einem sittlichen Kontrast, der auf eine unschädliche Weise für die Sinne in Verbindung gebracht wird.

Der sinnliche Mensch lacht oft, wo nichts zu lachen ist. Was ihn auch anregt, sein inneres Behagen kommt zum Vorschein.

Der Verständige findet fast alles lächerlich, der Vernünftige fast nichts.

Einem bejahrten Manne verdachte man, dass er sich noch um junge Frauenzimmer bemühte. Es ist das einzige Mittel, versetzte er, sich zu verjüngen, und das will doch jedermann.

Man lässt sich seine Mängel vorhalten, man lässt sich strafen, man leidet manches um ihrer willen mit Geduld; aber ungeduldig wird man, wenn man sie ablegen soll.

Gewisse Mängel sind notwendig zum Dasein des Einzelnen. Es würde uns unangenehm sein, wenn alte Freunde gewisse Eigenheiten ablegten.

Man sagt: er stirbt bald, wenn einer etwas gegen seine Art und Weise tut.

Was für Mängel dürfen wir behalten, ja an uns kultivieren? Solche, die den andern eher schmeicheln als sie verletzen.

Die Leidenschaften sind Mängel oder Tugenden, nur gesteigerte.

Unsre Leidenschaften sind wahre Phönixe. Wie der alte verbrennt, steigt der neue sogleich wieder aus der Asche hervor.

Große Leidenschaften sind Krankheiten ohne Hoffnung. Was sie heilen könnte, macht sie erst recht gefährlich.

Die Leidenschaft erhöht und mildert sich durchs Bekennen. In nichts wäre die Mittelstraße vielleicht wünschenswerter als im Vertrauen und Verschweigen gegen die, die wir lieben.

Fünftes Kapitel

So peitschte Luciane den Lebensrausch im geselligen Strudel immer vor sich her. Ihr Hofstaat vermehrte sich täglich, teils weil ihr Treiben so manchen anregte und anzog, teils weil sie sich andre durch Gefälligkeit und Wohltun zu verbinden wusste. Mitteilend war sie im höchsten Grade: denn da ihr durch die Neigung der Tante und des Bräutigams so viel Schönes und Köstliches auf einmal zugeflossen war, so schien sie nichts Eigenes zu besitzen, und den Wert der Dinge nicht zu kennen, die sich um sie gehäuft hatten. So zauderte sie nicht einen Augenblick einen kostbaren Schal abzunehmen und ihn einem Frauenzimmer umzuhängen, das ihr gegen die übrigen zu ärmlich gekleidet schien, und sie tat das auf eine so neckische geschickte Weise, dass niemand eine solche Gabe ablehnen konnte. Einer von ihrem Hofstaat hatte stets eine Börse und den Auftrag, in den Orten, wo sie einkehrten, sich nach den Ältesten und Kränksten zu erkundigen, und ihren Zustand wenigstens für den Augenblick zu erleichtern. Dadurch entstand ihr in der ganzen Gegend ein Name von Vortrefflichkeit, der ihr doch auch manchmal unbequem ward, weil er allzu viel lästige Notleidende an sie heranzog.

Durch nichts aber vermehrte sie so sehr ihren Ruf, als durch ein auffallendes, gutes, beharrliches Benehmen gegen einen unglücklichen jungen Mann, der die Gesellschaft floh, weil er, übrigens schön und wohlgebildet, seine rechte Hand, obgleich rühmlich, in der Schlacht verloren hatte. Diese Verstümmlung erregte ihm einen solchen Missmut; es war ihm so verdrießlich, dass jede neue Bekanntschaft sich auch immer mit seinem Unfall bekannt machen sollte, dass er sich lieber versteckte, sich dem Lesen und andern Studien ergab, und ein für alle Mal mit der Gesellschaft nichts wollte zu schaffen haben.

Das Dasein dieses jungen Mannes blieb ihr nicht verborgen. Er musste herbei, erst in kleiner Gesellschaft, dann in größerer, dann in der größten. Sie benahm sich anmutiger gegen ihn als gegen irgendeinen andern, besonders wusste sie durch zudringliche Dienstfertigkeit ihm seinen Verlust wert zu machen, indem sie geschäftig war ihn zu ersetzen. Bei Tafel musste er neben ihr seinen Platz nehmen, sie schnitt ihm vor, so dass er nur die Gabel gebrauchen durfte. Nahmen Ältere, Vornehmere ihm ihre Nachbarschaft weg, so erstreckte sie ihre Aufmerksamkeit über die ganze Tafel hin, und die eilenden Bedienten mussten das ersetzen was ihm die Entfernung zu rauben drohte. Zuletzt munterte sie ihn auf, mit der linken Hand zu schreiben; er musste alle seine Versuche an sie richten, und so stand sie, entfernt oder nah, immer mit ihm in Verhältnis. Der junge Mann wusste nicht, wie ihm geworden war, und wirklich fing er von diesem Augenblick ein neues Leben an.

Vielleicht sollte man denken, ein solches Betragen wäre dem Bräutigam missfällig gewesen; allein es fand sich das Gegenteil. Er rechnete ihr diese Bemühungen zu großem Verdienst an, und war umso mehr darüber ganz ruhig, als er ihre fast übertriebenen Eigenheiten kannte, wodurch sie alles, was im mindesten verfänglich schien, von sich abzulehnen wusste. Sie wollte mit jedermann nach Belieben umspringen, jeder war in Gefahr, von ihr einmal angestoßen, gezerrt oder sonst geneckt zu werden; niemand aber durfte sich gegen sie ein Gleiches erlauben, niemand sie nach Willkür berühren, niemand, auch nur im entferntesten Sinne, eine Freiheit, die sie sich nahm, erwidern; und so hielt sie die andern in den strengsten Grenzen der Sittlichkeit gegen sich, die sie gegen andere jeden Augenblick zu übertreten schien.

Überhaupt hätte man glauben können, es sei bei ihr Maxime gewesen, sich dem Lobe und dem Tadel, der Neigung und der Abneigung gleichmäßig auszusetzen. Denn wenn sie die Menschen auf mancherlei Weise für sich zu gewinnen suchte, so verdarb sie es wieder mit ihnen gewöhnlich durch eine böse Zunge, die niemanden schonte. So wurde kein Besuch in der Nachbarschaft abgelegt, nirgends sie und ihre Gesellschaft in Schlössern und Wohnungen freundlich aufgenommen, ohne dass sie bei der Rückkehr auf das ausgelassenste merken ließ, wie sie alle menschlichen Verhältnisse nur von der lächerlichen Seite zu nehmen geneigt sei. Da waren drei Brüder, welche unter lauter Komplimenten, wer zuerst heiraten sollte, das Alter übereilt hatte; hier eine kleine junge Frau mit einem großen alten Manne; dort umgekehrt ein kleiner munterer Mann und eine unbehilfliche Riesin. In dem einen Hause stolperte man bei jedem Schritt über ein Kind; das andre wollte ihr bei der größten Gesellschaft nicht voll erscheinen, weil keine Kinder gegenwärtig waren. Alte Gatten sollten sich nur schnell begraben lassen, damit doch wieder einmal jemand im Hause zum Lachen käme, da ihnen keine Noterben gegeben waren. Junge Eheleute sollten reisen, weil das Haushalten sie gar nicht kleide. Und wie mit den Personen, so machte sie es auch mit den Sachen, mit den Gebäuden, wie mit dem Haus- und Tischgeräte. Besonders alle Wandverzierungen reizten sie zu lustigen Bemerkungen. Von dem ältesten Hautelisseteppich bis zu der neusten Papiertapete, vom ehrwürdigsten Familienbilde bis zum frivolsten neuen Kupferstich, eins wie das andre musste leiden, eins wie das andre wurde durch ihre spöttischen Bemerkungen gleichsam aufgezehrt, so dass man sich hätte verwundern sollen, wie fünf Meilen umher irgendetwas nur noch existierte.

Eigentliche Bosheit war vielleicht nicht in diesem verneinenden Bestreben; ein selbstischer Mutwille mochte sie gewöhnlich anreizen, aber eine wahrhafte Bitterkeit hatte sich in ihrem Verhältnis zu Ottilien erzeugt. Auf die ruhige ununterbrochene Tätigkeit des lieben Kindes, die von jedermann bemerkt und gepriesen wurde, sah sie mit Verachtung herab; und als zur Sprache kam, wie sehr sich Ottilie der Gärten und der Treibhäuser annehme, spottete sie nicht allein darüber, indem sie, uneingedenk des tiefen Winters, in dem man lebte, sich zu verwundern schien, dass man weder Blumen noch Früchte gewahr werde;

sondern sie ließ auch von nun an so viel Grünes, so viel Zweige und was nur irgend keimte, herbeiholen und zur täglichen Zierde der Zimmer und des Tisches verschwenden, dass Ottilie und der Gärtner nicht wenig gekränkt waren, ihre Hoffnungen für das nächste Jahr und vielleicht auf längere Zeit zerstört zu sehen.

Ebenso wenig gönnte sie Ottilien die Ruhe des häuslichen Ganges, worin sie sich mit Bequemlichkeit fortbewegte. Ottilie sollte mit auf die Lust- und Schlittenfahrten; sie sollte mit auf die Bälle, die in der Nachbarschaft veranstaltet wurden; sie sollte weder Schnee noch Kälte noch gewaltsame Nachtstürme scheuen, da ja so viel andre nicht davon stürben. Das zarte Kind litt nicht wenig darunter, aber Luciane gewann nichts dabei: denn obgleich Ottilie sehr einfach gekleidet ging, so war sie doch, oder so schien sie wenigstens immer den Männern die schönste. Ein sanftes Anziehen versammelte alle Männer um sie her, sie mochte sich in den großen Räumen am ersten oder am letzten Platze befinden, ja der Bräutigam Lucianens selbst unterhielt sich oft mit ihr, und zwar umso mehr, als er in einer Angelegenheit, die ihn beschäftigte, ihren Rat, ihre Mitwirkung verlangte.

Er hatte den Architekten näher kennen lernen, bei Gelegenheit seiner Kunstsammlung viel über das Geschichtliche mit ihm gesprochen, in andern Fällen auch, besonders bei Betrachtung der Kapelle, sein Talent schätzen gelernt. Der Baron war jung, reich; er sammelte, er wollte bauen; seine Liebhaberei war lebhaft, seine Kenntnisse schwach; er glaubte in dem Architekten seinen Mann zu finden, mit dem er mehr als einen Zweck zugleich erreichen könnte. Er hatte seiner Braut von dieser Absicht gesprochen; sie lobte ihn darum und war höchlich mit dem Vorschlag zufrieden, doch vielleicht mehr, um diesen jungen Mann Ottilien zu entziehen – denn sie glaubte so etwas von Neigung bei ihm zu bemerken – als dass sie gedacht hätte, sein Talent zu ihren Absichten zu benutzen. Denn ob er gleich bei ihren extemporierten Festen sich sehr tätig erwiesen und manche

Ressourcen bei dieser und jener Anstalt dargeboten, so glaubte sie es doch immer selbst besser zu verstehen; und da ihre Erfindungen gewöhnlich gemein waren, so reichte, um sie auszuführen, die Geschicklichkeit eines gewandten Kammerdieners ebenso gut hin, als die des vorzüglichsten Künstlers. Weiter als zu einem Altar, worauf geopfert ward, und zu einer Bekränzung, es mochte nun ein gipsernes oder ein lebendes Haupt sein, konnte ihre Einbildungskraft sich nicht versteigen, wenn sie irgendjemand zum Geburts- und Ehrentage ein festliches Kompliment zu machen gedachte.

Ottilie konnte dem Bräutigam, der sich nach dem Verhältnis des Architekten zum Hause erkundigte, die beste Auskunft geben. Sie wusste dass Charlotte sich schon früher nach einer Stelle für ihn umgetan hatte: denn, wäre die Gesellschaft nicht gekommen, so hätte sich der junge Mann gleich nach Vollendung der Kapelle entfernt, weil alle Bauten den Winter über stillstehn sollten und mussten; und es war daher sehr erwünscht, wenn der geschickte Künstler durch einen neuen Gönner wieder genutzt und befördert wurde.

Das persönliche Verhältnis Ottiliens zum Architekten war ganz rein und unbefangen. Seine angenehme und tätige Gegenwart hatte sie, wie die Nähe eines ältern Bruders, unterhalten und erfreut. Ihre Empfindungen für ihn blieben auf der ruhigen leidenschaftslosen Oberfläche der Blutsverwandtschaft: denn in ihrem Herzen war kein Raum mehr; es war von der Liebe zu Eduard ganz gedrängt ausgefüllt, und nur die Gottheit, die alles durchdringt, konnte dieses Herz zugleich mit ihm besitzen.

Indessen je tiefer der Winter sich senkte, je wilderes Wetter, je unzugänglicher die Wege, desto anziehender schien es, in so guter Gesellschaft die abnehmenden Tage zuzubringen. Nach kurzen Ebben überflutete die Menge von Zeit zu Zeit das Haus. Offiziere von entfernteren Garnisonen, die gebildeten zu ihrem großen Vorteil, die roheren zur Unbequemlichkeit der Gesellschaft, zogen sich herbei; am Zivilstande fehlte es auch nicht, und ganz unerwartet kamen eines Tages der Graf und die Baronesse zusammen angefahren.

Ihre Gegenwart schien erst einen wahren Hof zu bilden. Die Männer von Stand und Sitten umgaben den Grafen, und die Frauen ließen der Baronesse Gerechtigkeit widerfahren. Man verwunderte sich nicht lange, sie beide zusammen und so heiter zu sehen: denn man vernahm, des Grafen Gemahlin sei gestorben, und eine neue Verbindung werde geschlossen sein, sobald es die Schicklichkeit nur erlaube. Ottilie erinnerte sich jenes ersten Besuchs, jedes Worts, was über Ehestand und Scheidung, über Verbindung und Trennung, über Hoffnung, Erwartung, Entbehren und Entsagen gesprochen ward. Beide Personen, damals noch ganz ohne Aussichten, standen nun vor ihr, dem gehofften Glück so nahe, und ein unwillkürlicher Seufzer drang aus ihrem Herzen.

Luciane hörte kaum, dass der Graf ein Liebhaber von Musik sei, so wusste sie ein Konzert zu veranstalten; sie wollte sich dabei mit Gesang zur Gitarre hören lassen. Es geschah. Das Instrument spielte sie nicht ungeschickt, ihre Stimme war angenehm; was aber die Worte betraf, so verstand man sie so wenig, als wenn sonst eine deutsche Schöne zur Gitarre singt. Indes versicherte jedermann, sie habe mit viel Ausdruck gesungen, und sie konnte mit dem lauten Beifall zufrieden sein. Nur ein wunderliches Unglück begegnete bei dieser Gelegenheit. In der Gesellschaft befand sich ein Dichter, den sie auch besonders zu verbinden hoffte, weil sie einige Lieder von ihm an sie gerichtet wünschte, und deshalb diesen Abend meist nur von seinen Liedern vortrug. Er war überhaupt wie alle höflich gegen sie, aber sie hatte mehr erwartet. Sie legte es ihm einige Mal nahe, konnte aber weiter nichts von ihm vernehmen, bis sie endlich aus Ungeduld einen ihrer Hofleute an ihn schickte und sondieren ließ, ob er denn nicht entzückt gewesen sei, seine vortrefflichen Gedichte so vortrefflich vortragen zu hören. Meine Gedichte? versetzte dieser mit Erstaunen. Verzeihen Sie, mein Herr, fügte er hinzu: ich habe nichts als Vokale gehört und die nicht einmal alle. Unterdessen ist es meine Schuldigkeit mich für eine so liebenswürdige Intention dankbar zu erweisen. Der Hofmann schwieg und verschwieg. Der andre suchte sich durch einige wohltönende Komplimente aus der Sache zu ziehen. Sie ließ ihre Absicht nicht undeutlich merken, auch etwas eigens für sie Gedichtetes zu besitzen. Wenn es nicht allzu unfreundlich gewesen wäre, so hätte er ihr das Alphabet überreichen können, um sich daraus ein beliebiges Lobgedicht zu irgendeiner vorkommenden Melodie selbst einzubilden. Doch sollte sie nicht ohne Kränkung aus dieser Begebenheit scheiden. Kurze Zeit darauf erfuhr sie: er habe noch selbigen Abend einer von Ottiliens Lieblingsmelodien ein allerliebstes Gedicht untergelegt, das noch mehr als verbindlich sei.

Luciane, wie alle Menschen ihrer Art, die immer durcheinandermischen, was ihnen vorteilhaft und was ihnen nachteilig ist, wollte nun ihr Glück im Rezitieren versuchen. Ihr Gedächtnis war gut, aber wenn man aufrichtig reden sollte, ihr Vortrag geistlos und heftig, ohne leidenschaftlich zu sein. Sie rezitierte Balladen, Erzählungen und was sonst in Deklamatorien vorzukommen pflegt. Dabei hatte sie die unglückliche Gewohnheit angenommen, das was sie vortrug mit Gesten zu begleiten, wodurch man das was eigentlich episch und lyrisch ist, auf eine unangenehme Weise mit dem Dramatischen mehr verwirrt als verbindet.

Der Graf, ein einsichtsvoller Mann, der gar bald die Gesellschaft, ihre Neigungen, Leidenschaften und Unterhaltungen übersah, brachte Lucianen, glücklicher- oder unglücklicherweise, auf eine neue Art von Darstellung, die ihrer Persönlichkeit sehr gemäß war. Ich finde, sagte er, hier so manche wohlgestaltete Personen, denen es gewiss nicht fehlt, malerische Bewegungen und Stellungen nachzuahmen. Sollten Sie es noch nicht versucht haben, wirkliche bekannte Gemälde vorzustellen? Eine solche Nachbildung, wenn sie auch manche mühsame Anordnung erfordert, bringt dagegen auch einen unglaublichen Reiz hervor.

Schnell ward Luciane gewahr, dass sie hier ganz in ihrem Fach sein würde. Ihr schöner Wuchs, ihre volle Gestalt, ihr regelmäßiges und doch bedeutendes Gesicht, ihre lichtbraunen Haarflechten, ihr schlanker Hals, alles war schon wie aufs Gemälde berechnet; und hätte sie nun gar gewusst, dass sie schöner aussah, wenn sie still stand, als wenn sie sich bewegte, indem ihr im letzten Falle manchmal etwas Störendes, Ungraziöses entschlüpfte, so hätte sie sich mit noch mehrerem Eifer dieser natürlichen Bildnerei ergeben.

Man suchte nun Kupferstiche nach berühmten Gemälden; man wählte zuerst den Belisar nach van Dyck. Ein großer und wohlgebauter Mann von gewissen Jahren sollte den sitzenden blinden General, der Architekt den vor ihm teilnehmend traurig stehenden Krieger nachbilden, dem er wirklich etwas ähnlich sah. Luciane hatte sich, halb bescheiden, das junge Weibchen im Hintergrunde gewählt, das reichliche Almosen aus einem Beutel in die flache Hand zahlt, indes eine Alte sie abzumahnen und ihr vorzustellen scheint, dass sie zu viel tue. Eine andre ihm wirklich Almosen reichende Frauensperson war nicht vergessen.

Mit diesen und andern Bildern beschäftigte man sich sehr ernstlich. Der Graf gab dem Architekten über die Art der Einrichtung einige Winke, der sogleich ein Theater dazu aufstellte und wegen der Beleuchtung die nötige Sorge trug. Man war schon tief in die Anstalten verwickelt, als man erst bemerkte, dass ein solches Unternehmen einen ansehnlichen Aufwand verlangte, und dass auf dem Lande mitten im Winter gar manches Erfordernis abging. Deshalb ließ, damit ja nichts stocken möge, Luciane beinah ihre sämtliche Garderobe zerschneiden, um die verschiedenen Kostüme zu liefern, die jene Künstler willkürlich genug angegeben haben.

Der Abend kam herbei, und die Darstellung wurde vor einer großen Gesellschaft und zu allgemeinem Beifall ausgeführt.

Eine bedeutende Musik spannte die Erwartung. Jener Belisar eröffnete die Bühne. Die Gestalten waren so passend, die Farben so glücklich ausgeteilt, die Beleuchtung so kunstreich, dass man fürwahr in einer andern Welt zu sein glaubte; nur dass die Gegenwart des Wirklichen statt des Scheins eine Art von ängstlicher Empfindung hervorbrachte.

Der Vorhang fiel und ward auf Verlangen mehr als einmal wieder aufgezogen. Ein musikalisches Zwischenspiel unterhielt die Gesellschaft, die man durch ein Bild höherer Art überraschen wollte. Es war die bekannte Vorstellung von Poussin: Ahasverus und Esther. Diesmal hatte sich Luciane besser bedacht. Sie entwickelte in der ohnmächtig hingesunkenen Königin alle ihre Reize, und hatte sich klugerweise zu den umgebenden unterstützenden Mädchen lauter hübsche wohlgebildete Figuren ausgesucht, worunter sich jedoch keine mit ihr auch nur im mindesten messen konnte. Ottilie blieb von diesem Bilde wie von den übrigen ausgeschlossen. Auf den goldnen Thron hatte sie, um den zeusgleichen König vorzustellen, den rüstigsten und schönsten Mann der Gesellschaft gewählt, so dass dieses Bild wirklich eine unvergleichliche Vollkommenheit gewann.

Als drittes hatte man die sogenannte väterliche Ermahnung von Terborch gewählt, und wer kennt nicht den herrlichen Kupferstich unseres Wille von diesem Gemälde? Einen Fuß über den andern geschlagen, sitzt ein edler ritterlicher Vater und scheint seiner vor ihm stehenden Tochter ins Gewissen zu reden. Diese, eine herrliche Gestalt, im faltenreichen weißen Atlaskleide, wird zwar nur von hinten gesehen, aber ihr ganzes Wesen scheint anzudeuten, dass sie sich zusammennimmt. Dass jedoch die Ermahnung nicht heftig und beschämend sei, sieht man aus der Miene und Gebärde des Vaters; und was die Mutter betrifft, so scheint diese eine kleine Verlegenheit zu verbergen, indem sie in ein Glas Wein blickt, das sie eben auszuschlürfen im Begriff ist.

Bei dieser Gelegenheit nun sollte Luciane in ihrem höchsten Glanze erscheinen. Ihre Zöpfe, die Form ihres Kopfes, Hals und Nacken, waren über alle Begriffe schön, und die Taille, von der bei den modernen antikisierenden Bekleidungen der Frauenzimmer wenig sichtbar wird, höchst zierlich, schlank und leicht, zeigte sich an ihr in dem älteren Kostüm äußerst vorteilhaft; und der Architekt hatte gesorgt, die reichen Falten des weißen Atlasses mit der künstlichsten Natur zu legen, so dass ganz ohne Frage diese lebendige Nachbildung weit über jenes Originalbildnis hinausreichte und ein allgemeines Entzücken erregte. Man konnte mit dem Wiederverlangen nicht endigen, und der ganz natürliche Wunsch, einem so schönen Wesen, das man genugsam von der Rückseite gesehen, auch ins Angesicht zu schauen, nahm dergestalt überhand, dass ein lustiger ungeduldiger Vogel die Worte, die man manchmal an das Ende einer Seite zu schreiben pflegt: tournez s'il vous plait, laut ausrief und eine allgemeine Beistimmung erregte. Die Darstellenden aber kannten ihren Vorteil zu gut, und hatten den Sinn dieser Kunststücke zu wohl gefasst, als dass sie dem allgemeinen Ruf hätten nachgeben sollen. Die beschämt scheinende Tochter blieb ruhig stehen, ohne den Zuschauern den Ausdruck ihres Angesichts zu gönnen; der Vater blieb in seiner ermahnenden Stellung sitzen, und die Mutter brachte Nase und Augen nicht aus dem durchsichtigen Glase, worin sich, ob sie gleich zu trinken schien, der Wein nicht verminderte. – Was sollen wir noch viel von kleinen Nachstücken sagen, wozu man niederländische Wirtshaus- und Jahrmarktsszenen gewählt hatte?

Der Graf und die Baronesse reisten ab und versprachen in den ersten glücklichen Wochen ihrer nahen Verbindung wiederzukehren, und Charlotte hoffte nunmehr, nach zwei mühsam überstandenen Monaten, die übrige Gesellschaft gleichfalls loszuwerden. Sie war des Glücks ihrer Tochter gewiss, wenn bei dieser der erste Braut- und Jugendtaumel sich würde gelegt haben: denn der Bräutigam hielt sich für den glücklichsten Menschen von der Welt. Bei großem Vermögen und gemäßigter Sinnesart schien er auf eine wunderbare Weise von dem Vorzuge geschmeichelt, ein Frauenzimmer zu besitzen, das der ganzen Welt gefallen musste. Er hatte einen so ganz eigenen Sinn, alles auf sie und erst durch sie auf sich zu beziehen, dass es ihm eine unangenehme Empfindung machte, wenn sich nicht gleich ein Neuankommender mit aller Aufmerksamkeit auf sie richtete, und mit ihm, wie es wegen seiner guten Eigenschaften besonders von älteren Personen oft geschah, eine nähere Verbindung suchte, ohne sich sonderlich um sie zu bekümmern. Wegen des Architekten kam es bald zur Richtigkeit. Aufs Neujahr sollte ihm dieser folgen und das Karneval mit ihm in der Stadt zubringen, wo Luciane sich von der Wiederholung der so schön eingerichteten Gemälde, so wie von hundert andern Dingen, die größte Glückseligkeit versprach, umso mehr als Tante und Bräutigam jeden Aufwand für gering zu achten schienen, der zu ihrem Vergnügen erfordert wurde.

Nun sollte man scheiden, aber das konnte nicht auf eine gewöhnliche Weise geschehen. Man scherzte einmal ziemlich laut, dass Charlottens Wintervorräte nun bald aufgezehrt seien, als der Ehrenmann, der den Belisar vorgestellt hatte, und freilich reich genug war, von Lucianens Vorzügen hingerissen, denen er nun schon so lange huldigte, unbedachtsam ausrief: So lassen Sie es uns auf polnische Art halten! Kommen Sie nun und zehren mich auch auf, und so geht es dann weiter in die Runde herum. Gesagt, getan: Luciane schlug ein. Den andern Tag war gepackt, und der Schwarm warf sich auf ein anderes Besitztum. Dort hatte man auch Raum genug, aber weniger Bequemlichkeit und Einrichtung. Daraus entstand manches Unschickliche, das erst Lucianen recht glücklich machte. Das Leben wurde immer wüster und wilder. Treibjagen im tiefsten Schnee, und was man sonst nur Unbequemes auffinden konnte, wurde veranstaltet. Frauen so wenig als Männer durften sich ausschließen, und so zog man, jagend und reitend, schlittenfahrend und lärmend, von einem Gute zum andern, bis man sich endlich der Residenz näherte; da denn die Nachrichten und Erzählungen, wie man sich bei Hofe und in der Stadt vergnüge, der Einbildungskraft eine andere Wendung gaben, und Lucianen mit ihrer sämtlichen Begleitung, indem die Tante schon vorausgegangen war, unaufhaltsam in einen andern Lebenskreis hineinzogen.

Aus Ottiliens Tagebuche

Man nimmt in der Welt jeden wofür er sich gibt; aber er muss sich auch für etwas geben. Man erträgt die Unbequemen lieber als man die Unbedeutenden duldet.

Man kann der Gesellschaft alles aufdringen, nur nicht, was eine Folge hat.

Wir lernen die Menschen nicht kennen, wenn sie zu uns kommen; wir müssen zu ihnen gehen, um zu erfahren wie es mit ihnen steht.

Ich finde es beinahe natürlich, dass wir an Besuchenden mancherlei auszusetzen haben, dass wir sogleich, wenn sie weg sind, über sie nicht zum liebevollsten urteilen: denn wir haben sozusagen ein Recht, sie nach unserm Maßstabe zu messen. Selbst verständige und billige Menschen enthalten sich in solchen Fällen kaum einer scharfen Zensur.

Wenn man dagegen bei andern gewesen ist und hat sie mit ihren Umgebungen, Gewohnheiten, in ihren notwendigen unausweichlichen Zuständen gesehen, wie sie um sich wirken, oder wie sie sich fügen, so gehört schon Unverstand und böser Wille dazu, um das lächerlich zu finden, was uns in mehr als einem Sinne ehrwürdig scheinen müsste.

Durch das, was wir Betragen und gute Sitten nennen, soll das erreicht werden, was außerdem nur durch Gewalt, oder auch nicht einmal durch Gewalt zu erreichen ist.

Der Umgang mit Frauen ist das Element guter Sitten.

Wie kann der Charakter, die Eigentümlichkeit des Menschen, mit der Lebensart bestehen?

Das Eigentümliche müsste durch die Lebensart erst recht hervorgehoben werden. Das Bedeutende will jedermann, nur soll es nicht unbequem sein.

Die größten Vorteile im Leben überhaupt wie in der Gesellschaft hat ein gebildeter Soldat.

Rohe Kriegsleute gehen wenigstens nicht aus ihrem Charakter, und weil doch meist hinter der Stärke eine Gutmütigkeit verborgen liegt, so ist im Notfall auch mit ihnen auszukommen.

Niemand ist lästiger als ein täppischer Mensch vom Zivilstande. Von ihm könnte man die Feinheit fordern, da er sich mit nichts Rohem zu beschäftigen hat.

Wenn wir mit Menschen leben, die ein zartes Gefühl für das Schickliche haben, so wird es uns angst um ihretwillen, wenn etwas Ungeschicktes begegnet. So fühle ich immer für und mit Charlotten, wenn jemand mit dem Stuhle schaukelt, weil sie das in den Tod nicht leiden kann.

Es käme niemand mit der Brille auf der Nase in ein vertrauliches Gemach, wenn er wüsste, dass uns Frauen sogleich die Lust vergeht ihn anzusehen und uns mit ihm zu unterhalten.

Zutraulichkeit an der Stelle der Ehrfurcht ist immer lächerlich. Es würde niemand den Hut ablegen, nachdem er kaum das Kompliment gemacht hat, wenn er wüsste, wie komisch das aussieht.

Es gibt kein äußeres Zeichen der Höflichkeit, das nicht einen tiefen sittlichen Grund hätte. Die rechte Erziehung wäre, welche dieses Zeichen und den Grund zugleich überlieferte. Das Betragen ist ein Spiegel, in welchem jeder sein Bild zeigt.

Es gibt eine Höflichkeit des Herzens; sie ist der Liebe verwandt. Aus ihr entspringt die bequemste Höflichkeit des äußern Betragens.

Freiwillige Abhängigkeit ist der schönste Zustand, und wie wäre der möglich ohne Liebe.

Wir sind nie entfernter von unsern Wünschen, als wenn wir uns einbilden das Gewünschte zu besitzen.

Niemand ist mehr Sklave als der sich für frei hält ohne es zu sein.

Es darf sich einer nur für frei erklären, so fühlt er sich den Augenblick als bedingt. Wagt er es sich für bedingt zu erklären, so fühlt er sich frei.

Gegen große Vorzüge eines andern gibt es kein Rettungsmittel als die Liebe.

Es ist was Schreckliches um einen vorzüglichen Mann, auf den sich die Dummen was zugutetun.

Es gibt, sagt man, für den Kammerdiener keinen Helden. Das kommt aber bloß daher, weil der Held nur vom Helden anerkannt werden kann. Der Kammerdiener wird aber wahrscheinlich seinesgleichen zu schätzen wissen.

Es gibt keinen größern Trost für die Mittelmäßigkeit, als dass das Genie nicht unsterblich sei.

Die größten Menschen hängen immer mit ihrem Jahrhundert durch eine Schwachheit zusammen.

Man hält die Menschen gewöhnlich für gefährlicher als sie sind.

Toren und gescheite Leute sind gleich unschädlich. Nur die Halbnarren und Halbweisen, das sind die gefährlichsten.

Man weicht der Welt nicht sicherer aus als durch die Kunst, und man verknüpft sich nicht sicherer mit ihr als durch die Kunst.

Selbst im Augenblick des höchsten Glücks und der höchsten Not bedürfen wir des Künstlers.

Die Kunst beschäftigt sich mit dem Schweren und Guten.

Das Schwierige leicht behandelt zu sehen, gibt uns das Anschauen des Unmöglichen.

Die Schwierigkeiten wachsen, je näher man dem Ziele kommt.

Säen ist nicht so beschwerlich als ernten.

Sechstes Kapitel

Die große Unruhe, welche Charlotten durch diesen Besuch erwuchs, ward ihr dadurch vergütet, dass sie ihre Tochter völlig begreifen lernte, worin ihr die Bekanntschaft mit der Welt sehr zu Hülfe kam. Es war nicht zum ersten Mal, dass ihr ein so seltsamer Charakter begegnete, ob er ihr gleich noch niemals auf dieser Höhe erschien. Und doch hatte sie aus der Erfahrung, dass solche Personen durchs Leben, durch mancherlei Ereignisse, durch elterliche Verhältnisse gebildet, eine sehr angenehme und liebenswürdige Reife erlangen können, indem die Selbstigkeit gemildert wird und die schwärmende Tätigkeit eine entschiedene Richtung erhält. Charlotte ließ als Mutter sich um desto eher eine für andere vielleicht unangenehme Erscheinung gefallen, als es Eltern wohl geziemt da zu hoffen, wo Fremde nur zu genießen wünschen, oder wenigstens nicht belästigt sein wollen.

Auf eine eigne und unerwartete Weise jedoch sollte Charlotte nach ihrer Tochter Abreise getroffen werden, indem diese nicht sowohl durch das Tadelnswerte in ihrem Betragen, als durch das, was man daran lobenswürdig hätte finden können, eine üble Nachrede hinter sich gelassen hatte. Luciane schien sich's zum Gesetz gemacht zu haben, nicht allein mit den Fröhlichen fröhlich, sondern auch mit den Traurigen traurig zu sein, und um den Geist des Widerspruchs recht zu üben, manchmal die Fröhlichen verdrießlich und die Traurigen heiter zu machen. In allen Familien, wo sie hinkam, erkundigte sie sich nach den Kranken und Schwachen, die nicht in Gesellschaft erscheinen konnten. Sie besuchte sie auf ihren Zimmern, machte den Arzt und drang einem jeden aus ihrer Reiseapotheke, die sie beständig im Wagen mit sich führte, energische Mittel auf; da denn eine solche Kur, wie sich vermuten lässt, gelang oder misslang, wie es der Zufall herbeiführte.

In dieser Art von Wohltätigkeit war sie ganz grausam und ließ sich gar nicht einreden, weil sie fest überzeugt war, dass sie vortrefflich handle. Allein es missriet ihr auch ein Versuch von der sittlichen Seite, und dieser war es, der Charlotten viel zu schaffen machte, weil er Folgen hatte, und jedermann darüber sprach. Erst nach Lucianens Abreise hörte sie davon; Ottilie, die gerade jene Partie mitgemacht hatte, musste ihr umständlich davon Rechenschaft geben.

Eine der Töchter eines angesehenen Hauses hatte das Unglück gehabt, an dem Tode eines ihrer jüngeren Geschwister schuld zu sein, und sich darüber nicht beruhigen noch wieder finden können. Sie lebte auf ihrem Zimmer beschäftigt und still, und ertrug selbst den Anblick der Ihrigen nur wenn sie einzeln kamen; denn sie argwohnte sogleich, wenn mehrere beisammen waren, dass man untereinander über sie und ihren Zustand reflektiere. Gegen jedes allein äußerte sie sich vernünftig und unterhielt sich stundenlang mit ihm.

Luciane hatte davon gehört und sich sogleich im Stillen vorgenommen, wenn sie in das Haus käme, gleichsam ein Wunder zu tun und das Frauenzimmer der Gesellschaft wiederzugeben. Sie betrug sich dabei vorsichtiger als sonst, wusste sich allein bei der Seelenkranken einzuführen, und soviel man merken konnte, durch Musik ihr Vertrauen zu gewinnen. Nur zuletzt versah sie es: denn eben weil sie Aufsehn erregen wollte, so brachte sie das schöne blasse Kind, das sie genug vorbereitet wähnte, eines Abends plötzlich in die bunte glänzende Gesellschaft; und vielleicht wäre auch das noch gelungen, wenn nicht die Sozietät selbst, aus Neugierde und Apprehension, sich ungeschickt benommen, sich um die Kranke versammelt, sie wieder gemieden, sie durch Flüstern, Köpfezusammenstecken irre gemacht und aufgeregt hätte. Die zart Empfindende ertrug das nicht. Sie entwich unter fürchterlichem Schreien, das gleichsam ein Entsetzen vor einem eindringenden Ungeheuren auszudrücken schien. Erschreckt fuhr die Gesellschaft nach allen Seiten auseinander, und Ottilie war unter denen, welche die völlig Ohnmächtige wieder auf ihr Zimmer begleiteten.

Indessen hatte Luciane eine starke Strafrede nach ihrer Weise an die Gesellschaft gehalten, ohne im mindesten daran zu denken, dass sie allein alle Schuld habe, und ohne sich durch dieses und andres Misslingen von ihrem Tun und Treiben abhalten zu lassen.

Der Zustand der Kranken war seit jener Zeit bedenklicher geworden, ja das Übel hatte sich so gesteigert, dass die Eltern das arme Kind nicht im Hause behalten konnten, sondern einer öffentlichen Anstalt überantworten mussten. Charlotten blieb nichts übrig als durch ein besonder zartes Benehmen gegen jene Familie den von ihrer Tochter verursachten Schmerz einigermaßen zu lindern. Auf Ottilien hatte die Sache einen tiefen Eindruck gemacht; sie bedauerte das arme Mädchen umso mehr, als sie überzeugt war, wie sie auch gegen Charlotten nicht leugnete, dass bei einer konsequenten Behandlung die Kranke gewiss herzustellen gewesen wäre.

So kam auch, weil man sich gewöhnlich vom vergangenen Unangenehmen mehr als vom Angenehmen unterhält, ein kleines Missverständnis zur Sprache, das Ottilien an dem Architekten irregemacht hatte, als er jenen Abend seine Sammlung nicht vorzeigen wollte, ob sie ihn gleich so freundlich darum ersuchte. Es war ihr dieses abschlägige Betragen immer in der Seele geblieben und sie wusste selbst nicht warum. Ihre Empfindungen waren sehr richtig: denn was ein Mädchen wie Ottilie verlangen kann, sollte ein Jüngling wie der Architekt nicht versagen. Dieser brachte jedoch auf ihre gelegentlichen leisen Vorwürfe ziemlich gültige Entschuldigungen zur Sprache.

Wenn Sie wüssten, sagte er, wie roh selbst gebildete Menschen sich gegen die schätzbarsten Kunstwerke verhalten, Sie würden mir verzeihen, wenn ich die meinigen nicht unter die Menge bringen mag. Niemand weiß eine Medaille am Rand anzufassen; sie betasten das schönste Gepräge, den reinsten Grund, lassen die köstlichsten Stücke zwischen dem Daumen und Zeigefinger hin- und hergehen, als wenn man Kunstformen auf diese Weise prüfte. Ohne daran zu denken, dass man ein großes Blatt mit zwei Händen anfassen müsse, greifen sie mit einer Hand nach einem unschätzbaren Kupferstich, einer unersetzlichen Zeichnung, wie ein anmaßlicher Politiker eine Zeitung fasst und durch das Zerknittern des Papiers schon im Voraus sein Urteil über die Weltbegebenheiten zu erkennen gibt. Niemand denkt daran, dass wenn nur zwanzig Menschen mit einem Kunstwerke hintereinander ebenso verführen, der einundzwanzigste nicht mehr viel daran zu sehen hätte.

Habe ich Sie nicht auch manchmal, fragte Ottilie, in solche Verlegenheit gesetzt? habe ich nicht etwan Ihre Schätze, ohne es zu ahnen, gelegentlich einmal beschädigt?

Niemals, versetzte der Architekt: niemals! Ihnen wäre es unmöglich: das Schickliche ist mit Ihnen geboren.

Auf alle Fälle, versetzte Ottilie, wäre es nicht übel, wenn man künftig in das Büchlein von guten Sitten, nach den Kapiteln, wie man sich in Gesellschaft beim Essen und Trinken benehmen soll, ein recht umständliches einschöbe, wie man sich in Kunstsammlungen und Museen zu betragen habe.

Gewiss, versetzte der Architekt, würden alsdann Kustoden und Liebhaber ihre Seltenheiten fröhlicher mitteilen.

Ottilie hatte ihm schon lange verziehen; als er sich aber den Vorwurf sehr zu Herzen zu nehmen schien und immer aufs Neue beteuerte, dass er gewiss gerne mitteile, gern für Freunde tätig sei, so empfand sie, dass sie sein zartes Gemüt verletzt habe, und fühlte sich als seine Schuldnerin. Nicht wohl konnte sie ihm daher eine Bitte rund abschlagen, die er in Gefolg dieses Gesprächs an sie tat, ob sie gleich, indem sie schnell ihr Gefühl zu Rate zog, nicht einsah wie sie ihm seine Wünsche gewähren könne.

Die Sache verhielt sich also. Dass Ottilie durch Lucianens Eifersucht von den Gemäldedarstellungen ausgeschlossen worden, war ihm höchst empfindlich gewesen; dass Charlotte diesem glänzenden Teil der geselligen Unterhaltung nur unterbrochen beiwohnen können, weil sie sich nicht wohl befand, hatte er gleichfalls mit Bedauern bemerkt: nun wollte er sich nicht entfernen, ohne seine Dankbarkeit auch dadurch zu beweisen, dass er zur Ehre der einen und zur Unterhaltung der andern, eine weit schönere Darstellung veranstaltete, als die bisherigen gewesen waren. Vielleicht kam hiezu, ihm selbst unbewusst, ein andrer geheimer Antrieb: es ward ihm so schwer, dieses Haus, diese Familie zu verlassen, ja es schien ihm unmöglich von Ottiliens Augen zu scheiden, von deren ruhig freundlich gewogenen Blicken er die letzte Zeit fast ganz allein gelebt hatte.

Die Weihnachtsfeiertage nahten sich, und es wurde ihm auf einmal klar, dass eigentlich jene Gemäldedarstellungen durch runde Figuren von dem sogenannten Präsepe ausgegangen, von der frommen Vorstellung, die man in dieser heiligen Zeit der göttlichen Mutter und dem Kinde widmete, wie sie in ihrer scheinbaren Niedrigkeit erst von Hirten, bald darauf von Königen verehrt werden.

Er hatte sich die Möglichkeit eines solchen Bildes vollkommen vergegenwärtigt. Ein schöner frischer Knabe war gefunden; an Hirten und Hirtinnen konnte es auch nicht fehlen; aber ohne Ottilien war die Sache nicht auszuführen. Der junge Mann hatte sie in seinem Sinne zur Mutter Gottes erhoben, und wenn sie es abschlug, so war bei ihm keine Frage, dass das Unternehmen fallen müsse. Ottilie, halb verlegen über seinen Antrag, wies ihn mit seiner Bitte an Charlotten. Diese erteilte ihm gern die Erlaubnis, und auch durch sie ward die Scheu Ottiliens, sich jener heiligen Gestalt anzumaßen, auf eine freundliche Weise überwunden. Der Architekt arbeitete Tag und Nacht, damit am Weihnachtsabend nichts fehlen möge.

Und zwar Tag und Nacht im eigentlichen Sinne. Er hatte ohnehin wenig Bedürfnisse, und Ottiliens Gegenwart schien ihm statt alles Labsals zu sein; indem er um ihretwillen arbeitete, war es als wenn er keines Schlafs, indem er sich um sie beschäftigte, keiner Speise bedürfte. Zur feierlichen Abendstunde war deshalb alles fertig und bereit. Es war ihm möglich gewesen wohltönende Blasinstrumente zu versammeln, welche die Einleitung machten und die gewünschte Stimmung hervorzubringen wussten. Als der Vorhang sich hob, war Charlotte wirklich überrascht. Das Bild, das sich ihr vorstellte, war so oft in der Welt wiederholt, dass man kaum einen neuen Eindruck davon erwarten sollte. Aber hier hatte die Wirklichkeit als Bild ihre besondern Vorzüge. Der ganze Raum war eher nächtlich als dämmernd, und doch nichts undeutlich im Einzelnen der Umgebung. Den unübertrefflichen Gedanken, dass alles Licht vom Kinde ausgehe, hatte der Künstler durch einen klugen Mechanismus der Beleuchtung auszuführen gewusst, der durch die beschatteten, nur von Streiflichtern erleuchteten Figuren im Vordergrunde zugedeckt wurde. Frohe Mädchen und Knaben standen umher; die frischen Gesichter scharf von unten beleuchtet. Auch an Engeln fehlte es nicht, deren eigener Schein von dem göttlichen verdunkelt, deren ätherischer Leib vor dem göttlich-menschlichen verdichtet und lichtsbedürftig schien.

Glücklicherweise war das Kind in der anmutigsten Stellung eingeschlafen, so dass nichts die Betrachtung störte, wenn der Blick auf der scheinbaren Mutter verweilte, die mit unendlicher Anmut einen Schleier aufgehoben hatte, um den verborgenen Schatz zu offenbaren. In diesem Augenblick schien das Bild festgehalten und erstarrt zu sein. Physisch geblendet, geistig überrascht, schien das umgebende Volk sich eben bewegt zu haben, um die getroffnen Augen wegzuwenden, neugierig erfreut wieder hinzublinzen und mehr Verwunderung und Lust, als Bewunderung und Verehrung anzuzeigen; obgleich diese auch nicht vergessen und einigen ältern Figuren der Ausdruck derselben übertragen war.

Ottiliens Gestalt, Gebärde, Miene, Blick übertraf aber alles, was je ein Maler dargestellt hat. Der gefühlvolle Kenner, der diese Erscheinung gesehen hätte, wäre in Furcht geraten, es möge sich nur irgendetwas bewegen, er wäre in Sorge gestanden, ob ihm jemals etwas wieder so gefallen könne. Unglücklicherweise war niemand da, der diese ganze Wirkung aufzufassen vermocht hätte. Der Architekt allein, der als langer schlanker Hirt von der Seite über die Knienden hereinsah, hatte, obgleich nicht in dem genauesten Standpunkt, noch den größten Genuss. Und wer beschreibt auch die Miene der neugeschaffenen Himmelskönigin? Die reinste Demut, das liebenswürdigste Gefühl von Bescheidenheit bei einer großen, unverdient erhaltenen Ehre, einem unbegreiflich unermesslichen Glück, bildete sich in ihren Zügen, sowohl indem sich ihre eigene Empfindung, als indem sich die Vorstellung ausdrückte, die sie sich von dem machen konnte, was sie spielte.

Charlotten erfreute das schöne Gebilde, doch wirkte hauptsächlich das Kind auf sie. Ihre Augen strömten von Tränen und sie stellte sich auf das lebhafteste vor, dass sie ein ähnliches liebes Geschöpf bald auf ihrem Schoße zu hoffen habe.

Man hatte den Vorhang niedergelassen, teils um den Vorstellenden einige Erleichterung zu geben, teils eine Veränderung in dem Dargestellten anzubringen. Der Künstler hatte sich vorgenommen, das erste Nacht- und Niedrigkeitsbild in ein Tag- und Glorienbild zu verwandeln, und deswegen von allen Seiten eine unmäßige Erleuchtung vorbereitet, die in der Zwischenzeit angezündet wurde.

Ottilien war in ihrer halb theatralischen Lage bisher die größte Beruhigung gewesen, dass außer Charlotten und wenigen Hausgenossen niemand dieser frommen Kunstmummerei zugesehen. Sie wurde daher einigermaßen betroffen, als sie in der Zwischenzeit vernahm, es sei ein Fremder angekommen, im Saale von Charlotten freundlich begrüßt. Wer es war, konnte man ihr nicht sagen. Sie ergab sich darein, um keine Störung zu verursachen. Lichter und Lampen brannten und eine ganz unendliche Hellung umgab sie. Der Vorhang ging auf, für die Zuschauenden ein überraschender Anblick: das ganze Bild war alles Licht, und statt des völlig aufgehobenen Schattens blieben nur die Farben übrig, die bei der klugen Auswahl eine liebliche Mäßigung hervorbrachten. Unter ihren langen Augenwimpern hervorblickend bemerkte Ottilie eine Mannsperson neben Charlotten sitzend. Sie erkannte ihn nicht, aber sie glaubte die Stimme des Gehülfen aus der Pension zu hören. Eine wunderbare Empfindung ergriff sie. Wie vieles war begegnet, seitdem sie die Stimme dieses treuen Lehrers nicht vernommen! Wie im zackigen Blitz fuhr die Reihe ihrer Freuden und Leiden schnell vor ihrer Seele vorbei und regte die Frage auf: darfst du ihm alles bekennen und gestehen? Und wie wenig wert bist du unter dieser heiligen Gestalt vor ihm zu erscheinen, und wie seltsam muss es ihm vorkommen, dich, die er nur natürlich gesehen, als Maske zu erblicken? Mit einer Schnelligkeit, die keinesgleichen hat, wirkten Gefühl und Betrachtung in ihr gegeneinander. Ihr Herz war befangen, ihre Augen füllten sich mit Tränen, indem sie sich zwang immerfort als ein starres Bild zu erscheinen; und wie froh war sie, als der Knabe sich zu regen anfing, und der Künstler sich genötiget sah, das Zeichen zu geben, dass der Vorhang wieder fallen sollte.

Hatte das peinliche Gefühl, einem werten Freunde nicht entgegeneilen zu können, sich schon die letzten Augenblicke zu den übrigen Empfindungen Ottiliens gesellt, so war sie jetzt in noch größerer Verlegenheit. Sollte sie in diesem fremden Anzug und Schmuck ihm entgegengehn? sollte sie sich umkleiden? Sie wählte nicht, sie tat das Letzte und suchte sich in der Zwischenzeit zusammenzunehmen, sich zu beruhigen, und war nur erst wieder mit sich selbst in Einstimmung, als sie endlich im gewohnten Kleide den Angekommenen begrüßte.

Siebentes Kapitel

Insofern der Architekt seinen Gönnerinnen das Beste wünschte, war es ihm angenehm, da er doch endlich scheiden musste, sie in der guten Gesellschaft des schätzbaren Gehülfen zu wissen; indem er jedoch ihre Gunst auf sich selbst bezog, empfand er es einigermaßen schmerzhaft, sich so bald, und wie es seiner Bescheidenheit dünken mochte, so gut, ja vollkommen, ersetzt zu sehen. Er hatte noch immer gezaudert, nun aber drängte es ihn hinweg: denn was er sich nach seiner Entfernung musste gefallen lassen, das wollte er wenigstens gegenwärtig nicht erleben.

Zu großer Erheiterung dieser halb traurigen Gefühle machten ihm die Damen beim Abschiede noch ein Geschenk mit einer Weste, an der er sie beide lange Zeit hatte stricken sehen, mit einem stillen Neid über den unbekannten Glücklichen, dem sie dereinst werden könnte. Eine solche Gabe ist die angenehmste, die ein liebender verehrender Mann erhalten mag: denn wenn er dabei des unermüdeten Spiels der schönen Finger gedenkt, so kann er nicht umhin sich zu schmeicheln, das Herz werde bei einer so anhaltenden Arbeit doch auch nicht ganz ohne Teilnahme geblieben sein.

Die Frauen hatten nun einen neuen Mann zu bewirten, dem sie wohlwollten und dem es bei ihnen wohl werden sollte. Das weibliche Geschlecht hegt ein eignes, inneres, unwandelbares Interesse, von dem sie nichts in der Welt abtrünnig macht; im äußern geselligen Verhältnis hingegen lassen sie sich gern und leicht durch den Mann bestimmen der sie eben beschäftigt, und so durch Abweisen wie durch Empfänglichkeit, durch Beharren und Nachgiebigkeit führen sie eigentlich das Regiment, dem sich in der gesitteten Welt kein Mann zu entziehen wagt.

Hatte der Architekt, gleichsam nach eigener Lust und Belieben, seine Talente vor den Freundinnen zum Vergnügen und zu den Zwecken derselben geübt und bewiesen; war Beschäftigung und Unterhaltung in diesem Sinne und nach solchen Absichten eingerichtet: so machte sich in kurzer Zeit durch die Gegenwart des Gehülfen eine andere Lebensweise. Seine große Gabe war, gut zu sprechen und menschliche Verhältnisse, besonders in Bezug auf Bildung der Jugend, in der Unterredung zu behandeln. Und so entstand gegen die bisherige Art zu leben ein ziemlich fühlbarer Gegensatz, umso mehr als der Gehülfe nicht ganz dasjenige billigte, womit man sich die Zeit über ausschließlich beschäftigt hatte.

Von dem lebendigen Gemälde, das ihn bei seiner Ankunft empfing, sprach er gar nicht. Als man ihm hingegen Kirche, Kapelle und was sich darauf bezog, mit Zufriedenheit sehen ließ, konnte er seine Meinung, seine Gesinnungen darüber nicht zurückhalten. Was mich betrifft, sagte er, so will mir diese Annäherung, diese Vermischung des Heiligen zu und mit dem Sinnlichen keineswegs gefallen; nicht gefallen, dass man sich gewisse besondere Räume widmet, weihet und aufschmückt, um erst dabei ein Gefühl der Frömmigkeit zu hegen und zu unterhalten. Keine Umgebung, selbst die gemeinste nicht, soll in uns das Gefühl des Göttlichen stören, das uns überall hin begleiten und jede Stätte zu einem Tempel einweihen kann. Ich mag gern einen Hausgottesdienst in dem Saale gehalten sehen, wo man zu speisen, sich gesellig zu versammeln, mit Spiel und Tanz zu ergötzen pflegt. Das Höchste, das Vorzüglichste am Menschen ist gestaltlos, und man soll sich hüten es anders als in edler Tat zu gestalten.

Charlotte, die seine Gesinnungen schon im Ganzen kannte und sie noch mehr in kurzer Zeit erforschte, brachte ihn gleich in seinem Fache zur Tätigkeit, indem sie ihre Gartenknaben, welche der Architekt vor seiner Abreise eben gemustert hatte, in dem großen Saal aufmarschieren ließ; da sie sich denn in ihren heitern reinlichen Uniformen, mit gesetzlichen Bewegungen und einem natürlichen lebhaften Wesen, sehr gut ausnahmen. Der Gehülfe prüfte sie nach seiner Weise, und hatte durch mancherlei Fragen und Wendungen gar bald die Gemütsarten und Fähigkeiten der Kinder zu Tage gebracht, und ohne dass es so schien, in Zeit von weniger als einer Stunde, sie wirklich bedeutend unterrichtet und gefördert.

Wie machen Sie das nur? sagte Charlotte, indem die Knaben wegzogen. Ich habe sehr aufmerksam zugehört; es sind nichts als ganz bekannte Dinge vorgekommen, und doch wüsste ich nicht, wie ich es anfangen sollte, sie in so kurzer Zeit, bei so vielem Hin- und Widerreden, in solcher Folge zur Sprache zu bringen.

Vielleicht sollte man, versetzte der Gehülfe, aus den Vorteilen seines Handwerks ein Geheimnis machen. Doch kann ich Ihnen die ganz einfache Maxime nicht verbergen, nach der man dieses und noch viel mehr zu leisten vermag. Fassen Sie einen Gegenstand, eine Materie, einen Begriff, wie man es nennen will; halten Sie ihn recht fest; machen Sie sich ihn in allen seinen Teilen recht deutlich, und dann wird es Ihnen leicht sein, gesprächsweise, an einer Masse Kinder zu erfahren was sich davon schon in ihnen entwickelt hat, was noch anzuregen, zu überliefern ist. Die Antworten auf Ihre Fragen mögen noch so ungehörig sein, mögen noch so sehr ins Weite gehen, wenn nur sodann Ihre Gegenfrage Geist und Sinn wieder hereinwärts zieht, wenn Sie sich nicht von Ihrem Standpunkte verrücken lassen; so müssen die Kinder zuletzt denken, begreifen, sich überzeugen, nur von dem was und wie es der Lehrende will. Sein größter Fehler ist der, wenn er sich von den Lernenden mit in die Weite reißen lässt, wenn er sie nicht auf dem Punkte festzuhalten weiß, den er eben jetzt behandelt. Machen Sie nächstens einen Versuch und es wird zu Ihrer großen Unterhaltung dienen.

Das ist artig, sagte Charlotte: die gute Pädagogik ist also gerade das Umgekehrte von der guten Lebensart. In der Gesellschaft soll man auf nichts verweilen, und bei dem Unterricht wäre das höchste Gebot, gegen alle Zerstreuung zu arbeiten.

Abwechselung ohne Zerstreuung wäre für Lehre und Leben

der schönste Wahlspruch, wenn dieses löbliche Gleichgewicht nur so leicht zu erhalten wäre! sagte der Gehülfe, und wollte weiter fortfahren, als ihn Charlotte aufrief, die Knaben nochmals zu betrachten, deren munterer Zug sich soeben über den Hof bewegte. Er bezeigte seine Zufriedenheit, dass man die Kinder in Uniform zu gehen anhalte. Männer – so sagte er – sollten von Jugend auf Uniform tragen, weil sie sich gewöhnen müssen zusammen zu handeln, sich unter ihresgleichen zu verlieren, in Masse zu gehorchen und ins Ganze zu arbeiten. Auch befördert jede Art von Uniform einen militärischen Sinn, sowie ein knapperes, strackeres Betragen, und alle Knaben sind ja ohnehin geborne Soldaten: man sehe nur ihre Kampf- und Streitspiele, ihr Erstürmen und Erklettern.

So werden Sie mich dagegen nicht tadeln, versetzte Ottilie, dass ich meine Mädchen nicht überein kleide. Wenn ich sie Ihnen vorführe, hoffe ich Sie durch ein buntes Gemisch zu ergötzen.

Ich billige das sehr, versetzte jener. Frauen sollten durchaus mannigfaltig gekleidet gehen; jede nach eigner Art und Weise, damit eine jede fühlen lernte, was ihr eigentlich gut stehe und wohl zieme. Eine wichtigere Ursache ist noch die: weil sie bestimmt sind, ihr ganzes Leben allein zu stehen und allein zu handeln.

Das scheint mir sehr paradox, versetzte Charlotte, sind wir doch fast niemals für uns.

O ja! versetzte der Gehülfe, in Absicht auf andere Frauen ganz gewiss. Man betrachte ein Frauenzimmer als Liebende, als Braut, als Frau, Hausfrau und Mutter, immer steht sie isoliert, immer ist sie allein, und will allein sein. Ja die Eitle selbst ist in dem Falle. Jede Frau schließt die andre aus, ihrer Natur nach: denn von jeder wird alles gefordert, was dem ganzen Geschlechte zu leisten obliegt. Nicht so verhält es sich mit den Männern. Der Mann verlangt den Mann; er würde sich einen zweiten erschaffen, wenn es keinen gäbe: eine Frau könnte eine Ewigkeit leben, ohne daran zu denken, sich ihresgleichen hervorzubringen.

Man darf, sagte Charlotte, das Wahre nur wunderlich sagen, so scheint zuletzt das Wunderliche auch wahr. Wir wollen uns aus Ihren Bemerkungen das Beste herausnehmen und doch als Frauen mit Frauen zusammenhalten, und auch gemeinsam wirken, um den Männern nicht allzu große Vorzüge über uns einzuräumen. Ja, Sie werden uns eine kleine Schadenfreude nicht übelnehmen, die wir künftig um desto lebhafter empfinden müssen, wenn sich die Herren untereinander auch nicht sonderlich vertragen.

Mit vieler Sorgfalt untersuchte der verständige Mann nunmehr die Art, wie Ottilie ihre kleinen Zöglinge behandelte, und bezeigte darüber seinen entschiedenen Beifall. Sehr richtig heben Sie, sagte er, Ihre Untergebenen nur zur nächsten Brauchbarkeit heran. Reinlichkeit veranlasst die Kinder mit Freuden etwas auf sich selbst zu halten, und alles ist gewonnen, wenn sie das, was sie tun, mit Munterkeit und Selbstgefühl zu leisten angeregt sind.

Übrigens fand er zu seiner großen Befriedigung nichts auf den Schein und nach außen getan, sondern alles nach innen und für die unerlässlichen Bedürfnisse. Mit wie wenig Worten, rief er aus, ließe sich das ganze Erziehungsgeschäft aussprechen, wenn jemand Ohren hätte zu hören.

Mögen Sie es nicht mit mir versuchen? fragte freundlich Ottilie.

Recht gern, versetzte jener, nur müssen Sie mich nicht verraten. Man erziehe die Knaben zu Dienern und die Mädchen zu Müttern, so wird es überall wohl stehn.

Zu Müttern, versetzte Ottilie, das könnten die Frauen noch hingehen lassen, da sie sich, ohne Mütter zu sein, doch immer einrichten müssen, Wärterinnen zu werden; aber freilich zu Dienern würden sich unsre jungen Männer viel zu gut halten, da man jedem leicht ansehen kann, dass er sich zum Gebieten fähiger dünkt.

Deswegen wollen wir es ihnen verschweigen, sagte der Gehülfe. Man schmeichelt sich ins Leben hinein, aber das Leben schmeichelt uns nicht. Wie viel Menschen mögen denn das freiwillig zugestehen, was sie am Ende doch müssen? Lassen wir aber diese Betrachtungen, die uns hier nicht berühren.

Ich preise Sie glücklich, dass Sie bei Ihren Zöglingen ein richtiges Verfahren anwenden können. Wenn Ihre kleinsten Mädchen sich mit Puppen herumtragen und einige Läppchen für sie zusammenflicken, wenn ältere Geschwister alsdann für die jüngern sorgen, und das Haus sich in sich selbst bedient und aushilft: dann ist der weitere Schritt ins Leben nicht groß, und ein solches Mädchen findet bei ihrem Gatten, was sie bei ihren Eltern verließ.

Aber in den gebildeten Ständen ist die Aufgabe sehr verwickelt. Wir haben auf höhere, zartere, feinere, besonders auf gesellschaftliche Verhältnisse Rücksicht zu nehmen. Wir andern sollen daher unsre Zöglinge nach außen bilden; es ist notwendig, es ist unerlässlich und möchte recht gut sein, wenn man dabei nicht das Maß überschritte: denn indem man die Kinder für einen weiteren Kreis zu bilden gedenkt, treibt man sie leicht ins Grenzenlose, ohne im Auge zu behalten, was denn eigentlich die innere Natur fordert. Hier liegt die Aufgabe, welche mehr oder weniger von den Erziehern gelöst oder verfehlt wird.

Bei manchem, womit wir unsere Schülerinnen in der Pension ausstatten, wird mir bange, weil die Erfahrung mir sagt, von wie geringem Gebrauch es künftig sein werde. Was wird nicht gleich abgestreift, was nicht gleich der Vergessenheit überantwortet sobald ein Frauenzimmer sich im Stande der Hausfrau, der Mutter befindet!

Indessen kann ich mir den frommen Wunsch nicht versagen, da ich mich einmal diesem Geschäft gewidmet habe, dass es mir dereinst in Gesellschaft einer treuen Gehülfin gelingen möge, an meinen Zöglingen dasjenige rein auszubilden, was sie bedürfen, wenn sie in das Feld eigener Tätigkeit und Selbständigkeit hinüberschreiten; dass ich mir sagen könnte: in diesem Sinne ist an ihnen die Erziehung vollendet. Freilich schließt sich eine andere immer wieder an, die beinahe mit jedem Jahre unsers Lebens, wo nicht von uns selbst, doch von den Umständen veranlasst wird.

Wie wahr fand Ottilie diese Bemerkung! Was hatte nicht eine ungeahnete Leidenschaft im vergangenen Jahr an ihr erzogen! was sah sie nicht alles für Prüfungen vor sich schweben, wenn sie nur aufs Nächste, aufs Nächstkünftige hinblickte!

Der junge Mann hatte nicht ohne Vorbedacht einer Gehülfin, einer Gattin erwähnt: denn bei aller seiner Bescheidenheit konnte er nicht unterlassen, seine Absichten auf eine entfernte Weise anzudeuten; ja er war durch mancherlei Umstände und Vorfälle aufgeregt worden, bei diesem Besuch einige Schritte seinem Ziele näher zu tun.

Die Vorsteherin der Pension war bereits in Jahren, sie hatte sich unter ihren Mitarbeitern und Mitarbeiterinnen schon lange nach einer Person umgesehen, die eigentlich mit ihr in Gesellschaft träte, und zuletzt dem Gehülfen, dem sie zu vertrauen höchlich Ursache hatte, den Antrag getan: er solle mit ihr die Lehranstalt fortführen, darin als in dem Seinigen mitwirken, und nach ihrem Tode als Erbe und einziger Besitzer eintreten. Die Hauptsache schien hiebei, dass er eine einstimmende Gattin finden müsse. Er hatte im Stillen Ottilien vor Augen und im Herzen; allein es regten sich mancherlei Zweifel, die wieder durch günstige Ereignisse einiges Gegengewicht erhielten. Luciane hatte die Pension verlassen; Ottilie konnte freier zurückkehren; von dem Verhältnisse zu Eduard hatte zwar etwas verlautet; allein man nahm die Sache, wie ähnliche Vorfälle mehr, gleichgültig auf, und selbst dieses Ereignis konnte zu Ottiliens Rückkehr beitragen. Doch wäre man zu keinem Entschluss gekommen, kein Schritt wäre geschehen, hätte nicht ein unvermuteter Besuch auch hier eine besondere Anregung gegeben. Wie denn die Erscheinung von bedeutenden Menschen in irgendeinem Kreise niemals ohne Folgen bleiben kann.

Der Graf und die Baronesse, welche so oft in den Fall kamen, über den Wert verschiedener Pensionen befragt zu werden, weil fast jedermann um die Erziehung seiner Kinder verlegen ist, hatten sich vorgenommen, diese besonders kennen zu lernen, von der so viel Gutes gesagt wurde, und konnten nunmehr in ihren neuen Verhältnissen zusammen eine solche Untersuchung anstellen. Allein die Baronesse beabsichtigte noch etwas anderes. Während ihres letzten Aufenthalts bei Charlotten hatte sie mit dieser alles umständlich durchgesprochen, was sich auf Eduarden und Ottilien bezog. Sie bestand aber und abermals darauf: Ottilie müsse entfernt werden. Sie suchte Charlotten hiezu Mut einzusprechen, welche sich vor Eduards Drohungen noch immer fürchtete. Man sprach über die verschiedenen Auswege, und bei Gelegenheit der Pension war auch von der Neigung des Gehülfen die Rede, und die Baronesse entschloss sich umso mehr zu dem gedachten Besuch.

Sie kommt an, lernt den Gehülfen kennen, man beobachtet die Anstalt und spricht von Ottilien. Der Graf selbst unterhält sich gern über sie, indem er sie bei dem neulichen Besuch genauer kennen gelernt. Sie hatte sich ihm genähert, ja sie ward von ihm angezogen, weil sie durch sein gehaltvolles Gespräch dasjenige zu sehen und zu kennen glaubte, was ihr bisher ganz unbekannt geblieben war. Und wie sie in dem Umgange mit Eduard die Welt vergaß, so schien ihr an der Gegenwart des Grafen die Welt erst recht wünschenswert zu sein. Jede Anziehung ist wechselseitig. Der Graf empfand eine Neigung für Ottilien, dass er sie gern als seine Tochter betrachtete. Auch hier war sie der Baronesse zum zweiten Mal und mehr als das erste Mal im Wege. Wer weiß was diese, in Zeiten lebhafterer Leidenschaft, gegen sie angestiftet hätte; jetzt war es ihr genug, sie durch eine Verheiratung den Ehefrauen unschädlicher zu machen.

Sie regte daher den Gehülfen auf eine leise, doch wirksame Art klüglich an, dass er sich zu einer kleinen Exkursion auf das Schloss einrichten und seinen Planen und Wünschen, von denen er der Dame kein Geheimnis gemacht, sich ungesäumt nähern solle.

Mit vollkommener Beistimmung der Vorsteherin trat er daher seine Reise an, und hegte in seinem Gemüte die besten Hoffnungen. Er weiß, Ottilie ist ihm nicht ungünstig; und wenn zwischen ihnen einiges Missverhältnis des Standes war, so glich sich dieses gar leicht durch die Denkart der Zeit aus. Auch hatte die Baronesse ihm wohl fühlen lassen, dass Ottilie immer ein armes Mädchen bleibe. Mit einem reichen Hause verwandt zu sein, hieß es, kann niemanden helfen: denn man würde sich, selbst bei dem größten Vermögen, ein Gewissen daraus machen, denjenigen eine ansehnliche Summe zu entziehen, die dem näheren Grade nach ein vollkommneres Recht auf ein Besitztum zu haben scheinen. Und gewiss bleibt es wunderbar, dass der Mensch das große Vorrecht, nach seinem Tode noch über seine Habe zu disponieren, sehr selten zu Gunsten seiner Lieblinge gebraucht, und, wie es scheint aus Achtung für das Herkommen, nur diejenigen begünstigt, die nach ihm sein Vermögen besitzen würden, wenn er auch selbst keinen Willen hätte.

Sein Gefühl setzte ihn auf der Reise Ottilien völlig gleich. Eine gute Aufnahme erhöhte seine Hoffnungen. Zwar fand er gegen sich Ottilien nicht ganz so offen wie sonst; aber sie war auch erwachsener, gebildeter, und wenn man will, im Allgemeinen mitteilender als er sie gekannt hatte. Vertraulich ließ man ihn in manches Einsicht nehmen, was sich besonders auf sein Fach bezog. Doch wenn er seinem Zwecke sich nähern wollte, so hielt ihn immer eine gewisse innere Scheu zurück.

Einst gab ihm jedoch Charlotte hiezu Gelegenheit, indem sie in Beisein Ottiliens zu ihm sagte: Nun, Sie haben alles was in meinem Kreise heranwächst, so ziemlich geprüft; wie finden Sie denn Ottilien? Sie dürfen es wohl in ihrer Gegenwart aussprechen.

Der Gehülfe bezeichnete hierauf, mit sehr viel Einsicht und ruhigem Ausdruck, wie er Ottilien in Absicht eines freieren Betragens, einer bequemeren Mitteilung, eines höheren Blicks in die weltlichen Dinge, der sich mehr in ihren Handlungen als in ihren Worten betätige, sehr zu ihrem Vorteil verändert finde; dass er aber doch glaube, es könne ihr sehr zum Nutzen gereichen, wenn sie auf einige Zeit in die Pension zurückkehre, um das in einer gewissen Folge gründlich und für immer sich zuzueignen, was die Welt nur stückweise und eher zur Verwirrung als zur Befriedigung, ja manchmal nur allzu spät überliefere. Er wolle darüber nicht weitläufig sein: Ottilie wisse selbst am besten, aus was für zusammenhängenden Lehrvorträgen sie damals herausgerissen worden.

Ottilie konnte das nicht leugnen; aber sie konnte nicht gestehen, was sie bei diesen Worten empfand, weil sie sich es kaum selbst auszulegen wusste. Es schien ihr in der Welt nichts mehr unzusammenhängend, wenn sie an den geliebten Mann dachte, und sie begriff nicht, wie ohne ihn noch irgendetwas zusammenhängen könne.

Charlotte beantwortete den Antrag mit kluger Freundlichkeit. Sie sagte, dass sowohl sie als Ottilie eine Rückkehr nach der Pension längst gewünscht hätten. In dieser Zeit nur sei ihr die Gegenwart einer so lieben Freundin und Helferin unentbehrlich gewesen; doch wolle sie in der Folge nicht hinderlich sein, wenn es Ottiliens Wunsch bliebe, wieder auf so lange dorthin zurückzukehren, bis sie das Angefangene geendet und das Unterbrochene sich vollständig zugeeignet.

Der Gehülfe nahm diese Anerbietung freudig auf; Ottilie durfte nichts dagegen sagen, ob es ihr gleich vor dem Gedanken schauderte. Charlotte hingegen dachte Zeit zu gewinnen; sie hoffte, Eduard sollte sich erst als glücklicher Vater wieder finden und einfinden, dann, war sie überzeugt, würde sich alles geben und auch für Ottilien auf eine oder die andere Weise gesorgt werden.

Nach einem bedeutenden Gespräch, über welches alle Teilnehmenden nachzudenken haben, pflegt ein gewisser Stillstand einzutreten, der einer allgemeinen Verlegenheit ähnlich sieht.

Man ging im Saale auf und ab, der Gehülfe blätterte in einigen Büchern und kam endlich an den Folioband, der noch von Lucianens Zeiten her liegen geblieben war. Als er sah, dass darin nur Affen enthalten waren, schlug er ihn gleich wieder zu. Dieser Vorfall mag jedoch zu einem Gespräch Anlass gegeben haben, wovon wir die Spuren in Ottiliens Tagebuch finden.

Aus Ottiliens Tagebuche

Wie man es nur über das Herz bringen kann, die garstigen Affen so sorgfältig abzubilden. Man erniedrigt sich schon, wenn man sie nur als Tiere betrachtet; man wird aber wirklich bösartiger, wenn man dem Reize folgt, bekannte Menschen unter dieser Maske aufzusuchen.

Es gehört durchaus eine gewisse Verschrobenheit dazu, um sich gern mit Karikaturen und Zerrbildern abzugeben. Unserm guten Gehülfen danke ich's, dass ich nicht mit der Naturgeschichte gequält worden bin: ich konnte mich mit den Würmern und Käfern niemals befreunden.

Diesmal gestand er mir, dass es ihm ebenso gehe. Von der Natur, sagte er, sollten wir nichts kennen, als was uns unmittelbar lebendig umgibt. Mit den Bäumen, die um uns blühen, grünen, Frucht tragen, mit jeder Staude, an der wir vorbeigehen, mit jedem Grashalm, über den wir hinwandeln, haben wir ein wahres Verhältnis, sie sind unsre echten Kompatrioten. Die Vögel, die auf unsern Zweigen hin und wider hüpfen, die in unserm Laube singen, gehören uns an, sie sprechen zu uns, von Jugend auf, und wir lernen ihre Sprache verstehen. Man frage sich, ob nicht ein jedes fremde, aus seiner Umgebung gerissene Geschöpf einen gewissen ängstlichen Eindruck auf uns macht, der nur durch Gewohnheit abgestumpft wird. Es gehört schon ein buntes geräuschvolles Leben dazu, um Affen, Papageien und Mohren um sich zu ertragen.

Manchmal wenn mich ein neugieriges Verlangen nach solchen abenteuerlichen Dingen anwandelte, habe ich den Reisenden beneidet, der solche Wunder mit andern Wundern in lebendiger alltäglicher Verbindung sieht. Aber auch er wird ein anderer Mensch. Es wandelt niemand ungestraft unter Palmen, und die Gesinnungen ändern sich gewiss in einem Lande, wo Elefanten und Tiger zu Hause sind.

Nur der Naturforscher ist verehrungswert, der uns das Fremdeste, Seltsamste, mit seiner Lokalität, mit aller Nachbarschaft, jedesmal in dem eigensten Elemente zu schildern und darzustellen weiß. Wie gern möchte ich nur einmal Humboldten erzählen hören.

Ein Naturalienkabinett kann uns vorkommen wie eine ägyptische Grabstätte, wo die verschiedenen Tier- und Pflanzengötzen balsamiert umherstehen. Einer Priesterkaste geziemt es wohl, sich damit in geheimnisvollem Halbdunkel abzugeben; aber in den allgemeinen Unterricht sollte dergleichen nicht einfließen, umso weniger, als etwas Näheres und Würdigeres sich dadurch leicht verdrängt sieht.

Ein Lehrer, der das Gefühl an einer einzigen guten Tat, an einem einzigen guten Gedicht erwecken kann, leistet mehr als einer, der uns ganze Reihen untergeordneter Naturbildungen der Gestalt und dem Namen nach überliefert: denn das ganze Resultat davon ist, was wir ohnedies wissen können, dass das Menschengebild am vorzüglichsten und einzigsten das Gleichnis der Gottheit an sich trägt.

Dem Einzelnen bleibe die Freiheit, sich mit dem zu beschäftigen, was ihn anzieht, was ihm Freude macht, was ihm nützlich deucht; aber das eigentliche Studium der Menschheit ist der Mensch.

Achtes Kapitel

Es gibt wenig Menschen, die sich mit dem Nächstvergangenen zu beschäftigen wissen. Entweder das Gegenwärtige hält uns mit Gewalt an sich, oder wir verlieren uns in die Vergangenheit und suchen das völlig Verlorene, wie es nur möglich sein will, wieder hervorzurufen und herzustellen. Selbst in großen und reichen Familien, die ihren Vorfahren vieles schuldig sind, pflegt es so zu gehen, dass man des Großvaters mehr als des Vaters gedenkt.

Zu solchen Betrachtungen ward unser Gehülfe aufgefordert, als er an einem der schönen Tage, an welchen der scheidende Winter den Frühling zu lügen pflegt, durch den großen alten Schlossgarten gegangen war und die hohen Lindenalleen, die regelmäßigen Anlagen, die sich von Eduards Vater herschrieben, bewundert hatte. Sie waren vortrefflich gediehen, in dem Sinne desjenigen, der sie pflanzte, und nun, da sie erst anerkannt und genossen werden sollten, sprach niemand mehr von ihnen; man besuchte sie kaum und hatte Liebhaberei und Aufwand gegen eine andere Seite hin ins Freie und Weite gerichtet.

Er machte bei seiner Rückkehr Charlotten die Bemerkung, die sie nicht ungünstig aufnahm. Indem uns das Leben fortzieht, versetzte sie, glauben wir aus uns selbst zu handeln, unsre Tätigkeit, unsre Vergnügungen zu wählen; aber freilich, wenn wir es genau ansehen, so sind es nur die Plane, die Neigungen der Zeit, die wir mit auszuführen genötigt sind.

Gewiss, sagte der Gehülfe: und wer widersteht dem Strome seiner Umgebungen? Die Zeit rückt fort und in ihr Gesinnungen, Meinungen, Vorurteile und Liebhabereien. Fällt die Jugend eines Sohnes gerade in die Zeit der Umwendung, so kann man versichert sein, dass er mit seinem Vater nichts gemein haben wird. Wenn dieser in einer Periode lebte, wo man Lust hatte sich manches zuzueignen, dieses Eigentum zu sichern, zu beschränken, einzuengen und in der Absonderung von der Welt seinen

Genuss zu befestigen, so wird jener sodann sich auszudehnen suchen, mitteilen, verbreiten und das Verschlossene eröffnen.

Ganze Zeiträume, versetzte Charlotte, gleichen diesem Vater und Sohn, den Sie schildern. Von jenen Zuständen, da jede kleine Stadt ihre Mauern und Gräben haben musste, da man jeden Edelhof noch in einen Sumpf baute, und die geringsten Schlösser nur durch eine Zugbrücke zugänglich waren, davon können wir uns kaum einen Begriff machen. Sogar größere Städte tragen jetzt ihre Wälle ab, die Gräben selbst fürstlicher Schlösser werden ausgefüllt, die Städte bilden nur große Flecken, und wenn man so auf Reisen das ansieht, sollte man glauben: der allgemeine Friede sei befestigt und das goldne Zeitalter vor der Tür. Niemand glaubt sich in einem Garten behaglich, der nicht einem freien Lande ähnlich sieht; an Kunst, an Zwang soll nichts erinnern, wir wollen völlig frei und unbedingt Atem schöpfen. Haben Sie wohl einen Begriff, mein Freund, dass man aus diesem in einen andern, in den vorigen Zustand zurückkehren könne?

Warum nicht? versetzte der Gehülfe: jeder Zustand hat seine Beschwerlichkeit, der beschränkte sowohl als der losgebundene. Der letztere setzt Überfluss voraus und führt zur Verschwendung. Lassen Sie uns bei Ihrem Beispiel bleiben, das auffallend genug ist. Sobald der Mangel eintritt, sogleich ist die Selbstbeschränkung wiedergegeben. Menschen, die ihren Grund und Boden zu nutzen genötigt sind, führen schon wieder Mauern um ihre Gärten auf, damit sie ihrer Erzeugnisse sicher seien. Daraus entsteht nach und nach eine neue Ansicht der Dinge. Das Nützliche erhält wieder die Oberhand, und selbst der Vielbesitzende meint zuletzt auch das alles nutzen zu müssen. Glauben Sie mir: es ist möglich, dass Ihr Sohn die sämtlichen Parkanlagen vernachlässigt und sich wieder hinter die ernsten Mauern und unter die hohen Linden seines Großvaters zurückzieht.

Charlotte war im Stillen erfreut, sich einen Sohn verkündigt zu hören, und verzieh dem Gehülfen deshalb die etwas unfreundliche Prophezeiung, wie es dereinst ihrem lieben schönen Park ergehen könne. Sie versetzte deshalb ganz freundlich: Wir sind beide noch nicht alt genug um dergleichen Widersprüche mehrmals erlebt zu haben; allein wenn man sich in seine frühe Jugend zurückdenkt, sich erinnert, worüber man von älteren Personen klagen gehört, Länder und Städte mit in die Betrachtung aufnimmt: so möchte wohl gegen die Bemerkung nichts einzuwenden sein. Sollte man denn aber einem solchen Naturgang nichts entgegensetzen, sollte man Vater und Sohn, Eltern und Kinder nicht in Übereinstimmung bringen können? Sie haben mir freundlich einen Knaben geweissagt; müsste denn der gerade mit seinem Vater im Widerspruch stehen? zerstören, was seine Eltern erbaut haben, anstatt es zu vollenden und zu erheben, wenn er in demselben Sinne fortfährt?

Dazu gibt es auch wohl ein vernünftiges Mittel, versetzte der Gehülfe, das aber von den Menschen selten angewandt wird. Der Vater erhebe seinen Sohn zum Mitbesitzer, er lasse ihn mitbauen, -pflanzen, und erlaube ihm, wie sich selbst, eine unschädliche Willkür. Eine Tätigkeit lässt sich in die andre verweben, keine an die andre anstückeln. Ein junger Zweig verbindet sich mit einem alten Stamme gar leicht und gern, an den kein erwachsener Ast mehr anzufügen ist.

Es freute den Gehülfen, in dem Augenblick, da er Abschied zu nehmen sich genötigt sah, Charlotten zufälligerweise etwas Angenehmes gesagt und ihre Gunst aufs Neue dadurch befestigt zu haben. Schon allzu lange war er von Hause weg, doch konnte er zur Rückreise sich nicht eher entschließen, als nach völliger Überzeugung, er müsse die herannahende Epoche von Charlottens Niederkunft erst vorbeigehen lassen, bevor er wegen Ottiliens irgendeine Entscheidung hoffen könne. Er fügte sich deshalb in die Umstände und kehrte mit diesen Aussichten und Hoffnungen wieder zur Vorsteherin zurück.

Charlottens Niederkunft nahte heran. Sie hielt sich mehr in ihren Zimmern. Die Frauen, die sich um sie versammelt hatten, waren ihre geschlossenere Gesellschaft. Ottilie besorgte das Hauswesen, indem sie kaum daran denken durfte, was sie tat. Sie hatte sich zwar völlig ergeben, sie wünschte für Charlotten, für das Kind, für Eduarden sich auch noch ferner auf das dienstlichste zu bemühen, aber sie sah nicht ein, wie es möglich werden wollte. Nichts konnte sie vor völliger Verworrenheit retten, als dass sie jeden Tag ihre Pflicht tat.

Ein Sohn war glücklich zur Welt gekommen, und die Frauen versicherten sämtlich, es sei der ganze leibhafte Vater. Nur Ottilie konnte es im Stillen nicht finden, als sie der Wöchnerin Glück wünschte und das Kind auf das herzlichste begrüßte. Schon bei den Anstalten zur Verheiratung ihrer Tochter war Charlotten die Abwesenheit ihres Gemahls höchst fühlbar gewesen; nun sollte der Vater auch bei der Geburt des Sohnes nicht gegenwärtig sein; er sollte den Namen nicht bestimmen, bei dem man ihn künftig rufen würde.

Der erste von allen Freunden, die sich glückwünschend sehen ließen, war Mittler, der seine Kundschafter ausgestellt hatte, um von diesem Ereignis sogleich Nachricht zu erhalten. Er fand sich ein und zwar sehr behaglich. Kaum dass er seinen Triumph in Gegenwart Ottiliens verbarg, so sprach er sich gegen Charlotten laut aus, und war der Mann alle Sorgen zu heben und alle augenblicklichen Hindernisse beiseite zu bringen. Die Taufe sollte nicht lange aufgeschoben werden. Der alte Geistliche, mit einem Fuß schon im Grabe, sollte durch seinen Segen das Vergangene mit dem Zukünftigen zusammenknüpfen; Otto sollte das Kind heißen: es konnte keinen andern Namen führen als den Namen des Vaters und des Freundes.

Es bedurfte der entschiedenen Zudringlichkeit dieses Mannes, um die hunderterlei Bedenklichkeiten, das Widerreden, Zaudern, Stocken, Besser- oder Anderswissen, das Schwanken, Meinen, Um- und Wiedermeinen zu beseitigen; da gewöhnlich bei solchen Gelegenheiten aus einer gehobenen Bedenklichkeit immer wieder neue entstehen, und indem man alle Verhältnisse schonen will, immer der Fall eintritt, einige zu verletzen.

Alle Meldungsschreiben und Gevatterbriefe übernahm Mittler; sie sollten gleich ausgefertigt sein: denn ihm war selbst höchlich daran gelegen, ein Glück, das er für die Familie so bedeutend hielt, auch der übrigen mitunter misswollenden und missredenden Welt bekannt zu machen. Und freilich waren die bisherigen leidenschaftlichen Vorfälle dem Publikum nicht entgangen, das ohnehin in der Überzeugung steht, alles was geschieht, geschehe nur dazu, damit es etwas zu reden habe.

Die Feier des Taufaktes sollte würdig, aber beschränkt und kurz sein. Man kam zusammen, Ottilie und Mittler sollten das Kind als Taufzeugen halten. Der alte Geistliche, unterstützt vom Kirchdiener, trat mit langsamen Schritten heran. Das Gebet war verrichtet, Ottilien das Kind auf die Arme gelegt, und als sie mit Neigung auf dasselbe heruntersah, erschrak sie nicht wenig an seinen offenen Augen: denn sie glaubte in ihre eigenen zu sehen, eine solche Übereinstimmung hätte jeden überraschen müssen. Mittler, der zunächst das Kind empfing, stutzte gleichfalls, indem er in der Bildung desselben eine so auffallende Ähnlichkeit, und zwar mit dem Hauptmann erblickte, dergleichen ihm sonst noch nie vorgekommen war.

Die Schwäche des guten alten Geistlichen hatte ihn gehindert, die Taufhandlung mit mehrerem als der gewöhnlichen Liturgie zu begleiten. Mittler indessen, voll von dem Gegenstande, gedachte seiner frühern Amtsverrichtungen und hatte überhaupt die Art, sich sogleich in jedem Falle zu denken, wie er nun reden, wie er sich äußern würde. Diesmal konnte er sich umso weniger zurückhalten, als es nur eine kleine Gesellschaft von lauter Freunden war, die ihn umgab. Er fing daher an, gegen das Ende des Akts, mit Behaglichkeit sich an die Stelle des Geistlichen zu versetzen, in einer muntern Rede seine Patenpflichten und Hoffnungen zu äußern und umso mehr dabei zu verweilen, als er Charlottens Beifall in ihrer zufriedenen Miene zu erkennen glaubte.

Dass der gute alte Mann sich gern gesetzt hätte, entging dem rüstigen Redner, der noch viel weniger dachte, dass er ein größeres Übel hervorzubringen auf dem Wege war: denn nachdem er das Verhältnis eines jeden Anwesenden zum Kinde mit Nachdruck geschildert und Ottiliens Fassung dabei ziemlich auf die Probe gestellt hatte, so wandte er sich zuletzt gegen den Greis mit diesen Worten: Und Sie, mein würdiger Altvater, können nunmehr mit Simeon sprechen: Herr, lass deinen Diener in Frieden fahren; denn meine Augen haben den Heiland dieses Hauses gesehen.

Nun war er im Zuge recht glänzend zu schließen, aber er bemerkte bald, dass der Alte, dem er das Kind hinhielt, sich zwar erst gegen dasselbe zu neigen schien, nachher aber schnell zurücksank. Vom Fall kaum abgehalten ward er in einen Sessel gebracht, und man musste ihn, ungeachtet aller augenblicklichen Beihülfe, für tot ansprechen.

So unmittelbar Geburt und Tod, Sarg und Wiege nebeneinander zu sehen und zu denken, nicht bloß mit der Einbildungskraft, sondern mit den Augen diese ungeheuern Gegensätze zusammenzufassen, war für die Umstehenden eine schwere Aufgabe, je überraschender sie vorgelegt wurde. Ottilie allein betrachtete den Eingeschlummerten, der noch immer seine freundliche einnehmende Miene behalten hatte, mit einer Art von Neid. Das Leben ihrer Seele war getötet, warum sollte der Körper noch erhalten werden?

Führten sie auf diese Weise gar manchmal die unerfreulichen Begebenheiten des Tags auf die Betrachtung der Vergänglichkeit, des Scheidens, des Verlierens, so waren ihr dagegen wundersame nächtliche Erscheinungen zum Trost gegeben, die ihr das Dasein des Geliebten versicherten und ihr eigenes befestigten und belebten. Wenn sie sich abends zur Ruhe gelegt, und im süßen Gefühl noch zwischen Schlaf und Wachen schwebte, schien es ihr, als wenn sie in einen ganz hellen, doch mild erleuchteten Raum hineinblickte. In diesem sah sie Eduarden ganz deutlich, und zwar nicht gekleidet wie sie ihn sonst gesehen, sondern im kriegerischen Anzug, jedesmal in einer andern Stellung, die aber vollkommen natürlich war und nichts Phantastisches an sich hatte; stehend, gehend, liegend, reitend. Die Gestalt bis aufs kleinste ausgemalt bewegte sich willig vor ihr, ohne dass sie das mindeste dazu tat, ohne dass sie wollte oder die Einbildungskraft anstrengte. Manchmal sah sie ihn auch umgeben, besonders von etwas Beweglichem, das dunkler war als der helle Grund; aber sie unterschied kaum Schattenbilder, die ihr zuweilen als Menschen, als Pferde, als Bäume und Gebirge vorkommen konnten. Gewöhnlich schlief sie über der Erscheinung ein, und wenn sie nach einer ruhigen Nacht morgens wieder erwachte, so war sie erquickt, getröstet, sie fühlte sich überzeugt: Eduard lebe noch, sie stehe mit ihm noch in dem innigsten Verhältnis.

Neuntes Kapitel

Der Frühling war gekommen, später, aber auch rascher und freudiger als gewöhnlich. Ottilie fand nun im Garten die Frucht ihres Vorsehens: alles keimte, grünte und blühte zur rechten Zeit; manches, was hinter wohlangelegten Glashäusern und Beeten vorbereitet worden, trat nun sogleich der endlich von außen wirkenden Natur entgegen, und alles, was zu tun und zu besorgen war, blieb nicht bloß hoffnungsvolle Mühe wie bisher, sondern ward zum heitern Genusse.

An dem Gärtner aber hatte sie zu trösten über manche durch Lucianens Wildheit entstandene Lücke unter den Topfgewächsen, über die zerstörte Symmetrie mancher Baumkrone. Sie machte ihm Mut, dass sich das alles bald wiederherstellen werde; aber er hatte zu ein tiefes Gefühl, zu einen reinen Begriff von seinem Handwerk, als dass diese Trostgründe viel bei ihm hätten fruchten sollen. Sowenig der Gärtner sich durch andere Liebhabereien und Neigungen zerstreuen darf, sowenig darf der ruhige Gang unterbrochen werden, den die Pflanze zur dauernden oder zur vorübergehenden Vollendung nimmt. Die Pflanze gleicht den eigensinnigen Menschen, von denen man alles erhalten kann, wenn man sie nach ihrer Art behandelt. Ein ruhiger Blick, eine stille Konsequenz, in jeder Jahrszeit, in jeder Stunde das ganz Gehörige zu tun, wird vielleicht von niemand mehr als vom Gärtner verlangt.

Diese Eigenschaften besaß der gute Mann in einem hohen Grade, deswegen auch Ottilie so gern mit ihm wirkte; aber sein eigentliches Talent konnte er schon einige Zeit nicht mehr mit Behaglichkeit ausüben. Denn ob er gleich alles was die Baum- und Küchengärtnerei betraf, auch die Erfordernisse eines ältern Ziergartens, vollkommen zu leisten verstand – wie denn überhaupt einem vor dem andern dieses oder jenes gelingt – ob er schon in Behandlung der Orangerie, der Blumenzwiebeln, der Nelken- und Aurikelnstöcke, die Natur selbst hätte herausfordern können: so waren ihm doch die neuen Zierbäume und Modeblumen einigermaßen fremd geblieben, und er hatte vor dem unendlichen Felde der Botanik, das sich nach der Zeit auftat, und den darin herumsummenden fremden Namen, eine Art von Scheu, die ihn verdrießlich machte. Was die Herrschaft voriges Jahr zu verschreiben angefangen, hielt er umso mehr für unnützen Aufwand und Verschwendung, als er gar manche kostbare Pflanze ausgehen sah, und mit den Handelsgärtnern, die ihn, wie er glaubte, nicht redlich genug bedienten, in keinem sonderlichen Verhältnisse stand.

Er hatte sich darüber, nach mancherlei Versuchen, eine Art von Plan gemacht, in welchem ihn Ottilie umso mehr bestärkte, als er auf die Wiederkehr Eduards eigentlich gegründet war, dessen Abwesenheit man in diesem wie in manchem andern Falle täglich nachteiliger empfinden musste.

Indem nun die Pflanzen immer mehr Wurzel schlugen und Zweige trieben, fühlte sich auch Ottilie immer mehr an diese Räume gefesselt. Gerade vor einem Jahre trat sie als Fremdling, als ein unbedeutendes Wesen hier ein; wie viel hatte sie sich seit jener Zeit nicht erworben! Aber leider wie viel hatte sie nicht auch seit jener Zeit wieder verloren! Sie war nie so reich und nie so arm gewesen. Das Gefühl von beidem wechselte augenblicklich miteinander ab, ja durchkreuzte sich aufs innigste, so dass sie sich nicht anders zu helfen wusste, als dass sie immer wieder das Nächste mit Anteil, ja mit Leidenschaft ergriff.

Dass alles, was Eduarden besonders lieb war, auch ihre Sorgfalt am stärksten an sich zog, lässt sich denken; ja warum sollte sie nicht hoffen, dass er selbst nun bald wiederkommen, dass er die fürsorgliche Dienstlichkeit, die sie dem Abwesenden geleistet, dankbar gegenwärtig bemerken werde.

Aber noch auf eine viel andre Weise war sie veranlasst für ihn zu wirken. Sie hatte vorzüglich die Sorge für das Kind übernommen, dessen unmittelbare Pflegerin sie umso mehr werden konnte, als man es keiner Amme zu übergeben, sondern mit

Milch und Wasser aufzuziehen sich entschieden hatte. Es sollte in jener schönen Zeit der freien Luft genießen; und so trug sie es am liebsten selbst heraus, trug das schlafende, unbewusste zwischen Blumen und Blüten her, die dereinst seiner Kindheit so freundlich entgegenlachen sollten, zwischen jungen Sträuchen und Pflanzen, die mit ihm in die Höhe zu wachsen durch ihre Jugend bestimmt schienen. Wenn sie um sich her sah, so verbarg sie sich nicht, zu welchem großen reichen Zustande das Kind geboren sei: denn fast alles, wohin das Auge blickte, sollte dereinst ihm gehören. Wie wünschenswert war es zu diesem allem, dass es vor den Augen des Vaters, der Mutter, aufwüchse und eine erneute frohe Verbindung bestätigte.

Ottilie fühlte dies alles so rein, dass sie sich's als entschieden wirklich dachte und sich selbst dabei gar nicht empfand. Unter diesem klaren Himmel, bei diesem hellen Sonnenschein, ward es ihr auf einmal klar, dass ihre Liebe, um sich zu vollenden, völlig uneigennützig werden müsse; ja in manchen Augenblicken glaubte sie diese Höhe schon erreicht zu haben. Sie wünschte nur das Wohl ihres Freundes, sie glaubte sich fähig ihm zu entsagen, sogar ihn niemals wiederzusehen, wenn sie ihn nur glücklich wisse. Aber ganz entschieden war sie für sich, niemals einem andern anzugehören.

Dass der Herbst ebenso herrlich würde wie der Frühling, dafür war gesorgt. Alle sogenannten Sommergewächse, alles was im Herbst mit Blühen nicht enden kann und sich der Kälte noch keck entgegenentwickelt, Astern besonders, waren in der größten Mannigfaltigkeit gesäet und sollten nun überall hin verpflanzt einen Sternhimmel über die Erde bilden.

Aus Ottiliens Tagebuche

Einen guten Gedanken den wir gelesen, etwas Auffallendes das wir gehört, tragen wir wohl in unser Tagebuch. Nähmen wir uns aber zugleich die Mühe, aus den Briefen unserer Freunde eigentümliche Bemerkungen, originelle Ansichten, flüchtige geistreiche Worte auszuzeichnen, so würden wir sehr reich werden. Briefe hebt man auf, um sie nie wieder zu lesen; man zerstört sie zuletzt einmal aus Diskretion, und so verschwindet der schönste unmittelbarste Lebenshauch unwiederbringlich für uns und andre. Ich nehme mir vor, dieses Versäumnis wiedergutzumachen.

So wiederholt sich denn abermals das Jahresmärchen von vorn. Wir sind nun wieder, Gott sei Dank! an seinem artigsten Kapitel. Veilchen und Maiblumen sind wie Überschriften oder Vignetten dazu. Es macht uns immer einen angenehmen Eindruck, wenn wir sie in dem Buche des Lebens wieder aufschlagen.

Wir schelten die Armen, besonders die Unmündigen, wenn sie sich an den Straßen herumlegen und betteln. Bemerken wir nicht, dass sie gleich tätig sind, sobald es was zu tun gibt? Kaum entfaltet die Natur ihre freundlichen Schätze, so sind die Kinder dahinterher um ein Gewerbe zu eröffnen; keines bettelt mehr; jedes reicht dir einen Strauß; es hat ihn gepflückt ehe du vom Schlaf erwachtest, und das bittende sieht dich so freundlich an wie die Gabe. Niemand sieht erbärmlich aus, der sich einiges Recht fühlt, fordern zu dürfen.

Warum nur das Jahr manchmal so kurz, manchmal so lang ist, warum es so kurz scheint und so lang in der Erinnerung! Mir ist es mit dem vergangenen so, und nirgends auffallender als im Garten, wie Vergängliches und Dauerndes ineinandergreift. Und doch ist nichts so flüchtig, das nicht eine Spur, das nicht seinesgleichen zurücklasse.

Man lässt sich den Winter auch gefallen. Man glaubt sich freier auszubreiten, wenn die Bäume so geisterhaft, so durchsichtig vor uns stehen. Sie sind nichts, aber sie decken auch nichts zu. Wie aber einmal Knospen und Blüten kommen, dann wird man ungeduldig bis das volle Laub hervortritt, bis die Landschaft sich verkörpert und der Baum sich als eine Gestalt uns entgegen drängt.

Alles Vollkommene in seiner Art muss über seine Art hinausgehen, es muss etwas anderes Unvergleichbares werden. In manchen Tönen ist die Nachtigall noch Vogel; dann steigt sie über ihre Klasse hinüber und scheint jedem Gefiederten andeuten zu wollen, was eigentlich singen heiße.

Ein Leben ohne Liebe, ohne die Nähe des Geliebten, ist nur eine Comédie à tiroir, ein schlechtes Schubladenstück. Man schiebt eine nach der andern heraus und wieder hinein und eilt zur folgenden. Alles was auch Gutes und Bedeutendes vorkommt, hängt nur kümmerlich zusammen. Man muss überall von vorn anfangen und möchte überall enden.

Zehntes Kapitel

Charlotte von ihrer Seite befindet sich munter und wohl. Sie freut sich an dem tüchtigen Knaben, dessen vielversprechende Gestalt ihr Auge und Gemüt stündlich beschäftigt. Sie erhält durch ihn einen neuen Bezug auf die Welt und auf den Besitz; ihre alte Tätigkeit regt sich wieder; sie erblickt, wo sie auch hinsieht, im vergangenen Jahre vieles getan und empfindet Freude am Getanen. Von einem eigenen Gefühl belebt steigt sie zur Mooshütte mit Ottilien und dem Kinde, und indem sie dieses auf den kleinen Tisch, als auf einen häuslichen Altar, niederlegt, und noch zwei Plätze leer sieht, gedenkt sie der vorigen Zeiten und eine neue Hoffnung für sie und Ottilien dringt hervor.

Junge Frauenzimmer sehen sich bescheiden vielleicht nach diesem oder jenem Jüngling um, mit stiller Prüfung, ob sie ihn wohl zum Gatten wünschten; wer aber für eine Tochter oder einen weiblichen Zögling zu sorgen hat, schaut in einem weitern Kreis umher. So ging es auch in diesem Augenblick Charlotten, der eine Verbindung des Hauptmanns mit Ottilien nicht unmöglich schien, wie sie doch auch schon ehemals in dieser Hütte nebeneinander gesessen hatten. Ihr war nicht unbekannt geblieben, dass jene Aussicht auf eine vorteilhafte Heirat wieder verschwunden sei.

Charlotte stieg weiter und Ottilie trug das Kind. Jene überließ sich mancherlei Betrachtungen. Auch auf dem festen Lande gibt es wohl Schiffbruch; sich davon auf das schnellste zu erholen und herzustellen, ist schön und preiswürdig. Ist doch das Leben nur auf Gewinn und Verlust berechnet. Wer macht nicht irgendeine Anlage und wird darin gestört! Wie oft schlägt man einen Weg ein und wird davon abgeleitet! Wie oft werden wir von einem scharf ins Auge gefassten Ziel abgelenkt, um ein höheres zu erreichen! Der Reisende bricht unterwegs zu seinem höchsten Verdruss ein Rad und gelangt durch diesen unangenehmen Zufall zu den erfreulichsten Bekanntschaften und Verbindungen, die auf sein ganzes Leben Einfluss haben. Das Schicksal gewährt uns unsre Wünsche, aber auf seine Weise, um uns etwas über unsere Wünsche geben zu können.

Diese und ähnliche Betrachtungen waren es, unter denen Charlotte zum neuen Gebäude auf der Höhe gelangte, wo sie vollkommen bestätigt wurden. Denn die Umgebung war viel schöner, als man sich's hatte denken können. Alles störende Kleinliche war rings umher entfernt; alles Gute der Landschaft, was die Natur, was die Zeit daran getan hatte, trat reinlich hervor und fiel ins Auge, und schon grünten die jungen Pflanzungen, die bestimmt waren, einige Lücken auszufüllen und die abgesonderten Teile angenehm zu verbinden.

Das Haus selbst war nahezu bewohnbar; die Aussicht, besonders aus den obern Zimmern, höchst mannigfaltig. Je länger man sich umsah, desto mehr Schönes entdeckte man. Was mussten nicht hier die verschiedenen Tagszeiten, was Mond und Sonne für Wirkungen hervorbringen! Hier zu verweilen war höchst wünschenswert, und wie schnell ward die Lust zu bauen und zu schaffen in Charlotten wieder erweckt, da sie alle grobe Arbeit getan fand. Ein Tischer, ein Tapezier, ein Maler, der mit Patronen und leichter Vergoldung sich zu helfen wusste, nur dieser bedurfte man, und in kurzer Zeit war das Gebäude im Stande. Keller und Küche wurden schnell eingerichtet: denn in der Entfernung vom Schlosse musste man alle Bedürfnisse um sich versammeln. So wohnten die Frauenzimmer mit dem Kinde nun oben, und von diesem Aufenthalt, als von einem neuen Mittelpunkt, eröffneten sich ihnen unerwartete Spaziergänge. Sie genossen vergnüglich in einer höheren Region der freien frischen Luft bei dem schönsten Wetter.

Ottiliens liebster Weg, teils allein, teils mit dem Kind ging herunter nach den Platanen auf einem bequemen Fußsteig, der sodann zu dem Punkte leitete, wo einer der Kähne angebunden war, mit denen man überzufahren pflegte. Sie erfreute sich manchmal einer Wasserfahrt; allein ohne das Kind, weil Charlotte deshalb einige Besorgnis zeigte. Doch verfehlte sie nicht, täglich den Gärtner im Schlossgarten zu besuchen und an seiner Sorgfalt für die vielen Pflanzenzöglinge, die nun alle der freien Luft genossen, freundlich teilzunehmen.

In dieser schönen Zeit kam Charlotten der Besuch eines Engländers sehr gelegen, der Eduarden auf Reisen kennen gelernt, einige Mal getroffen hatte und nunmehr neugierig war, die schönen Anlagen zu sehen, von denen er so viel Gutes erzählen hörte. Er brachte ein Empfehlungsschreiben vom Grafen mit und stellte zugleich einen stillen, aber sehr gefälligen Mann als seinen Begleiter vor. Indem er nun bald mit Charlotten und Ottilien, bald mit Gärtnern und Jägern, öfters mit seinem Begleiter, und manchmal allein die Gegend durchstrich, so konnte man seinen Bemerkungen wohl ansehen, dass er ein Liebhaber und Kenner solcher Anlagen war, der wohl auch manche dergleichen selbst ausgeführt hatte. Obgleich in Jahren, nahm er auf eine heitere Weise an allem teil, was dem Leben zur Zierde gereichen und es bedeutend machen kann.

In seiner Gegenwart genossen die Frauenzimmer erst vollkommen ihrer Umgebung. Sein geübtes Auge empfing jeden Effekt ganz frisch, und er hatte umso mehr Freude an dem Entstandenen, als er die Gegend vorher nicht gekannt, und was man daran getan, von dem, was die Natur geliefert, kaum zu unterscheiden wusste.

Man kann wohl sagen, dass durch seine Bemerkungen der Park wuchs und sich bereicherte. Schon zum Voraus erkannte er, was die neuen heranstrebenden Pflanzungen versprachen. Keine Stelle blieb ihm unbemerkt, wo noch irgendeine Schönheit hervorzuheben oder anzubringen war. Hier deutete er auf eine Quelle, welche gereinigt, die Zierde einer ganzen Buschpartie zu werden versprach; hier auf eine Höhle, die ausgeräumt und erweitert einen erwünschten Ruheplatz geben konnte, indessen man nur wenige Bäume zu fällen brauchte, um von ihr aus herrliche Felsenmassen aufgetürmt zu erblicken. Er wünschte den Bewohnern Glück, dass ihnen so manches nachzuarbeiten übrig blieb, und ersuchte sie, damit nicht zu eilen, sondern für folgende Jahre sich das Vergnügen des Schaffens und Einrichtens vorzubehalten.

Übrigens war er außer den geselligen Stunden keineswegs lästig: denn er beschäftigte sich die größte Zeit des Tags, die malerischen Aussichten des Parks in einer tragbaren dunklen Kammer aufzufangen und zu zeichnen, um dadurch sich und andern von seinen Reisen eine schöne Frucht zu gewinnen. Er hatte dieses, schon seit mehreren Jahren, in allen bedeutenden Gegenden getan und sich dadurch die angenehmste und interessanteste Sammlung verschafft. Ein großes Portefeuille, das er mit sich führte, zeigte er den Damen vor und unterhielt sie, teils durch das Bild, teils durch die Auslegung. Sie freuten sich, hier in ihrer Einsamkeit die Welt so bequem zu durchreisen, Ufer und Häfen, Berge, Seen und Flüsse, Städte, Kastelle und manches andre Lokal, das in der Geschichte einen Namen hat, vor sich vorbeiziehen zu sehen.

Jede von beiden Frauen hatte ein besonderes Interesse; Charlotte das allgemeinere, gerade an dem, wo sich etwas historisch Merkwürdiges fand, während Ottilie sich vorzüglich bei den Gegenden aufhielt, wovon Eduard viel zu erzählen pflegte, wo er gern verweilt, wohin er öfters zurückgekehrt: denn jeder Mensch hat in der Nähe und in der Ferne gewisse örtliche Einzelnheiten, die ihn anziehen, die ihm, seinem Charakter nach, um des ersten Eindrucks, gewisser Umstände, der Gewohnheit willen, besonders lieb und aufregend sind.

Sie fragte daher den Lord, wo es ihm denn am besten gefalle, und wo er nun seine Wohnung aufschlagen würde wenn er zu wählen hätte. Da wusste er denn mehr als eine schöne Gegend vorzuzeigen, und was ihm dort widerfahren, um sie ihm lieb und wert zu machen, in seinem eigens akzentuierten Französisch gar behaglich mitzuteilen.

Auf die Frage hingegen, wo er sich denn jetzt gewöhnlich

aufhalte, wohin er am liebsten zurückkehre, ließ er sich ganz unbewunden, doch den Frauen unerwartet, also vernehmen.

Ich habe mir nun angewöhnt überall zu Hause zu sein und finde zuletzt nichts bequemer, als dass andre für mich bauen, pflanzen und sich häuslich bemühen. Nach meinen eigenen Besitzungen sehne ich mich nicht zurück, teils aus politischen Ursachen, vorzüglich aber weil mein Sohn, für den ich alles eigentlich getan und eingerichtet, dem ich es zu übergeben, mit dem ich es noch zu genießen hoffte, an allem keinen Teil nimmt, sondern nach Indien gegangen ist, um sein Leben dort, wie mancher andere, höher zu nutzen, oder gar zu vergeuden.

Gewiss, wir machen viel zu viel vorarbeitenden Aufwand aufs Leben. Anstatt dass wir gleich anfingen uns in einem mäßigen Zustand behaglich zu finden, so gehen wir immer mehr ins Breite, um es uns immer unbequemer zu machen. Wer genießt jetzt meine Gebäude, meinen Park, meine Gärten? Nicht ich, nicht einmal die Meinigen, fremde Gäste, Neugierige, unruhige Reisende.

Selbst bei vielen Mitteln sind wir immer nur halb und halb zu Hause, besonders auf dem Lande, wo uns manches Gewohnte der Stadt fehlt. Das Buch, das wir am eifrigsten wünschten, ist nicht zur Hand, und gerade was wir am meisten bedürften, ist vergessen. Wir richten uns immer häuslich ein, um wieder auszuziehen, und wenn wir es nicht mit Willen und Willkür tun, so wirken Verhältnisse, Leidenschaften, Zufälle, Notwendigkeit und was nicht alles.

Der Lord ahnete nicht, wie tief durch seine Betrachtungen die Freundinnen getroffen wurden. Und wie oft kommt nicht jeder in diese Gefahr, der eine allgemeine Betrachtung selbst in einer Gesellschaft, deren Verhältnisse ihm sonst bekannt sind, ausspricht. Charlotten war eine solche zufällige Verletzung auch durch Wohlwollende und Gutmeinende nichts Neues; und die Welt lag ohnehin so deutlich vor ihren Augen, dass sie keinen besondern Schmerz empfand, wenn gleich jemand sie unbedachtsam und unvorsichtig nötigte, ihren Blick da- oder dorthin auf eine unerfreuliche Stelle zu richten. Ottilie hingegen, die in halbbewusster Jugend mehr ahnete als sah, und ihren Blick wegwenden durfte, ja musste, von dem was sie nicht sehen mochte und sollte, Ottilie ward durch diese traulichen Reden in den schrecklichsten Zustand versetzt: denn es zerriss mit Gewalt vor ihr der anmutige Schleier, und es schien ihr, als wenn alles, was bisher für Haus und Hof, für Garten, Park und die ganze Umgebung geschehen war, ganz eigentlich umsonst sei, weil der, dem es alles gehörte, es nicht genösse, weil auch der, wie der gegenwärtige Gast, zum Herumschweifen in der Welt und zwar zu dem gefährlichsten, durch die Liebsten und Nächsten gedrängt worden. Sie hatte sich an Hören und Schweigen gewöhnt, aber sie saß diesmal in der peinlichsten Lage, die durch des Fremden weiteres Gespräch eher vermehrt als vermindert wurde, das er mit heiterer Eigenheit und Bedächtlichkeit fortsetzte.

Nun glaub' ich, sagte er, auf dem rechten Wege zu sein, da ich mich immerfort als einen Reisenden betrachte, der vielem entsagt, um vieles zu genießen. Ich bin an den Wechsel gewöhnt, ja er wird mir Bedürfnis, wie man in der Oper immer wieder auf eine neue Dekoration wartet, gerade weil schon so viele da gewesen. Was ich mir von dem besten und dem schlechtesten Wirtshause versprechen darf, ist mir bekannt: es mag so gut oder schlimm sein als es will, nirgends find' ich das Gewohnte, und am Ende läuft es auf eins hinaus, ganz von einer notwendigen Gewohnheit, oder ganz von der willkürlichsten Zufälligkeit abzuhangen. Wenigstens habe ich jetzt nicht den Verdruss, dass etwas verlegt oder verloren ist, dass mir ein tägliches Wohnzimmer unbrauchbar wird, weil ich es muss reparieren lassen, dass man mir eine liebe Tasse zerbricht und es mir eine ganze Zeit aus keiner andern schmecken will. Alles dessen bin ich überhoben, und wenn mir das Haus über dem Kopf zu brennen anfängt, so packen meine Leute gelassen ein und auf, und wir fahren zu

Hofraum und Stadt hinaus. Und bei allen diesen Vorteilen, wenn ich es genau berechne, habe ich am Ende des Jahrs nicht mehr ausgegeben, als es mich zu Hause gekostet hätte.

Bei dieser Schilderung sah Ottilie nur Eduarden vor sich, wie er nun auch, mit Entbehren und Beschwerde, auf ungebahnten Straßen hinziehe, mit Gefahr und Not zu Felde liege, und bei so viel Unbestand und Wagnis sich gewöhne heimatlos und freundlos zu sein, alle wegzuwerfen nur um nicht verlieren zu können. Glücklicherweise trennte sich die Gesellschaft für einige Zeit. Ottilie fand Raum sich in der Einsamkeit auszuweinen. Gewaltsamer hatte sie kein dumpfer Schmerz ergriffen, als diese Klarheit, die sie sich noch klarer zu machen strebte, wie man es zu tun pflegt, dass man sich selbst peinigt, wenn man einmal auf dem Wege ist gepeinigt zu werden.

Der Zustand Eduards kam ihr so kümmerlich, so jämmerlich vor, dass sie sich entschloss, es koste was es wolle, zu seiner Wiedervereinigung mit Charlotten alles beizutragen, ihren Schmerz und ihre Liebe an irgendeinem stillen Orte zu verbergen und durch irgendeine Art von Tätigkeit zu betrügen.

Indessen hatte der Begleiter des Lords, ein verständiger ruhiger Mann und guter Beobachter, den Missgriff in der Unterhaltung bemerkt und die Ähnlichkeit der Zustände seinem Freunde offenbart. Dieser wusste nichts von den Verhältnissen der Familie; allein jener, den eigentlich auf der Reise nichts mehr interessierte als die sonderbaren Ereignisse, welche durch natürliche und künstliche Verhältnisse, durch den Konflikt des Gesetzlichen und des Ungebändigten, des Verstandes und der Vernunft, der Leidenschaft und des Vorurteils hervorgebracht werden, jener hatte sich schon früher, und mehr noch im Hause selbst, mit allem bekannt gemacht, was vorgegangen war und noch vorging.

Dem Lord tat es leid, ohne dass er darüber verlegen gewesen wäre. Man müsste ganz in Gesellschaft schweigen, wenn man nicht manchmal in den Fall kommen sollte: denn nicht allein bedeutende Bemerkungen, sondern die trivialsten Äußerungen können auf eine so missklingende Weise mit dem Interesse der Gegenwärtigen zusammentreffen. Wir wollen es heute Abend wiedergutmachen, sagte der Lord, und uns aller allgemeinen Gespräche enthalten. Geben Sie der Gesellschaft etwas von den vielen angenehmen und bedeutenden Anekdoten und Geschichten zu hören, womit Sie Ihr Portefeuille und Ihr Gedächtnis auf unserer Reise bereichert haben.

Allein auch mit dem besten Vorsatze gelang es den Fremden nicht, die Freunde diesmal mit einer unverfänglichen Unterhaltung zu erfreuen. Denn nachdem der Begleiter durch manche sonderbare, bedeutende, heitere, rührende, furchtbare Geschichten die Aufmerksamkeit erregt und die Teilnahme aufs höchste gespannt hatte, so dachte er mit einer zwar sonderbaren, aber sanfteren Begebenheit zu schließen, und ahnete nicht, wie nahe diese seinen Zuhörern verwandt war.

Die wunderlichen Nachbarskinder
Novelle

Zwei Nachbarskinder von bedeutenden Häusern, Knabe und Mädchen, in verhältnismäßigem Alter um dereinst Gatten zu werden, ließ man in dieser angenehmen Aussicht miteinander aufwachsen, und die beiderseitigen Eltern freuten sich einer künftigen Verbindung. Doch man bemerkte gar bald, dass die Absicht zu misslingen schien, indem sich zwischen den beiden trefflichen Naturen ein sonderbarer Widerwille hervortat. Vielleicht waren sie einander zu ähnlich. Beide in sich selbst gewendet, deutlich in ihrem Wollen, fest in ihren Vorsätzen; jedes einzeln geliebt und geehrt von seinen Gespielen; immer Widersacher, wenn sie zusammen waren, immer aufbauend für sich allein, immer wechselsweise zerstörend, wo sie sich begegneten, nicht wetteifernd nach einem Ziel, aber immer kämpfend um einen Zweck; gutartig durchaus und liebenswürdig, und nur hassend, ja bösartig, indem sie sich aufeinander bezogen.

Dieses wunderliche Verhältnis zeigte sich schon bei kindischen Spielen, es zeigte sich bei zunehmenden Jahren. Und wie die Knaben Krieg zu spielen, sich in Parteien zu sondern, einander Schlachten zu liefern pflegen, so stellte sich das trotzig mutige Mädchen einst an die Spitze des einen Heers, und focht gegen das andre mit solcher Gewalt und Erbitterung, dass dieses schimpflich wäre in die Flucht geschlagen worden, wenn ihr einzelner Widersacher sich nicht sehr brav gehalten und seine Gegnerin doch noch zuletzt entwaffnet und gefangen genommen hätte. Aber auch da noch wehrte sie sich so gewaltsam, dass er, um seine Augen zu erhalten, und die Feindin doch nicht zu beschädigen, sein seidenes Halstuch abreißen und ihr die Hände damit auf den Rücken binden musste.

Dies verzieh sie ihm nie, ja sie machte so heimliche Anstalten und Versuche ihn zu beschädigen, dass die Eltern, die auf diese seltsamen Leidenschaften schon längst Acht gehabt, sich miteinander verständigten und beschlossen, die beiden feindlichen Wesen zu trennen und jene lieblichen Hoffnungen aufzugeben.

Der Knabe tat sich in seinen neuen Verhältnissen bald hervor. Jede Art von Unterricht schlug bei ihm an. Gönner und eigene Neigung bestimmten ihn zum Soldatenstande. Überall wo er sich fand, war er geliebt und geehrt. Seine tüchtige Natur schien nur zum Wohlsein, zum Behagen anderer zu wirken, und er war in sich, ohne deutliches Bewusstsein, recht glücklich, den einzigen Widersacher verloren zu haben, den die Natur ihm zugedacht hatte.

Das Mädchen dagegen traf auf einmal in einen veränderten Zustand. Ihre Jahre, eine zunehmende Bildung, und mehr noch ein gewisses inneres Gefühl zogen sie von den heftigen Spielen hinweg, die sie bisher in Gesellschaft der Knaben auszuüben pflegte. Im Ganzen schien ihr etwas zu fehlen, nichts war um sie herum, das wert gewesen wäre, ihren Hass zu erregen. Liebenswürdig hatte sie noch niemanden gefunden.

Ein junger Mann, älter als ihr ehemaliger nachbarlicher Widersacher, von Stand, Vermögen und Bedeutung, beliebt in der Gesellschaft, gesucht von Frauen, wendete ihr seine ganze Neigung zu. Es war das erste Mal, dass sich ein Freund, ein Liebhaber, ein Diener um sie bemühte. Der Vorzug, den er ihr vor vielen gab, die älter, gebildeter, glänzender und anspruchsreicher waren als sie, tat ihr gar zu wohl. Seine fortgesetzte Aufmerksamkeit, ohne dass er zudringlich gewesen wäre, sein treuer Beistand bei verschiedenen unangenehmen Zufällen, sein gegen ihre Eltern zwar ausgesprochnes, doch ruhiges und nur hoffnungsvolles Werben, da sie freilich noch sehr jung war: das alles nahm sie für ihn ein, wozu die Gewohnheit, die äußern nun von der Welt als bekannt angenommenen Verhältnisse, das Ihrige beitrugen. Sie war so oft Braut genannt worden, dass sie sich endlich selbst dafür hielt, und weder sie noch irgendjemand dachte daran, dass noch eine Prüfung nötig sei, als sie den Ring mit demjenigen wechselte, der so lange Zeit für ihren Bräutigam galt.

Der ruhige Gang, den die ganze Sache genommen hatte, war auch durch das Verlöbnis nicht beschleunigt worden. Man ließ eben von beiden Seiten alles so fortgewähren; man freute sich des Zusammenlebens und wollte die gute Jahreszeit durchaus noch als einen Frühling des künftigen ernsteren Lebens genießen.

Indessen hatte der Entfernte sich zum schönsten ausgebildet, eine verdiente Stufe seiner Lebensbestimmung erstiegen, und kam mit Urlaub die Seinigen zu besuchen. Auf eine ganz natürliche, aber doch sonderbare Weise stand er seiner schönen Nachbarin abermals entgegen. Sie hatte in der letzten Zeit nur freundliche bräutliche Familienempfindungen bei sich genährt, sie war mit allem was sie umgab in Übereinstimmung; sie glaubte glücklich zu sein und war es auch auf gewisse Weise. Aber nun stand ihr zum ersten Mal seit langer Zeit wieder etwas entgegen: es war nicht hassenswert, sie war des Hasses unfähig geworden; ja der kindische Hass, der eigentlich nur ein dunkles Anerkennen des inneren Wertes gewesen, äußerte sich nun in frohem Erstaunen, erfreulichem Betrachten, gefälligem Eingestehen, halb willigem, halb unwilligem und doch notwendigem Annahen, und das alles war wechselseitig. Eine lange Entfernung gab zu längeren Unterhaltungen Anlass. Selbst jene kindische Unvernunft diente den Aufgeklärteren zu scherzhafter Erinnerung, und es war, als wenn man sich jenen neckischen Hass wenigstens durch eine freundschaftliche aufmerksame Behandlung vergüten müsse, als wenn jenes gewaltsame Verkennen nunmehr nicht ohne ein ausgesprochnes Anerkennen bleiben dürfe.

Von seiner Seite blieb alles in einem verständigen wünschenswerten Maß. Sein Stand, seine Verhältnisse, sein Streben, sein Ehrgeiz beschäftigten ihn so reichlich, dass er die Freundlichkeit der schönen Braut als eine dankenswerte Zugabe mit Behaglichkeit aufnahm, ohne sie deshalb in irgendeinem Bezug auf sich zu betrachten, oder sie ihrem Bräutigam zu missgönnen, mit dem er übrigens in den besten Verhältnissen stand.

Bei ihr hingegen sah es ganz anders aus. Sie schien sich wie aus einem Traum erwacht. Der Kampf gegen ihren jungen Nachbar war die erste Leidenschaft gewesen, und dieser heftige Kampf war doch nur, unter der Form des Widerstrebens, eine heftige, gleichsam angeborne Neigung. Auch kam es ihr in der Erinnerung nicht anders vor, als dass sie ihn immer geliebt habe. Sie lächelte über jenes feindliche Suchen mit den Waffen in der Hand; sie wollte sich des angenehmsten Gefühls erinnern, als er sie entwaffnete; sie bildete sich ein die größte Seligkeit empfunden zu haben, da er sie band, und alles, was sie zu seinem Schaden und Verdruss unternommen hatte, kam ihr nur als unschuldiges Mittel vor, seine Aufmerksamkeit auf sich zu ziehen. Sie verwünschte jene Trennung, sie bejammerte den Schlaf, in den sie verfallen, sie verfluchte die schleppende, träumerische Gewohnheit, durch die ihr ein so unbedeutender Bräutigam hatte werden können, sie war verwandelt, doppelt verwandelt, vorwärts und rückwärts, wie man es nehmen will.

Hätte jemand ihre Empfindungen, die sie ganz geheim hielt, entwickeln und mit ihr teilen können, so würde er sie nicht gescholten haben: denn freilich konnte der Bräutigam die Vergleichung mit dem Nachbar nicht aushalten, sobald man sie nebeneinander sah. Wenn man dem einen ein gewisses Zutrauen nicht versagen konnte, so erregte der andere das vollste Vertrauen; wenn man den einen gern zur Gesellschaft mochte, so wünschte man sich den andern zum Gefährten; und dachte man gar an höhere Teilnahme, an außerordentliche Fälle, so hätte man wohl an dem einen gezweifelt, wenn einem der andere vollkommene Gewissheit gab. Für solche Verhältnisse ist den Weibern ein besonderer Takt angeboren, und sie haben Ursache sowie Gelegenheit ihn auszubilden.

Je mehr die schöne Braut solche Gesinnungen bei sich ganz heimlich nährte, je weniger nur irgendjemand dasjenige auszusprechen im Fall war, was zu Gunsten des Bräutigams gelten konnte, was Verhältnisse, was Pflicht anzuraten und zu gebieten, ja was eine unabänderliche Notwendigkeit unwiderruflich zu fordern schien; desto mehr begünstigte das schöne Herz seine Einseitigkeit, und indem sie von der einen Seite durch Welt und Familie, Bräutigam und eigne Zusage unauflöslich gebunden war, von der andern der emporstrebende Jüngling gar kein Geheimnis von seinen Gesinnungen, Planen und Aussichten machte, sich nur als ein treuer und nicht einmal zärtlicher Bruder gegen sie bewies, und nun gar von seiner unmittelbaren Abreise die Rede war, so schien es, als ob ihr früher kindischer Geist mit allen seinen Tücken und Gewaltsamkeiten wieder erwachte, und sich nun auf einer höheren Lebensstufe mit Unwillen rüstete, bedeutender und verderblicher zu wirken. Sie beschloss zu sterben, um den ehemals Gehassten und nun so heftig Geliebten für seine Unteilnahme zu strafen und sich, indem sie ihn nicht besitzen sollte, wenigstens mit seiner Einbildungskraft, seiner Reue auf ewig zu vermählen. Er sollte ihr totes Bild nicht loswerden, er sollte nicht aufhören sich Vorwürfe zu machen, dass er ihre Gesinnungen nicht erkannt, nicht erforscht, nicht geschätzt habe.

Dieser seltsame Wahnsinn begleitete sie überall hin. Sie verbarg ihn unter allerlei Formen, und ob sie den Menschen gleich wunderlich vorkam, so war niemand aufmerksam oder klug genug, die innere wahre Ursache zu entdecken.

Indessen hatten sich Freunde, Verwandte, Bekannte in Anordnungen von mancherlei Festen erschöpft. Kaum verging ein Tag, dass nicht irgendetwas Neues und Unerwartetes angestellt worden wäre. Kaum war ein schöner Platz der Landschaft, den man nicht ausgeschmückt und zum Empfang vieler frohen Gäste bereitet hätte. Auch wollte unser junger Ankömmling noch vor seiner Abreise das Seinige tun, und lud das junge Paar mit einem engeren Familienkreise zu einer Wasserlustfahrt. Man bestieg ein großes, schönes, wohlausgeschmücktes Schiff, eine der Jachten, die einen kleinen Saal und einige Zimmer anbieten und auf das Wasser die Bequemlichkeit des Landes überzutragen suchen.

Man fuhr auf dem großen Strome mit Musik dahin; die Gesellschaft hatte sich bei heißer Tageszeit in den untern Räumen versammelt, um sich an Geistes- und Glücksspielen zu ergötzen. Der junge Wirt, der niemals untätig bleiben konnte, hatte sich ans Steuer gesetzt, den alten Schiffsmeister abzulösen, der an seiner Seite eingeschlafen war; und eben brauchte der Wachende alle seine Vorsicht, da er sich einer Stelle nahte, wo zwei Inseln das Flussbette verengten und, indem sie ihre flachen Kiesufer bald an der einen, bald an der andern Seite hereinstreckten, ein gefährliches Fahrwasser zubereiteten. Fast war der sorgsame und scharfblickende Steurer in Versuchung den Meister zu wecken, aber er getraute sich's zu und fuhr gegen die Enge. In dem Augenblick erschien auf dem Verdeck seine schöne

Feindin mit einem Blumenkranz in den Haaren. Sie nahm ihn ab und warf ihn auf den Steuernden. Nimm dies zum Andenken! rief sie aus. Störe mich nicht! rief er ihr entgegen, indem er den Kranz auffing: ich bedarf aller meiner Kräfte und meiner Aufmerksamkeit. Ich störe dich nicht weiter, rief sie: du siehst mich nicht wieder! Sie sprach's und eilte nach dem Vorderteil des Schiffs, von da sie ins Wasser sprang. Einige Stimmen riefen: Rettet! rettet! sie ertrinkt. Er war in der entsetzlichsten Verlegenheit. Über dem Lärm erwacht der alte Schiffsmeister, will das Ruder ergreifen, der jüngere es ihm übergeben; aber es ist keine Zeit die Herrschaft zu wechseln: das Schiff strandet, und in eben dem Augenblick, die lästigsten Kleidungsstücke wegwerfend, stürzte er sich ins Wasser, und schwamm der schönen Feindin nach.

Das Wasser ist ein freundliches Element für den, der damit bekannt ist und es zu behandeln weiß. Es trug ihn, und der geschickte Schwimmer beherrschte es. Bald hatte er die vor ihm fortgerissene Schöne erreicht; er fasste sie, wusste sie zu heben und zu tragen; beide wurden vom Strom gewaltsam fortgerissen, bis sie die Inseln, die Werder, weit hinter sich hatten und der Fluss wieder breit und gemächlich zu fließen anfing. Nun erst ermannte, nun erholte er sich aus der ersten zudringenden Not, in der er ohne Besinnung nur mechanisch gehandelt; er blickte mit emporstrebendem Haupt umher und ruderte nach Vermögen einer flachen buschigten Stelle zu, die sich angenehm und gelegen in den Fluss verlief. Dort brachte er seine schöne Beute aufs Trockne; aber kein Lebenshauch war in ihr zu spüren. Er war in Verzweiflung, als ihm ein betretener Pfad, der durchs Gebüsch lief, in die Augen leuchtete. Er belud sich aufs Neue mit der teuren Last, er erblickte bald eine einsame Wohnung und erreichte sie. Dort fand er gute Leute, ein junges Ehepaar. Das Unglück, die Not sprach sich geschwind aus. Was er nach einiger Besinnung forderte, ward geleistet. Ein lichtes Feuer brannte; wollne Decken wurden über ein Lager gebreitet; Pelze, Felle und was Erwärmendes vorrätig war, schnell herbeigetragen. Hier überwand die Begierde zu retten jede andre Betrachtung. Nichts ward versäumt, den schönen, halbstarren, nackten Körper wieder ins Leben zu rufen. Es gelang. Sie schlug die Augen auf, sie erblickte den Freund, umschlang seinen Hals mit ihren himmlischen Armen. So blieb sie lange; ein Tränenstrom stürzte aus ihren Augen und vollendete ihre Genesung. Willst du mich verlassen, rief sie aus, da ich dich so wieder finde? Niemals, rief er, niemals! und wusste nicht was er sagte noch was er tat. Nur schone dich, rief er hinzu: schone dich! denke an dich um deinet- und meinetwillen.

Sie dachte nun an sich und bemerkte jetzt erst den Zustand in dem sie war. Sie konnte sich vor ihrem Liebling, ihrem Retter nicht schämen; aber sie entließ ihn gern, damit er für sich sorgen möge; denn noch war, was ihn umgab, nass und triefend.

Die jungen Eheleute beredeten sich: er bot dem Jüngling, und sie der Schönen das Hochzeitkleid an, das noch vollständig da hing, um ein Paar von Kopf zu Fuß und von innen heraus zu bekleiden. In kurzer Zeit waren die beiden Abenteurer nicht nur angezogen, sondern geputzt. Sie sahen allerliebst aus, staunten einander an, als sie zusammentraten, und fielen sich mit unmäßiger Leidenschaft, und doch halb lächelnd über die Vermummung, gewaltsam in die Arme. Die Kraft der Jugend und die Regsamkeit der Liebe stellten sie in wenigen Augenblicken völlig wieder her, und es fehlte nur die Musik, um sie zum Tanz aufzufordern.

Sich vom Wasser zur Erde, vom Tode zum Leben, aus dem Familienkreise in eine Wildnis, aus der Verzweiflung zum Entzücken, aus der Gleichgültigkeit zur Neigung, zur Leidenschaft gefunden zu haben, alles in einem Augenblick – der Kopf wäre nicht hinreichend das zu fassen, er würde zerspringen oder sich verwirren. Hiebei muss das Herz das Beste tun, wenn eine solche Überraschung ertragen werden soll.

Ganz verloren eins ins andere, konnten sie erst nach einiger

Zeit an die Angst, an die Sorgen der Zurückgelassenen denken, und fast konnten sie selbst nicht ohne Angst, ohne Sorge daran denken, wie sie jenen wieder begegnen wollten. Sollen wir fliehen? sollen wir uns verbergen? sagte der Jüngling. Wir wollen zusammenbleiben, sagte sie, indem sie an seinem Hals hing.

Der Landmann, der von ihnen die Geschichte des gestrandeten Schiffs vernommen hatte, eilte ohne weiter zu fragen nach dem Ufer. Das Fahrzeug kam glücklich einhergeschwommen; es war mit vieler Mühe losgebracht worden. Man fuhr aufs Ungewisse fort, in Hoffnung, die Verlornen wieder zu finden. Als daher der Landmann mit Rufen und Winken die Schiffenden aufmerksam machte, an eine Stelle lief, wo ein vorteilhafter Landungsplatz sich zeigte, und mit Winken und Rufen nicht aufhörte, wandte sich das Schiff nach dem Ufer, und welch ein Schauspiel ward es, da sie landeten! Die Eltern der beiden Verlobten drängten sich zuerst ans Ufer; den liebenden Bräutigam hatte fast die Besinnung verlassen. Kaum hatten sie vernommen, dass die lieben Kinder gerettet seien, so traten diese in ihrer sonderbaren Verkleidung aus dem Busch hervor. Man erkannte sie nicht eher, als bis sie ganz herangetreten waren. Wen seh' ich? riefen die Mütter, was seh' ich? riefen die Väter. Die Geretteten warfen sich vor ihnen nieder. Eure Kinder! riefen sie aus: ein Paar. Verzeiht! rief das Mädchen. Gebt uns euren Segen! rief der Jüngling. Gebt uns euren Segen! riefen beide, da alle Welt staunend verstummte. Euren Segen! ertönte es zum dritten Mal, und wer hätte den versagen können?

Elftes Kapitel

Der Erzählende machte eine Pause, oder hatte vielmehr schon geendigt als er bemerken musste, dass Charlotte höchst bewegt sei; ja sie stand auf und verließ mit einer stummen Entschuldigung das Zimmer: denn die Geschichte war ihr bekannt. Diese Begebenheit hatte sich mit dem Hauptmann und einer Nachbarin wirklich zugetragen, zwar nicht ganz wie sie der Engländer erzählte, doch war sie in den Hauptzügen nicht entstellt, nur im Einzelnen mehr ausgebildet und ausgeschmückt, wie es dergleichen Geschichten zu gehen pflegt, wenn sie erst durch den Mund der Menge und sodann durch die Phantasie eines geist- und geschmackreichen Erzählers durchgehen. Es bleibt zuletzt meist alles und nichts wie es war.

Ottilie folgte Charlotten, wie es die beiden Fremden selbst verlangten, und nun kam der Lord an die Reihe zu bemerken, dass vielleicht abermals ein Fehler begangen, etwas dem Hause Bekanntes oder gar Verwandtes erzählt worden. Wir müssen uns hüten, fuhr er fort, dass wir nicht noch mehr Übles stiften. Für das viele Gute und Angenehme, das wir hier genossen, scheinen wir den Bewohnerinnen wenig Glück zu bringen; wir wollen uns auf eine schickliche Weise zu empfehlen suchen.

Ich muss gestehen, versetzte der Begleiter, dass mich hier noch etwas anderes festhält, ohne dessen Aufklärung und nähere Kenntnis ich dieses Haus nicht gern verlassen möchte. Sie waren gestern, Mylord, als wir mit der tragbaren dunklen Kammer durch den Park zogen, viel zu beschäftigt, sich einen wahrhaft malerischen Standpunkt auszuwählen, als dass Sie hätten bemerken sollen, was nebenher vorging. Sie lenkten vom Hauptwege ab, um zu einem wenig besuchten Platze am See zu gelangen, der Ihnen ein reizendes Gegenüber anbot. Ottilie, die uns begleitete, stand an zu folgen, und bat, sich auf dem Kahne dorthin begeben zu dürfen. Ich setzte mich mit ihr ein und hatte meine Freude an der Gewandtheit der schönen Schifferin. Ich versicherte ihr, dass ich seit der Schweiz, wo auch die reizendsten Mädchen die Stelle des Fährmanns vertreten, nicht so angenehm sei über die Wellen geschaukelt worden; konnte mich aber nicht enthalten sie zu fragen, warum sie eigentlich abgelehnt jenen Seitenweg zu machen: denn wirklich war in ihrem Ausweichen eine Art von ängstlicher Verlegenheit. Wenn Sie mich nicht auslachen wollen, versetzte sie freundlich, so kann ich Ihnen darüber wohl einige Auskunft geben, obgleich selbst für mich dabei ein Geheimnis obwaltet. Ich habe jenen Nebenweg niemals betreten, ohne dass mich ein ganz eigener Schauer überfallen hätte, den ich sonst nirgends empfinde und den ich mir nicht zu erklären weiß. Ich vermeide daher lieber, mich einer solchen Empfindung auszusetzen, umso mehr als sich gleich darauf ein Kopfweh an der linken Seite einstellt, woran ich sonst auch manchmal leide. Wir landeten, Ottilie unterhielt sich mit Ihnen, und ich untersuchte indes die Stelle, die sie mir aus der Ferne deutlich angegeben hatte. Aber wie groß war meine Verwunderung, als ich eine sehr deutliche Spur von Steinkohlen entdeckte, die mich überzeugt, man würde bei einigem Nachgraben vielleicht ein ergiebiges Lager in der Tiefe finden.

Verzeihen Sie, Mylord: ich sehe Sie lächeln und weiß recht gut, dass Sie mir meine leidenschaftliche Aufmerksamkeit auf diese Dinge, an die Sie keinen Glauben haben, nur als weiser Mann und als Freund nachsehen; aber es ist mir unmöglich von hier zu scheiden, ohne das schöne Kind auch die Pendelschwingungen versuchen zu lassen.

Es konnte niemals fehlen, wenn die Sache zur Sprache kam, dass der Lord nicht seine Gründe dagegen abermals wiederholte, welche der Begleiter bescheiden und geduldig aufnahm, aber doch zuletzt bei seiner Meinung, bei seinen Wünschen verharrte. Auch er gab wiederholt zu erkennen, dass man deswegen, weil solche Versuche nicht jedermann gelängen, die Sache nicht aufgeben, ja vielmehr nur desto ernsthafter und gründlicher untersuchen müsste; da sich gewiss noch manche Bezüge und

Verwandtschaften unorganischer Wesen untereinander, organischer gegen sie und abermals untereinander, offenbaren würden, die uns gegenwärtig verborgen seien.

Er hatte seinen Apparat von goldnen Ringen, Markasiten und andern metallischen Substanzen, den er in einem schönen Kästchen immer bei sich führte, schon ausgebreitet und ließ nun Metalle, an Fäden schwebend, über liegende Metalle zum Versuche nieder. Ich gönne Ihnen die Schadenfreude, Mylord, sagte er dabei, die ich auf Ihrem Gesichte lese, dass sich bei mir und für mich nichts bewegen will. Meine Operation ist aber auch nur ein Vorwand. Wenn die Damen zurückkehren, sollen sie neugierig werden, was wir Wunderliches hier beginnen.

Die Frauenzimmer kamen zurück. Charlotte verstand sogleich was vorging. Ich habe manches von diesen Dingen gehört, sagte sie, aber niemals eine Wirkung gesehen. Da Sie alles so hübsch bereithaben, lassen Sie mich versuchen, ob es mir nicht auch anschlägt.

Sie nahm den Faden in die Hand; und da es ihr ernst war, hielt sie ihn stet und ohne Gemütsbewegung; allein auch nicht das mindeste Schwanken war zu bemerken. Darauf ward Ottilie veranlasst. Sie hielt den Pendel noch ruhiger, unbefangener, unbewusster über die unterliegenden Metalle. Aber in dem Augenblicke ward das Schwebende wie in einem entschiedenen Wirbel fortgerissen und drehte sich, je nachdem man die Unterlage wechselte, bald nach der einen, bald nach der andern Seite, jetzt in Kreisen, jetzt in Ellipsen, oder nahm seinen Schwung in graden Linien, wie es der Begleiter nur erwarten konnte, ja über alle seine Erwartung.

Der Lord selbst stutzte einigermaßen, aber der andere konnte vor Lust und Begierde gar nicht enden und bat immer um Wiederholung und Vermannigfaltigung der Versuche. Ottilie war gefällig genug sich in sein Verlangen zu finden, bis sie ihn zuletzt freundlich ersuchte, er möge sie entlassen, weil ihr Kopfweh sich wieder einstelle. Er darüber verwundert, ja entzückt, versicherte ihr mit Enthusiasmus, dass er sie von diesem Übel völlig heilen wolle, wenn sie sich seiner Kurart anvertraue. Man war einen Augenblick ungewiss; Charlotte aber, die geschwind begriff, wovon die Rede sei, lehnte den wohlgesinnten Antrag ab, weil sie nicht gemeint war, in ihrer Umgebung etwas zuzulassen, wovor sie immerfort eine starke Apprehension gefühlt hatte.

Die Fremden hatten sich entfernt, und, ungeachtet man von ihnen auf eine sonderbare Weise berührt worden war, doch den Wunsch zurückgelassen, dass man sie irgendwo wieder antreffen möchte. Charlotte benutzte nunmehr die schönen Tage, um in der Nachbarschaft ihre Gegenbesuche zu enden, womit sie kaum fertig werden konnte, indem sich die ganze Landschaft umher, einige wahrhaft teilnehmend, andre bloß der Gewohnheit wegen, bisher fleißig um sie bekümmert hatten. Zu Hause belebte sie der Anblick des Kindes; es war gewiss jeder Liebe, jeder Sorgfalt wert. Man sah in ihm ein wunderbares, ja ein Wunderkind, höchst erfreulich dem Anblick, an Größe, Ebenmaß, Stärke und Gesundheit, und was noch mehr in Verwunderung setzte, war jene doppelte Ähnlichkeit die sich immer mehr entwickelte. Den Gesichtszügen und der ganzen Form nach glich das Kind immer mehr dem Hauptmann, die Augen ließen sich immer weniger von Ottiliens Augen unterscheiden.

Durch diese sonderbare Verwandtschaft und vielleicht noch mehr durch das schöne Gefühl der Frauen geleitet, welche das Kind eines geliebten Mannes auch von einer andern mit zärtlicher Neigung umfangen, ward Ottilie dem heranwachsenden Geschöpf so viel als eine Mutter, oder vielmehr eine andre Art von Mutter. Entfernte sich Charlotte, so blieb Ottilie mit dem Kinde und der Wärterin allein. Nanny hatte sich seit einiger Zeit, eifersüchtig auf den Knaben, dem ihre Herrin allein Neigung zuzuwenden schien, trotzig von ihr entfernt und war zu ihren Eltern zurückgekehrt. Ottilie fuhr fort, das Kind in die freie Luft zu tragen, und gewöhnte sich an immer weitere Spaziergänge. Sie hatte das Milchfläschchen bei sich, um dem Kinde, wenn es nötig, seine Nahrung zu reichen. Selten unterließ sie dabei ein Buch mitzunehmen, und so bildete sie, das Kind auf dem Arm, lesend und wandelnd, eine gar anmutige Penserosa.

Zwölftes Kapitel

Der Hauptzweck des Feldzugs war erreicht, und Eduard, mit Ehrenzeichen geschmückt, rühmlich entlassen. Er begab sich sogleich wieder auf jenes kleine Gut, wo er genaue Nachrichten von den Seinigen fand, die er, ohne dass sie es bemerkten und wussten, scharf hatte beobachten lassen. Sein stiller Aufenthalt blickte ihm aufs freundlichste entgegen: denn man hatte indessen nach seiner Anordnung manches eingerichtet, gebessert und gefördert, so dass die Anlagen und Umgebungen, was ihnen an Weite und Breite fehlte, durch das Innere und zunächst Genießbare ersetzten.

Eduard, durch einen rascheren Lebensgang an entschiedenere Schritte gewöhnt, nahm sich nunmehr vor, dasjenige auszuführen, was er lange genug zu überdenken Zeit gehabt hatte. Vor allen Dingen berief er den Major. Die Freude des Wiedersehens war groß. Jugendfreundschaften, wie Blutsverwandtschaften, haben den bedeutenden Vorteil, dass ihnen Irrungen und Missverständnisse, von welcher Art sie auch seien, niemals von Grund aus schaden, und die alten Verhältnisse sich nach einiger Zeit wiederherstellen.

Zum frohen Empfang erkundigte sich Eduard nach dem Zustande des Freundes, und vernahm, wie vollkommen nach seinen Wünschen ihn das Glück begünstigt habe. Halb scherzend vertraulich fragte Eduard sodann, ob nicht auch eine schöne Verbindung im Werke sei. Der Freund verneinte es, mit bedeutendem Ernst.

Ich kann und darf nicht hinterhaltig sein, fuhr Eduard fort: ich muss dir meine Gesinnungen und Vorsätze sogleich entdecken. Du kennst meine Leidenschaft für Ottilien und hast längst begriffen, dass sie es ist, die mich in diesen Feldzug gestürzt hat. Ich leugne nicht, dass ich gewünscht hatte, ein Leben loszuwerden, das mir ohne sie nichts weiter nütze war; allein zugleich muss ich dir gestehen, dass ich es nicht über mich gewinnen konnte, vollkommen zu verzweifeln. Das Glück mit ihr war so schön, so wünschenswert, dass es mir unmöglich blieb, völlig Verzicht darauf zu tun. So manche tröstliche Ahnung, so manches heitere Zeichen hatte mich in dem Glauben, in dem Wahn bestärkt, Ottilie könne die Meine werden. Ein Glas mit unserm Namenszug bezeichnet, bei der Grundsteinlegung in die Lüfte geworfen, ging nicht zu Trümmern; es ward aufgefangen und ist wieder in meinen Händen. So will ich mich denn selbst, rief ich mir zu, als ich an diesem einsamen Orte so viel zweifelhafte Stunden verlebt hatte: mich selbst will ich an die Stelle des Glases zum Zeichen machen, ob unsre Verbindung möglich sei oder nicht. Ich gehe hin und suche den Tod, nicht als ein Rasender, sondern als einer, der zu leben hofft. Ottilie soll der Preis sein, um den ich kämpfe; sie soll es sein, die ich hinter jeder feindlichen Schlachtordnung, in jeder Verschanzung, in jeder belagerten Festung zu gewinnen, zu erobern hoffe. Ich will Wunder tun, mit dem Wunsche verschont zu bleiben, im Sinne Ottilien zu gewinnen, nicht sie zu verlieren. Diese Gefühle haben mich geleitet, sie haben mir durch alle Gefahren beigestanden; aber nun finde ich mich auch wie einen, der zu seinem Ziele gelangt ist, der alle Hindernisse überwunden hat, dem nun nichts mehr im Wege steht. Ottilie ist mein, und was noch zwischen diesem Gedanken und der Ausführung liegt, kann ich nur für nichts bedeutend ansehen.

Du löschest, versetzte der Major, mit wenig Zügen alles aus, was man dir entgegensetzen könnte und sollte; und doch muss es wiederholt werden. Das Verhältnis zu deiner Frau in seinem ganzen Werte dir zurückzurufen, überlasse ich dir selbst; aber du bist es ihr, du bist es dir schuldig, dich hierüber nicht zu verdunkeln. Wie kann ich aber nur gedenken, dass euch ein Sohn gegeben ist, ohne zugleich auszusprechen, dass ihr einander auf immer angehört, dass ihr um dieses Wesens willen schuldig seid, vereint zu leben, damit ihr vereint für seine Erziehung und für sein künftiges Wohl sorgen möget.

Es ist bloß ein Dünkel der Eltern, versetzte Eduard, wenn sie sich einbilden, dass ihr Dasein für die Kinder so nötig sei. Alles was lebt findet Nahrung und Beihülfe, und wenn der Sohn, nach dem frühen Tode des Vaters, keine so bequeme, so begünstigte Jugend hat, so gewinnt er vielleicht eben deswegen an schnellerer Bildung für die Welt, durch zeitiges Anerkennen, dass er sich in andere schicken muss, was wir denn doch früher oder später alle lernen müssen. Und hievon ist ja die Rede gar nicht: wir sind reich genug, um mehrere Kinder zu versorgen, und es ist keineswegs Pflicht noch Wohltat, auf ein Haupt so viele Güter zu häufen.

Als der Major mit einigen Zügen Charlottens Wert und Eduards lange bestandenes Verhältnis zu ihr anzudeuten gedachte, fiel ihm Eduard hastig in die Rede: Wir haben eine Torheit begangen, die ich nur allzu wohl einsehe. Wer in einem gewissen Alter frühere Jugendwünsche und Hoffnungen realisieren will, betrügt sich immer: denn jedes Jahrzehnt des Menschen hat sein eigenes Glück, seine eigenen Hoffnungen und Aussichten. Wehe dem Menschen, der vorwärts oder rückwärts zu greifen, durch Umstände oder durch Wahn veranlasst wird! Wir haben eine Torheit begangen; soll sie es denn fürs ganze Leben sein? Sollen wir uns, aus irgendeiner Art von Bedenklichkeit, dasjenige versagen, was uns die Sitten der Zeit nicht absprechen? In wie vielen Dingen nimmt der Mensch seinen Vorsatz, seine Tat zurück, und hier gerade sollte es nicht geschehen, wo vom Ganzen und nicht vom Einzelnen, wo nicht von dieser oder jener Bedingung des Lebens, wo vom ganzen Komplex des Lebens die Rede ist!

Der Major verfehlte nicht auf eine ebenso geschickte als nachdrückliche Weise Eduarden die verschiedenen Bezüge zu seiner Gemahlin, zu den Familien, zu der Welt, zu seinen Besitzungen vorzustellen; aber es gelang ihm nicht, irgendeine Teilnahme zu erregen.

Alles dieses, mein Freund, erwiderte Eduard, ist mir vor der Seele vorbeigegangen, mitten im Gewühl der Schlacht, wenn die Erde vom anhaltenden Donner bebte, wenn die Kugeln sausten und pfiffen, rechts und links die Gefährten niederfielen, mein Pferd getroffen, mein Hut durchlöchert ward; es hat mir vorgeschwebt beim stillen nächtlichen Feuer unter dem gestirnten Gewölbe des Himmels. Dann traten mir alle meine Verbindungen vor die Seele; ich habe sie durchgedacht, durchgefühlt; ich habe mir zugeeignet, ich habe mich abgefunden, zu wiederholten Malen, und nun für immer.

In solchen Augenblicken, wie kann ich dir's verschweigen, warst auch du mir gegenwärtig, auch du gehörtest in meinen Kreis; und gehören wir denn nicht schon lange zueinander? Wenn ich dir etwas schuldig geworden, so komme ich jetzt in den Fall dir es mit Zinsen abzutragen; wenn du mir je etwas schuldig geworden, so siehst du dich nun im Stande, mir es zu vergelten. Ich weiß, du liebst Charlotten, und sie verdient es; ich weiß du bist ihr nicht gleichgültig, und warum sollte sie deinen Wert nicht erkennen! Nimm sie von meiner Hand! führe mir Ottilien zu! und wir sind die glücklichsten Menschen auf der Erde.

Eben weil du mich mit so hohen Gaben bestechen willst, versetzte der Major, muss ich desto vorsichtiger, desto strenger sein. Anstatt dass dieser Vorschlag, den ich still verehre, die Sache erleichtern möchte, erschwert er sie vielmehr. Es ist, wie von dir, nun auch von mir die Rede, und so wie von dem Schicksal, so auch von dem guten Namen, von der Ehre zweier Männer, die bis jetzt unbescholten, durch diese wunderliche Handlung, wenn wir sie auch nicht anders nennen wollen, in Gefahr kommen, vor der Welt in einem höchst seltsamen Lichte zu erscheinen.

Eben dass wir unbescholten sind, versetzte Eduard, gibt uns das Recht uns auch einmal schelten zu lassen. Wer sich sein ganzes Leben als einen zuverlässigen Mann bewiesen, der macht eine Handlung zuverlässig, die bei andern zweideutig erscheinen würde. Was mich betrifft, ich fühle mich durch die letzten Prüfungen, die ich mir auferlegt, durch die schwierigen gefahrvollen Taten, die ich für andere getan, berechtigt auch etwas für mich zu tun. Was dich und Charlotten betrifft, so sei es der Zukunft anheimgegeben; mich aber wirst du, wird niemand von meinem Vorsatze zurückhalten. Will man mir die Hand bieten, so bin ich auch wieder zu allem erbötig; will man mich mir selbst überlassen, oder mir wohl gar entgegen sein, so muss ein Extrem entstehen, es werde auch wie es wolle.

Der Major hielt es für seine Pflicht, dem Vorsatz Eduards so lange als möglich Widerstand zu leisten und er bediente sich nun gegen seinen Freund einer klugen Wendung, indem er nachzugeben schien und nur die Form, den Geschäftsgang zur Sprache brachte, durch welchen man diese Trennung, diese Verbindungen erreichen sollte. Da trat denn so manches Unerfreuliche, Beschwerliche, Unschickliche hervor, dass sich Eduard in die schlimmste Laune versetzt fühlte.

Ich sehe wohl, rief dieser endlich, nicht allein von Feinden, sondern auch von Freunden muss was man wünscht, erstürmt werden. Das was ich will, was mir unentbehrlich ist, halte ich fest im Auge; ich werde es ergreifen und gewiss bald und behende. Dergleichen Verhältnisse, weiß ich wohl, heben sich nicht auf und bilden sich nicht, ohne dass manches falle was steht, ohne dass manches weiche, was zu beharren Lust hat. Durch Überlegung wird so etwas nicht geendet; vor dem Verstande sind alle Rechte gleich, und auf die steigende Waagschale lässt sich immer wieder ein Gegengewicht legen. Entschließe dich also, mein Freund, für mich, für dich zu handeln, für mich, für dich diese Zustände zu entwirren, aufzulösen, zu verknüpfen. Lass dich durch keine Betrachtungen abhalten; wir haben die Welt ohnehin schon von uns reden machen, sie wird noch einmal von uns reden, uns sodann, wie alles Übrige, was aufhört neu zu sein, vergessen und uns gewähren lassen wie wir können, ohne weitern Teil an uns zu nehmen.

Der Major hatte keinen andern Ausweg und musste endlich zugeben, dass Eduard ein für alle Mal die Sache als etwas Bekanntes und Vorausgesetztes behandelte, dass er, wie alles anzustellen sei, im Einzelnen durchsprach und sich über die Zukunft auf das heiterste, sogar in Scherzen erging.

Dann wieder ernsthaft und nachdenklich fuhr er fort: Wollten wir uns der Hoffnung, der Erwartung überlassen, dass alles sich von selbst wieder finden, dass der Zufall uns leiten und begünstigen solle, so wäre dies ein sträflicher Selbstbetrug. Auf diese Weise können wir uns unmöglich retten, unsre allseitige Ruhe nicht wiederherstellen; und wie sollte ich mich trösten können, da ich unschuldig die Schuld an allem bin! Durch meine Zudringlichkeit habe ich Charlotten vermocht, dich ins Haus zu nehmen, und auch Ottilie ist nur in Gefolg von dieser Veränderung bei uns eingetreten. Wir sind nicht mehr Herr über das, was daraus entsprungen ist, aber wir sind Herr, es unschädlich zu machen, die Verhältnisse zu unserm Glücke zu leiten. Magst du die Augen von den schönen und freundlichen Aussichten abwenden, die ich uns eröffne, magst du mir, magst du uns allen ein trauriges Entsagen gebieten, insofern du dir's möglich denkst, insofern es möglich wäre: ist denn nicht auch alsdann, wenn wir uns vornehmen in die alten Zustände zurückzukehren, manches Unschickliche, Unbequeme, Verdrießliche zu übertragen, ohne dass irgendetwas Gutes, etwas Heiteres daraus entspränge? Würde der glückliche Zustand, in dem du dich befindest, dir wohl Freude machen, wenn du gehindert wärst, mich zu besuchen, mit mir zu leben? Und nach dem, was vorgegangen ist, würde es doch immer peinlich sein. Charlotte und ich würden mit allem unserm Vermögen uns nur in einer traurigen Lage befinden. Und wenn du mit andern Weltmenschen glauben magst, dass Jahre, dass Entfernung solche Empfindungen abstumpfen, so tief eingegrabene Züge auslöschen; so ist ja eben von diesen Jahren die Rede, die man nicht in Schmerz und Entbehren, sondern in Freude und Behagen zubringen will. Und nun zuletzt noch das Wichtigste auszusprechen: wenn wir auch, unserm äußern und innern Zustande nach, das allenfalls abwarten könnten, was soll aus Ottilien werden, die unser Haus verlassen, in der Gesellschaft unserer Vorsorge entbehren und sich in der verruchten kalten Welt jämmerlich herumdrücken müsste! Male mir einen Zustand, worin Ottilie, ohne mich, ohne uns, glücklich sein könnte, dann sollst du ein Argument ausgesprochen haben, das stärker ist als jedes andre, das ich, wenn ich's auch nicht zugeben, mich ihm nicht ergeben kann, dennoch recht gern aufs Neue in Betrachtung und Überlegung ziehen will.

Diese Aufgabe war so leicht nicht zu lösen, wenigstens fiel dem Freunde hierauf keine hinlängliche Antwort ein, und es blieb ihm nichts übrig, als wiederholt einzuschärfen, wie wichtig, wie bedenklich und in manchem Sinne gefährlich das ganze Unternehmen sei, und dass man wenigstens, wie es anzugreifen wäre, auf das ernstlichste zu bedenken habe. Eduard ließ sich's gefallen, doch nur unter der Bedingung, dass ihn der Freund nicht eher verlassen wolle, als bis sie über die Sache völlig einig geworden, und die ersten Schritte getan seien.

Dreizehntes Kapitel

Völlig fremde und gegeneinander gleichgültige Menschen, wenn sie eine Zeitlang zusammen leben, kehren ihr Inneres wechselseitig heraus, und es muss eine gewisse Vertraulichkeit entstehen. Umso mehr lässt sich erwarten, dass unsern beiden Freunden, indem sie wieder nebeneinander wohnten, täglich und stündlich zusammen umgingen, gegenseitig nichts verborgen blieb. Sie wiederholten das Andenken ihrer früheren Zustände, und der Major verhehlte nicht, dass Charlotte Eduarden, als er von Reisen zurückgekommen, Ottilien zugedacht, dass sie ihm das schöne Kind in der Folge zu vermählen gemeint habe. Eduard bis zur Verwirrung entzückt über diese Entdeckung, sprach ohne Rückhalt von der gegenseitigen Neigung Charlottens und des Majors, die er, weil es ihm gerade bequem und günstig war, mit lebhaften Farben ausmalte.

Ganz leugnen konnte der Major nicht und nicht ganz eingestehen; aber Eduard befestigte, bestimmte sich nur mehr. Er dachte sich alles nicht als möglich, sondern als schon geschehen. Alle Teile brauchten nur in das zu willigen, was sie wünschten; eine Scheidung war gewiss zu erlangen; eine baldige Verbindung sollte folgen, und Eduard wollte mit Ottilien reisen.

Unter allem, was die Einbildungskraft sich Angenehmes ausmalt, ist vielleicht nichts Reizenderes, als wenn Liebende, wenn junge Gatten, ihr neues frisches Verhältnis in einer neuen frischen Welt zu genießen, und einen dauernden Bund an so viel wechselnden Zuständen zu prüfen und zu bestätigen hoffen. Der Major und Charlotte sollten unterdessen unbeschränkte Vollmacht haben, alles was sich auf Besitz, Vermögen und die irdischen wünschenswerten Einrichtungen bezieht, dergestalt zu ordnen und nach Recht und Billigkeit einzuleiten, dass alle Teile zufrieden sein könnten. Worauf jedoch Eduard am allermeisten zu fußen, wovon er sich den größten Vorteil zu versprechen schien, war dies: Da das Kind bei der Mutter bleiben sollte, so würde der Major den Knaben erziehen, ihn nach seinen Einsichten leiten, seine Fähigkeiten entwickeln können. Nicht umsonst hatte man ihm dann in der Taufe ihren beiderseitigen Namen Otto gegeben.

Das alles war bei Eduarden so fertig geworden, dass er keinen Tag länger anstehen mochte, der Ausführung näher zu treten. Sie gelangten auf ihrem Wege nach dem Gute zu einer kleinen Stadt, in der Eduard ein Haus besaß, wo er verweilen und die Rückkunft des Majors abwarten wollte. Doch konnte er sich nicht überwinden, daselbst sogleich abzusteigen, und begleitete den Freund noch durch den Ort. Sie waren beide zu Pferde, und in bedeutendem Gespräch verwickelt ritten sie zusammen weiter.

Auf einmal erblickten sie in der Ferne das neue Haus auf der Höhe, dessen rote Ziegeln sie zum ersten Mal blinken sahen. Eduarden ergreift eine unwiderstehliche Sehnsucht; es soll noch diesen Abend alles abgetan sein. In einem ganz nahen Dorfe will er sich verborgen halten; der Major soll die Sache Charlotten dringend vorstellen, ihre Vorsicht überraschen und durch den unerwarteten Antrag sie zu freier Eröffnung ihrer Gesinnung nötigen. Denn Eduard, der seine Wünsche auf sie übergetragen hatte, glaubte nicht anders, als dass er ihren entschiedenen Wünschen entgegen komme, und hoffte eine so schnelle Einwilligung von ihr, weil er keinen andern Willen haben konnte.

Er sah den glücklichen Ausgang freudig vor Augen, und damit dieser dem Lauernden schnell verkündigt würde, sollten einige Kanonenschläge losgebrannt werden, und wäre es Nacht geworden, einige Raketen steigen.

Der Major ritt nach dem Schlosse zu. Er fand Charlotten nicht, sondern erfuhr vielmehr, dass sie gegenwärtig oben auf dem neuen Gebäude wohne, jetzt aber einen Besuch in der Nachbarschaft ablege, von welchem sie heute wahrscheinlich nicht so bald nach Hause komme. Er ging in das Wirtshaus zurück, wohin er sein Pferd gestellt hatte.

Eduard indessen von unüberwindlicher Ungeduld getrieben, schlich aus seinem Hinterhalte durch einsame Pfade, nur Jägern und Fischern bekannt, nach seinem Park, und fand sich gegen Abend im Gebüsch in der Nachbarschaft des Sees, dessen Spiegel er zum ersten Mal vollkommen und rein erblickte.

Ottilie hatte diesen Nachmittag einen Spaziergang an den See gemacht. Sie trug das Kind und las im Gehen nach ihrer Gewohnheit. So gelangte sie zu den Eichen bei der Überfahrt. Der Knabe war eingeschlafen; sie setzte sich, legte ihn neben sich nieder und fuhr fort zu lesen. Das Buch war eins von denen, die ein zartes Gemüt an sich ziehen und nicht wieder loslassen. Sie vergaß Zeit und Stunde, und dachte nicht, dass sie zu Lande noch einen weiten Rückweg nach dem neuen Gebäude habe; aber sie saß versenkt in ihr Buch, in sich selbst, so liebenswürdig anzusehen, dass die Bäume, die Sträuche rings umher hätten belebt, mit Augen begabt sein sollen, um sie zu bewundern und sich an ihr zu erfreuen. Und eben fiel ein rötliches Streiflicht der sinkenden Sonne hinter ihr her und vergoldete Wange und Schulter.

Eduard, dem es bisher gelungen war, unbemerkt so weit vorzudringen, der seinen Park leer, die Gegend einsam fand, wagte sich immer weiter. Endlich bricht er durch das Gebüsch bei den Eichen, er sieht Ottilien, sie ihn; er fliegt auf sie zu und liegt zu ihren Füßen. Nach einer langen stummen Pause, in der sich beide zu fassen suchen, erklärt er ihr mit wenig Worten, warum und wie er hieher gekommen. Er habe den Major an Charlotten abgesendet, ihr gemeinsames Schicksal werde vielleicht in diesem Augenblick entschieden. Nie habe er an ihrer Liebe gezweifelt, sie gewiss auch nie an der seinigen. Er bitte sie um ihre Einwilligung. Sie zauderte, er beschwur sie; er wollte seine alten Rechte geltend machen und sie in seine Arme schließen; sie deutete auf das Kind hin.

Eduard erblickt es und staunt. Großer Gott! ruft er aus: wenn ich Ursache hätte an meiner Frau, an meinem Freunde zu zweifeln, so würde diese Gestalt fürchterlich gegen sie zeugen. Ist dies nicht die Bildung des Majors? Solch ein Gleichen habe ich nie gesehen.

Nicht doch! versetzte Ottilie: alle Welt sagt, es gleiche mir. Wär' es möglich? versetzte Eduard, und in dem Augenblick schlug das Kind die Augen auf, zwei große, schwarze, durchdringende Augen, tief und freundlich. Der Knabe sah die Welt schon so verständig an; er schien die beiden zu kennen, die vor ihm standen. Eduard warf sich bei dem Kinde nieder, er kniete zweimal vor Ottilien. Du bist's! rief er aus: deine Augen sind's. Ach! aber lass mich nur in die deinigen schaun. Lass mich einen Schleier werfen über jene unselige Stunde, die diesem Wesen das Dasein gab. Soll ich deine reine Seele mit dem unglücklichen Gedanken erschrecken, dass Mann und Frau entfremdet sich einander ans Herz drücken und einen gesetzlichen Bund durch lebhafte Wünsche entheiligen können! Oder ja, da wir einmal so weit sind, da mein Verhältnis zu Charlotten getrennt werden muss, da du die Meinige sein wirst, warum soll ich es nicht sagen! Warum soll ich das harte Wort nicht aussprechen: dies Kind ist aus einem doppelten Ehbruch erzeugt! es trennt mich von meiner Gattin und meine Gattin von mir, wie es uns hätte verbinden sollen. Mag es denn gegen mich zeugen, mögen diese herrlichen Augen den deinigen sagen, dass ich in den Armen einer andern dir gehörte; mögest du fühlen, Ottilie, recht fühlen, dass ich jenen Fehler, jenes Verbrechen nur in deinen Armen abbüßen kann!

Horch! rief er aus, indem er aufsprang und einen Schuss zu hören glaubte, als das Zeichen das der Major geben sollte. Es war ein Jäger, der im benachbarten Gebirg geschossen hatte. Es erfolgte nichts weiter; Eduard war ungeduldig.

Nun erst sah Ottilie, dass die Sonne sich hinter die Berge gesenkt hatte. Noch zuletzt blinkte sie von den Fenstern des obern Gebäudes zurück. Entferne dich, Eduard! rief Ottilie. So lange haben wir entbehrt, so lange geduldet. Bedenke, was wir beide Charlotten schuldig sind. Sie muss unser Schicksal entscheiden, lass uns ihr nicht vorgreifen. Ich bin die Deine, wenn sie es vergönnt; wo nicht, so muss ich dir entsagen. Da du die Entscheidung so nah glaubst, so lass uns erwarten. Geh in das Dorf zurück, wo der Major dich vermutet. Wie manches kann vorkommen, das eine Erklärung fordert. Ist es wahrscheinlich, dass ein roher Kanonenschlag dir den Erfolg seiner Unterhandlungen verkünde? Vielleicht sucht er dich auf in diesem Augenblick. Er hat Charlotten nicht getroffen, das weiß ich; er kann ihr entgegen gegangen sein, denn man wusste, wo sie hin war. Wie vielerlei Fälle sind möglich! Lass mich! Jetzt muss sie kommen. Sie erwartet mich mit dem Kinde dort oben.

Ottilie sprach in Hast. Sie rief sich alle Möglichkeiten zusammen. Sie war glücklich in Eduards Nähe und fühlte, dass sie ihn jetzt entfernen müsse. Ich bitte, ich beschwöre dich, Geliebter! rief sie aus: kehre zurück und erwarte den Major! Ich gehorche deinen Befehlen, rief Eduard, indem er sie erst leidenschaftlich anblickte und sie dann fest in seine Arme schloss. Sie umschlang ihn mit den ihrigen und drückte ihn auf das zärtlichste an ihre Brust. Die Hoffnung fuhr wie ein Stern, der vom Himmel fällt, über ihre Häupter weg. Sie wähnten, sie glaubten einander anzugehören; sie wechselten zum ersten Mal entschiedene freie Küsse und trennten sich gewaltsam und schmerzlich.

Die Sonne war untergegangen und es dämmerte schon und duftete feucht um den See. Ottilie stand verwirrt und bewegt; sie sah nach dem Berghause hinüber und glaubte Charlottens weißes Kleid auf dem Altan zu sehen. Der Umweg war groß am See hin; sie kannte Charlottens ungeduldiges Harren nach dem Kinde. Die Platanen sieht sie gegen sich über, nur ein Wasserraum trennt sie von dem Pfade, der sogleich zu dem Gebäude hinaufführt. Mit Gedanken ist sie schon drüben wie mit den Augen. Die Bedenklichkeit, mit dem Kinde sich aufs Wasser zu wagen, verschwindet in diesem Drange. Sie eilt nach dem Kahn, sie fühlt nicht, dass ihr Herz pocht, dass ihre Füße schwanken, dass ihr die Sinne zu vergehen drohn.

Sie springt in den Kahn, ergreift das Ruder und stößt ab. Sie muss Gewalt brauchen, sie wiederholt den Stoß, der Kahn schwankt und gleitet eine Strecke seewärts. Auf dem linken Arme das Kind, in der linken Hand das Buch, in der rechten das Ruder, schwankt auch sie und fällt in den Kahn. Das Ruder entfährt ihr, nach der einen Seite, und wie sie sich erhalten will, Kind und Buch, nach der andern, alles ins Wasser. Sie ergreift noch des Kindes Gewand; aber ihre unbequeme Lage hindert sie selbst am Aufstehen. Die freie rechte Hand ist nicht hinreichend sich umzuwenden, sich aufzurichten, endlich gelingt's, sie zieht das Kind aus dem Wasser, aber seine Augen sind geschlossen, es hat aufgehört zu atmen.

In dem Augenblicke kehrte ihre ganze Besonnenheit zurück, aber um desto größer ist ihr Schmerz. Der Kahn treibt fast in der Mitte des Sees, das Ruder schwimmt fern, sie erblickt niemanden am Ufer und auch was hätte es ihr geholfen, jemanden zu sehen! Von allem abgesondert schwebt sie auf dem treulosen unzugänglichen Elemente.

Sie sucht Hülfe bei sich selbst. So oft hatte sie von Rettung der Ertrunkenen gehört. Noch am Abend ihres Geburtstags hatte sie es erlebt. Sie entkleidet das Kind, und trocknet's mit ihrem Musselingewand. Sie reißt ihren Busen auf und zeigt ihn zum ersten Mal dem freien Himmel; zum ersten Mal drückt sie ein Lebendiges an ihre reine nackte Brust, ach! und kein Lebendiges. Die kalten Glieder des unglücklichen Geschöpfs verkälten ihren Busen bis ins innerste Herz. Unendliche Tränen entquellen ihren Augen und erteilen der Oberfläche des Erstarrten einen Schein von Wärm' und Leben. Sie lässt nicht nach, sie überhüllt es mit ihrem Schal, und durch Streicheln, Andrücken, Anhauchen, Küssen, Tränen glaubt sie jene Hülfsmittel zu ersetzen, die ihr in dieser Abgeschnittenheit versagt sind.

Alles vergebens! Ohne Bewegung liegt das Kind in ihren Armen, ohne Bewegung steht der Kahn auf der Wasserfläche; aber auch hier lässt ihr schönes Gemüt sie nicht hülflos. Sie wendet sich nach oben. Kniend sinkt sie in dem Kahne nieder und hebt das erstarrte Kind mit beiden Armen über ihre unschuldige Brust, die an Weiße und leider auch an Kälte dem Marmor gleicht. Mit feuchtem Blick sieht sie empor und ruft Hülfe von daher, wo ein zartes Herz die größte Fülle zu finden hofft, wenn es überall mangelt.

Auch wendet sie sich nicht vergebens zu den Sternen, die schon einzeln hervorzublinken anfangen. Ein sanfter Wind erhebt sich und treibt den Kahn nach den Platanen.

Vierzehntes Kapitel

Sie eilt nach dem neuen Gebäude, sie ruft den Chirurgus hervor, sie übergibt ihm das Kind. Der auf alles gefasste Mann behandelt den zarten Leichnam stufenweise nach gewohnter Art. Ottilie steht ihm in allem bei; sie schafft, sie bringt, sie sorgt, zwar wie in einer andern Welt wandelnd: denn das höchste Unglück wie das höchste Glück verändert die Ansicht aller Gegenstände; und nur, als nach allen durchgegangenen Versuchen der wackere Mann den Kopf schüttelt, auf ihre hoffnungsvollen Fragen erst schweigend, dann mit einem leisen Nein antwortet, verlässt sie das Schlafzimmer Charlottens, worin dies alles geschehen, und kaum hat sie das Wohnzimmer betreten, so fällt sie, ohne den Sofa erreichen zu können, erschöpft aufs Angesicht über den Teppich hin.

Eben hört man Charlotten vorfahren. Der Chirurg bittet die Umstehenden dringend zurückzubleiben, er will ihr entgegen, sie vorbereiten; aber schon betritt sie ihr Zimmer. Sie findet Ottilien an der Erde, und ein Mädchen des Hauses stürzt ihr mit Geschrei und Weinen entgegen. Der Chirurg tritt herein und sie erfährt alles auf einmal. Wie sollte sie aber jede Hoffnung mit einmal aufgeben! Der erfahrne, kunstreiche, kluge Mann bittet sie nur das Kind nicht zu sehen; er entfernt sich, sie mit neuen Anstalten zu täuschen. Sie hat sich auf ihren Sofa gesetzt, Ottilie liegt noch an der Erde, aber an der Freundin Knie herangehoben, über die ihr schönes Haupt hingesenkt ist. Der ärztliche Freund geht ab und zu; er scheint sich um das Kind zu bemühen, er bemüht sich um die Frauen. So kommt die Mitternacht herbei, die Totenstille wird immer tiefer. Charlotte verbirgt sich's nicht mehr, dass das Kind nie wieder ins Leben zurückkehre; sie verlangt es zu sehen. Man hat es in warme wollne Tücher reinlich eingehüllt, in einen Korb gelegt, den man neben sie auf den Sofa setzt; nur das Gesichtchen ist frei; ruhig und schön liegt es da.

Von dem Unfall war das Dorf bald erregt worden und die Kunde sogleich bis nach dem Gasthof erschollen. Der Major hatte sich die bekannten Wege hinaufbegeben; er ging um das Haus herum, und indem er einen Bedienten anhielt, der in dem Angebäude etwas zu holen lief, verschaffte er sich nähere Nachricht und ließ den Chirurgen herausrufen. Dieser kam, erstaunt über die Erscheinung seines alten Gönners, berichtete ihm die gegenwärtige Lage und übernahm es, Charlotten auf seinen Anblick vorzubereiten. Er ging hinein, fing ein ableitendes Gespräch an und führte die Einbildungskraft von einem Gegenstand auf den andern, bis er endlich den Freund Charlotten vergegenwärtigte, dessen gewisse Teilnahme, dessen Nähe dem Geiste, der Gesinnung nach, die er denn bald in eine wirkliche übergehen ließ. Genug sie erfuhr, der Freund stehe vor der Tür, er wisse alles und wünsche eingelassen zu werden.

Der Major trat herein; ihn begrüßte Charlotte mit einem schmerzlichen Lächeln. Er stand vor ihr. Sie hub die grünseidne Decke auf, die den Leichnam verbarg, und bei dem dunklen Schein einer Kerze erblickte er, nicht ohne geheimes Grausen, sein erstarrtes Ebenbild. Charlotte deutete auf einen Stuhl, und so saßen sie gegen einander über, schweigend, die Nacht hindurch. Ottilie lag noch ruhig auf den Knien Charlottens; sie atmete sanft, sie schlief, oder sie schien zu schlafen.

Der Morgen dämmerte, das Licht verlosch, beide Freunde schienen aus einem dumpfen Traum zu erwachen. Charlotte blickte den Major an und sagte gefasst: Erklären Sie mir, mein Freund, durch welche Schickung kommen Sie hieher, um teil an dieser Trauerszene zu nehmen?

Es ist hier, antwortete der Major ganz leise wie sie gefragt hatte – als wenn sie Ottilien nicht aufwecken wollten –, es ist hier nicht Zeit und Ort, zurückzuhalten, Einleitungen zu machen und sachte heranzutreten. Der Fall, in dem ich Sie finde, ist so ungeheuer, dass das Bedeutende selbst, weshalb ich komme, dagegen seinen Wert verliert.

Er gestand ihr darauf, ganz ruhig und einfach, den Zweck seiner Sendung, insofern Eduard ihn abgeschickt hatte; den Zweck seines Kommens, insofern sein freier Wille, sein eigenes Interesse dabei war. Er trug beides sehr zart, doch aufrichtig vor; Charlotte hörte gelassen zu, und schien weder darüber zu staunen, noch unwillig zu sein.

Als der Major geendigt hatte, antwortete Charlotte mit ganz leiser Stimme, so dass er genötigt war seinen Stuhl heranzurücken: In einem Falle, wie dieser ist, habe ich mich noch nie befunden; aber in ähnlichen habe ich mir immer gesagt: wie wird es morgen sein? Ich fühle recht wohl, dass das Los von mehreren jetzt in meinen Händen liegt; und was ich zu tun habe ist bei mir außer Zweifel und bald ausgesprochen. Ich willige in die Scheidung. Ich hätte mich früher dazu entschließen sollen; durch mein Zaudern, mein Widerstreben habe ich das Kind getötet. Es sind gewisse Dinge, die sich das Schicksal hartnäckig vornimmt. Vergebens, dass Vernunft und Tugend, Pflicht und alles Heilige sich ihm in den Weg stellen; es soll etwas geschehen, was ihm recht ist, was uns nicht recht scheint; und so greift es zuletzt durch, wir mögen uns gebärden wie wir wollen.

Doch was sag' ich! Eigentlich will das Schicksal meinen eigenen Wunsch, meinen eigenen Vorsatz, gegen die ich unbedachtsam gehandelt, wieder in den Weg bringen. Habe ich nicht selbst schon Ottilien und Eduarden mir als das schicklichste Paar zusammengedacht? Habe ich nicht selbst beide einander zu nähern gesucht? Waren Sie nicht selbst, mein Freund, Mitwisser dieses Plans? Und warum konnt' ich den Eigensinn eines Mannes nicht von wahrer Liebe unterscheiden? Warum nahm ich seine Hand an, da ich als Freundin ihn und eine andre Gattin glücklich gemacht hätte? Und betrachten Sie nur diese unglückliche Schlummernde! Ich zittere vor dem Augenblicke, wenn sie aus ihrem halben Totenschlafe zum Bewusstsein erwacht. Wie soll sie leben, wie soll sie sich trösten, wenn sie nicht hoffen kann, durch ihre Liebe Eduarden das zu ersetzen, was sie ihm als

Werkzeug des wunderbarsten Zufalls geraubt hat? Und sie kann ihm alles wiedergeben nach der Neigung, nach der Leidenschaft, mit der sie ihn liebt. Vermag die Liebe alles zu dulden, so vermag sie noch viel mehr alles zu ersetzen. An mich darf in diesem Augenblick nicht gedacht werden.

Entfernen Sie sich in der Stille, lieber Major. Sagen Sie Eduarden, dass ich in die Scheidung willige, dass ich ihm, Ihnen, Mittlern die ganze Sache einzuleiten überlasse; dass ich um meine künftige Lage unbekümmert bin und es in jedem Sinne sein kann. Ich will jedes Papier unterschreiben, das man mir bringt; aber man verlange nur nicht von mir, dass ich mitwirke, dass ich bedenke, dass ich berate.

Der Major stand auf. Sie reichte ihm ihre Hand über Ottilien weg. Er drückte seine Lippen auf diese liebe Hand. Und für mich, was darf ich hoffen? lispelte er leise.

Lassen Sie mich Ihnen die Antwort schuldig bleiben, versetzte Charlotte. Wir haben nicht verschuldet, unglücklich zu werden; aber auch nicht verdient, zusammen glücklich zu sein.

Der Major entfernte sich, Charlotten tief im Herzen beklagend, ohne jedoch das arme abgeschiedene Kind bedauern zu können. Ein solches Opfer schien ihm nötig zu ihrem allseitigen Glück. Er dachte sich Ottilien mit einem eignen Kind auf dem Arm, als den vollkommensten Ersatz für das, was sie Eduarden geraubt; er dachte sich einen Sohn auf dem Schoße, der mit mehrerem Recht sein Ebenbild trüge, als der abgeschiedene.

So schmeichelnde Hoffnungen und Bilder gingen ihm durch die Seele, als er auf dem Rückwege nach dem Gasthofe Eduarden fand, der die ganze Nacht im Freien den Major erwartet hatte, da ihm kein Feuerzeichen, kein Donnerlaut ein glückliches Gelingen verkünden wollte. Er wusste bereits von dem Unglück und auch er, anstatt das arme Geschöpf zu bedauern, sah diesen Fall, ohne sich's ganz gestehen zu wollen, als eine Fügung an, wodurch jedes Hindernis an seinem Glück auf einmal beseitigt wäre. Gar leicht ließ er sich daher durch den Major bewegen, der ihm schnell den Entschluss seiner Gattin verkündigte, wieder nach jenem Dorfe, und sodann nach der kleinen Stadt zurückzukehren, wo sie das Nächste überlegen und einleiten wollten.

Charlotte saß, nachdem der Major sie verlassen hatte, nur wenige Minuten in ihre Betrachtungen versenkt; denn sogleich richtete Ottilie sich auf, ihre Freundin mit großen Augen anblickend. Erst erhob sie sich von dem Schoße, dann von der Erde und stand vor Charlotten.

Zum zweiten Mal – so begann das herrliche Kind mit einem unüberwindlichen anmutigen Ernst – zum zweiten Mal widerfährt mir dasselbige. Du sagtest mir einst: es begegne den Menschen in ihrem Leben oft Ähnliches auf ähnliche Weise, und immer in bedeutenden Augenblicken. Ich finde nun die Bemerkung wahr, und bin gedrungen dir ein Bekenntnis zu machen. Kurz nach meiner Mutter Tode, als ein kleines Kind, hatte ich meinen Schemel an dich gerückt: du saßest auf dem Sofa wie jetzt; mein Haupt lag auf deinen Knien, ich schlief nicht, ich wachte nicht; ich schlummerte. Ich vernahm alles was um mich vorging, besonders alle Reden sehr deutlich; und doch konnte ich mich nicht regen, mich nicht äußern, und wenn ich auch gewollt hätte, nicht andeuten, dass ich meiner selbst mich bewusst fühlte. Damals sprachst du mit einer Freundin über mich; du bedauertest mein Schicksal, als eine arme Waise in der Welt geblieben zu sein; du schildertest meine abhängige Lage und wie misslich es um mich stehen könne, wenn nicht ein besondrer Glücksstern über mich walte. Ich fasste alles wohl und genau, vielleicht zu streng, was du für mich zu wünschen, was du von mir zu fordern schienst. Ich machte mir nach meinen beschränkten Einsichten hierüber Gesetze; nach diesen habe ich lange gelebt, nach ihnen war mein Tun und Lassen eingerichtet, zu der Zeit da du mich liebtest, für mich sorgtest, da du mich in dein Haus aufnahmst, und auch noch eine Zeit hernach.

Aber ich bin aus meiner Bahn geschritten, ich habe meine Gesetze gebrochen, ich habe sogar das Gefühl derselben verloren, und nach einem schrecklichen Ereignis klärst du mich wieder über meinen Zustand auf, der jammervoller ist als der erste. Auf deinem Schoße ruhend, halb erstarrt, wie aus einer fremden Welt vernehm' ich abermals deine leise Stimme über meinem Ohr; ich vernehme, wie es mit mir selbst aussieht; ich schaudere über mich selbst; aber wie damals habe ich auch diesmal in meinem halben Totenschlaf mir meine neue Bahn vorgezeichnet.

Ich bin entschlossen, wie ich's war, und wozu ich entschlossen bin, musst du gleich erfahren. Eduards werd' ich nie! Auf eine schreckliche Weise hat Gott mir die Augen geöffnet, in welchem Verbrechen ich befangen bin. Ich will es büßen; und niemand gedenke mich von meinem Vorsatz abzubringen! Darnach, Liebe, Beste, nimm deine Maßregeln. Lass den Major zurückkommen; schreibe ihm, dass keine Schritte geschehen. Wie ängstlich war mir, dass ich mich nicht rühren und regen konnte, als er ging. Ich wollte auffahren, aufschreien: du solltest ihn nicht mit so frevelhaften Hoffnungen entlassen.

Charlotte sah Ottiliens Zustand, sie empfand ihn; aber sie hoffte durch Zeit und Vorstellungen etwas über sie zu gewinnen. Doch als sie einige Worte aussprach, die auf eine Zukunft, auf eine Milderung des Schmerzes, auf Hoffnung deuteten: Nein! rief Ottilie mit Erhebung: sucht mich nicht zu bewegen, nicht zu hintergehen! In dem Augenblick, in dem ich erfahre: du habest in die Scheidung gewilligt, büße ich in demselbigen See mein Vergehen, mein Verbrechen.

Fünfzehntes Kapitel

Wenn sich in einem glücklichen friedlichen Zusammenleben Verwandte, Freunde, Hausgenossen, mehr als nötig und billig ist, von dem unterhalten, was geschieht oder geschehen soll; wenn sie sich einander ihre Vorsätze, Unternehmungen, Beschäftigungen wiederholt mitteilen, und ohne gerade wechselseitigen Rat anzunehmen, doch immer das ganze Leben gleichsam ratschlagend behandeln: so findet man dagegen, in wichtigen Momenten, eben da wo es scheinen sollte, der Mensch bedürfe fremden Beistandes, fremder Bestätigung am allermeisten, dass sich die Einzelnen auf sich selbst zurückziehen, jedes für sich zu handeln, jedes auf seine Weise zu wirken strebt, und indem man sich einander die einzelnen Mittel verbirgt, nur erst der Ausgang, die Zwecke, das Erreichte wieder zum Gemeingut werden.

Nach so viel wundervollen und unglücklichen Ereignissen war denn auch ein gewisser stiller Ernst über die Freundinnen gekommen, der sich in einer liebenswürdigen Schonung äußerte. Ganz in der Stille hatte Charlotte das Kind nach der Kapelle gesendet. Es ruhte dort als das erste Opfer eines ahnungsvollen Verhängnisses.

Charlotte kehrte sich, so viel es ihr möglich war, gegen das Leben zurück, und hier fand sie Ottilien zuerst, die ihres Beistandes bedurfte. Sie beschäftigte sich vorzüglich mit ihr, ohne es jedoch merken zu lassen. Sie wusste, wie sehr das himmlische Kind Eduarden liebte; sie hatte nach und nach die Szene, die dem Unglück vorhergegangen war, herausgeforscht, und jeden Umstand, teils von Ottilien selbst, teils durch Briefe des Majors erfahren.

Ottilie von ihrer Seite erleichterte Charlotten sehr das augenblickliche Leben. Sie war offen, ja gesprächig, aber niemals war von dem Gegenwärtigen oder kurz Vergangenen die Rede. Sie hatte stets aufgemerkt, stets beobachtet, sie wusste viel; das kam jetzt alles zum Vorschein. Sie unterhielt, sie zerstreute Charlotten, die noch immer die stille Hoffnung nährte, ein ihr so wertes Paar verbunden zu sehen.

Allein bei Ottilien hing es anders zusammen. Sie hatte das Geheimnis ihres Lebensganges der Freundin entdeckt; sie war von ihrer frühen Einschränkung, von ihrer Dienstbarkeit entbunden. Durch ihre Reue, durch ihren Entschluss fühlte sie sich auch befreit von der Last jenes Vergehens, jenes Missgeschicks. Sie bedurfte keiner Gewalt mehr über sich selbst; sie hatte sich in der Tiefe ihres Herzens nur unter der Bedingung des völligen Entsagens verziehen, und diese Bedingung war für alle Zukunft unerlässlich.

So verfloss einige Zeit, und Charlotte fühlte, wie sehr Haus und Park, Seen, Felsen- und Baumgruppen, nur traurige Empfindungen täglich in ihnen beiden erneuerten. Dass man den Ort verändern müsse, war allzu deutlich; wie es geschehen solle, nicht so leicht zu entscheiden.

Sollten die beiden Frauen zusammenbleiben? Eduards früherer Wille schien es zu gebieten, seine Erklärung, seine Drohung es nötig zu machen: allein wie war es zu verkennen, dass beide Frauen, mit allem guten Willen, mit aller Vernunft, mit aller Anstrengung, sich in einer peinlichen Lage nebeneinander befanden. Ihre Unterhaltungen waren vermeidend. Manchmal mochte man gern etwas nur halb verstehen, öfters wurde aber doch ein Ausdruck, wo nicht durch den Verstand, wenigstens durch die Empfindung, missdeutet. Man fürchtete sich zu verletzen, und gerade die Furcht war am ersten verletzbar und verletzte am ersten.

Wollte man den Ort verändern und sich zugleich, wenigstens auf einige Zeit, voneinander trennen, so trat die alte Frage wieder hervor: wo sich Ottilie hinbegeben solle? Jenes große reiche Haus hatte vergebliche Versuche gemacht, einer hoffnungsvollen Erbtochter unterhaltende und wetteifernde Gespielinnen zu verschaffen. Schon bei der letzten Anwesenheit der Baronesse, und neuerlich durch Briefe, war Charlotte aufgefordert worden, Ottilien dorthin zu senden; jetzt brachte sie es abermals zur Sprache. Ottilie verweigerte aber ausdrücklich dahin zu gehen, wo sie dasjenige finden würde, was man große Welt zu nennen pflegt.

Lassen Sie mich, liebe Tante, sagte sie, damit ich nicht eingeschränkt und eigensinnig erscheine, dasjenige aussprechen, was zu verschweigen, zu verbergen in einem andern Falle Pflicht wäre. Ein seltsam unglücklicher Mensch, und wenn er auch schuldlos wäre, ist auf eine fürchterliche Weise gezeichnet. Seine Gegenwart erregt in allen, die ihn sehen, die ihn gewahr werden, eine Art von Entsetzen. Jeder will das Ungeheure ihm ansehen, was ihm auferlegt ward; jeder ist neugierig und ängstlich zugleich. So bleibt ein Haus, eine Stadt, worin eine ungeheure Tat geschehen, jedem furchtbar, der sie betritt. Dort leuchtet das Licht des Tages nicht so hell, und die Sterne scheinen ihren Glanz zu verlieren.

Wie groß, und doch vielleicht zu entschuldigen, ist gegen solche Unglückliche die Indiskretion der Menschen, ihre alberne Zudringlichkeit und ungeschickte Gutmütigkeit. Verzeihen Sie mir, dass ich so rede; aber ich habe unglaublich mit jenem armen Mädchen gelitten, als es Luciane aus den verborgenen Zimmern des Hauses hervorzog, sich freundlich mit ihm beschäftigte, es in der besten Absicht zu Spiel und Tanz nötigen wollte. Als das arme Kind bange und immer bänger zuletzt floh und in Ohnmacht sank, ich es in meine Arme fasste, die Gesellschaft erschreckt aufgeregt und jeder erst recht neugierig auf die Unglückselige ward: da dachte ich nicht, dass mir ein gleiches Schicksal bevorstehe; aber mein Mitgefühl, so wahr und lebhaft, ist noch lebendig. Jetzt kann ich mein Mitleiden gegen mich selbst wenden und mich hüten, dass ich nicht zu ähnlichen Auftritten Anlass gebe.

Du wirst aber, liebes Kind, versetzte Charlotte, dem Anblick der Menschen dich nirgends entziehen können. Klöster haben wir nicht, in denen sonst eine Freistatt für solche Gefühle zu finden war.

Die Einsamkeit macht nicht die Freistatt, liebe Tante, versetzte Ottilie. Die schätzenswerteste Freistatt ist da zu suchen, wo wir tätig sein können. Alle Büßungen, alle Entbehrungen sind keineswegs geeignet uns einem ahnungsvollen Geschick zu entziehen, wenn es uns zu verfolgen entschieden ist. Nur, wenn ich im müßigen Zustande der Welt zur Schau dienen soll, dann ist sie mir widerwärtig und ängstigt mich. Findet man mich aber freudig bei der Arbeit, unermüdet in meiner Pflicht, dann kann ich die Blicke eines jeden aushalten, weil ich die göttlichen nicht zu scheuen brauche.

Ich müsste mich sehr irren, versetzte Charlotte, wenn deine Neigung dich nicht zur Pension zurückzöge.

Ja, versetzte Ottilie, ich leugne es nicht: ich denke es mir als eine glückliche Bestimmung, andre auf dem gewöhnlichen Wege zu erziehen, wenn wir auf dem sonderbarsten erzogen worden. Und sehen wir nicht in der Geschichte, dass Menschen, die wegen großer sittlicher Unfälle sich in die Wüsten zurückzogen, dort keineswegs, wie sie hofften, verborgen und gedeckt waren? Sie wurden zurückgerufen in die Welt, um die Verirrten auf den rechten Weg zu führen; und wer konnte es besser als die in den Irrgängen des Lebens schon Eingeweihten! Sie wurden berufen den Unglücklichen beizustehen, und wer vermochte das eher als sie, denen kein irdisches Unheil mehr begegnen konnte!

Du wählst eine sonderbare Bestimmung, versetzte Charlotte. Ich will dir nicht widerstreben: es mag sein, wenn auch nur, wie ich hoffe, auf kurze Zeit.

Wie sehr danke ich Ihnen, sagte Ottilie, dass Sie mir diesen Versuch, diese Erfahrung gönnen wollen. Schmeichle ich mir nicht zu sehr, so soll es mir glücken. An jenem Orte will ich mich erinnern, wie manche Prüfungen ich ausgestanden, und wie klein, wie nichtig sie waren gegen die, die ich nachher erfahren musste. Wie heiter werde ich die Verlegenheiten der jungen Aufschößlinge betrachten, bei ihren kindlichen Schmerzen lächeln und sie mit leiser Hand aus allen kleinen Verirrungen herausführen. Der Glückliche ist nicht geeignet Glücklichen vorzustehen: es liegt in der menschlichen Natur, immer mehr von sich und von andern zu fordern, je mehr man empfangen hat. Nur der Unglückliche, der sich erholt, weiß für sich und andere das Gefühl zu nähren, dass auch ein mäßiges Gute mit Entzücken genossen werden soll.

Lass mich gegen deinen Vorsatz, sagte Charlotte zuletzt nach einigem Bedenken, noch einen Einwurf anführen, der mir der wichtigste scheint. Es ist nicht von dir, es ist von einem Dritten die Rede. Die Gesinnungen des guten, vernünftigen, frommen Gehülfen sind dir bekannt; auf dem Wege den du gehst, wirst du ihm jeden Tag werter und unentbehrlicher sein. Da er schon jetzt, seinem Gefühl nach, nicht gern ohne dich leben mag, so wird er auch künftig, wenn er einmal deine Mitwirkung gewohnt ist, ohne dich sein Geschäft nicht mehr verwalten können. Du wirst ihm anfangs darin beistehen, um es ihm hernach zu verleiden.

Das Geschick ist nicht sanft mit mir verfahren, versetzte Ottilie, und wer mich liebt, hat vielleicht nicht viel Besseres zu erwarten. So gut und verständig als der Freund ist, ebenso, hoffe ich, wird sich in ihm auch die Empfindung eines reinen Verhältnisses zu mir entwickeln; er wird in mir eine geweihte Person erblicken, die nur dadurch ein ungeheures Übel für sich und andre vielleicht aufzuwiegen vermag, wenn sie sich dem Heiligen widmet, das uns unsichtbar umgebend allein gegen die ungeheuren zudringenden Mächte beschirmen kann.

Charlotte nahm alles, was das liebe Kind so herzlich geäußert, zur stillen Überlegung. Sie hatte verschiedentlich, obgleich auf das leiseste, angeforscht, ob nicht eine Annäherung Ottiliens zu Eduard denkbar sei; aber auch nur die leiseste Erwähnung, die mindeste Hoffnung, der kleinste Verdacht schien Ottilien aufs tiefste zu rühren, ja sie sprach sich einst, da sie es nicht umgehen konnte, hierüber ganz deutlich aus.

Wenn dein Entschluss, entgegnete ihr Charlotte, Eduarden zu entsagen, so fest und unveränderlich ist, so hüte dich nur vor der Gefahr des Wiedersehens. In der Entfernung von dem geliebten Gegenstande scheinen wir, je lebhafter unsere Neigung ist, desto mehr Herr von uns selbst zu werden, indem wir die ganze Gewalt der Leidenschaft, wie sie sich nach außen erstreckte, nach innen wenden; aber wie bald, wie geschwind sind wir aus diesem Irrtum gerissen, wenn dasjenige, was wir entbehren zu können glaubten, auf einmal wieder als unentbehrlich vor unsern Augen steht. Tue jetzt, was du deinen Zuständen am gemäßesten hältst; prüfe dich, ja verändre lieber deinen gegenwärtigen Entschluss: aber aus dir selbst, aus freiem wollendem Herzen. Lass dich nicht zufällig, nicht durch Überraschung, in die vorigen Verhältnisse wieder hineinziehen: dann gibt es erst einen Zwiespalt im Gemüt, der unerträglich ist. Wie gesagt, ehe du diesen Schritt tust, ehe du dich von mir entfernst und ein neues Leben anfängst, das dich wer weiß auf welche Wege leitet, so bedenke noch einmal, ob du denn wirklich für alle Zukunft Eduarden entsagen kannst. Hast du dich aber hiezu bestimmt, so schließen wir einen Bund, dass du dich mit ihm nicht einlassen willst, selbst nicht in eine Unterredung, wenn er dich aufsuchen, wenn er sich zu dir drängen sollte. Ottilie besann sich nicht einen Augenblick, sie gab Charlotten das Wort, das sie sich schon selbst gegeben hatte.

Nun aber schwebte Charlotten immer noch jene Drohung Eduards vor der Seele, dass er Ottilien nur so lange entsagen könne, als sie sich von Charlotten nicht trennte. Es hatten sich zwar seit der Zeit die Umstände so verändert, es war so mancherlei vorgefallen, dass jenes vom Augenblick ihm abgedrungene Wort gegen die folgenden Ereignisse für aufgehoben zu achten war; dennoch wollte sie auch im entferntesten Sinne weder etwas wagen, noch etwas vornehmen, das ihn verletzen könnte, und so sollte Mittler in diesem Falle Eduards Gesinnungen erforschen.

Mittler hatte seit dem Tode des Kindes Charlotten öfters, obgleich nur auf Augenblicke, besucht. Dieser Unfall, der ihm die Wiedervereinigung beider Gatten höchst unwahrscheinlich machte, wirkte gewaltsam auf ihn; aber immer nach seiner Sinnesweise hoffend und strebend, freute er sich nun im Stillen über den Entschluss Ottiliens. Er vertraute der lindernden vorüberziehenden Zeit, dachte noch immer die beiden Gatten zusammenzuhalten und sah diese leidenschaftlichen Bewegungen nur als Prüfungen ehelicher Liebe und Treue an.

Charlotte hatte gleich anfangs den Major von Ottiliens erster Erklärung schriftlich unterrichtet, ihn auf das inständigste gebeten, Eduarden dahin zu vermögen, dass keine weiteren Schritte geschähen, dass man sich ruhig verhalte, dass man abwarte, ob das Gemüt des schönen Kindes sich wiederherstelle. Auch von den spätern Ereignissen und Gesinnungen hatte sie das Nötige mitgeteilt, und nun war freilich Mittlern die schwierige Aufgabe übertragen, auf eine Veränderung des Zustandes Eduarden vorzubereiten. Mittler aber, wohlwissend, dass man das Geschehene sich eher gefallen lässt, als dass man in ein noch zu Geschehendes einwilligt, überredete Charlotten: es sei das Beste, Ottilien gleich nach der Pension zu schicken.

Deshalb wurden, sobald er weg war, Anstalten zur Reise gemacht. Ottilie packte zusammen, aber Charlotte sah wohl, dass sie weder das schöne Köfferchen, noch irgendetwas daraus mitzunehmen sich anschickte. Die Freundin schwieg und ließ das schweigende Kind gewähren. Der Tag der Abreise kam herbei; Charlottens Wagen sollte Ottilien den ersten Tag bis in ein bekanntes Nachtquartier, den zweiten bis in die Pension bringen; Nanny sollte sie begleiten und ihre Dienerin bleiben. Das leidenschaftliche Mädchen hatte sich gleich nach dem Tode des Kindes wieder an Ottilien zurückgefunden und hing nun an ihr wie sonst durch Natur und Neigung; ja sie schien, durch unterhaltende Redseligkeit, das bisher Versäumte wieder nachbringen und sich ihrer geliebten Herrin völlig widmen zu wollen. Ganz außer sich war sie nun über das Glück mitzureisen, fremde Gegenden zu sehen, da sie noch niemals außer ihrem Geburtsort gewesen, und rannte vom Schlosse ins Dorf, zu ihren Eltern, Verwandten, um ihr Glück zu verkündigen und Abschied zu nehmen. Unglücklicherweise traf sie dabei in die Zimmer der Maserkranken und empfand sogleich die Folgen der Ansteckung. Man wollte die Reise nicht aufschieben; Ottilie drang selbst darauf: sie hatte den Weg schon gemacht, sie kannte die Wirtsleute, bei denen sie einkehren sollte, der Kutscher vom Schlosse führte sie; es war nichts zu besorgen.

Charlotte widersetzte sich nicht; auch sie eilte schon in Gedanken aus diesen Umgebungen weg, nur wollte sie noch die Zimmer, die Ottilie im Schloss bewohnt hatte, wieder für Eduarden einrichten, gerade so wie sie vor der Ankunft des Hauptmanns gewesen. Die Hoffnung, ein altes Glück wiederherzustellen, flammt immer einmal wieder in dem Menschen auf, und Charlotte war zu solchen Hoffnungen abermals berechtigt, ja genötigt.

Sechzehntes Kapitel

Als Mittler gekommen war, sich mit Eduarden über die Sache zu unterhalten, fand er ihn allein, den Kopf in die rechte Hand gelehnt, den Arm auf den Tisch gestemmt. Er schien sehr zu leiden. Plagt Ihr Kopfweh Sie wieder? fragte Mittler. Es plagt mich, versetzte jener; und doch kann ich es nicht hassen: denn es erinnert mich an Ottilien. Vielleicht leidet auch sie jetzt, denk' ich, auf ihren linken Arm gestützt, und leidet wohl mehr als ich. Und warum soll ich es nicht tragen, wie sie? Diese Schmerzen sind mir heilsam, sind mir, ich kann beinah sagen, wünschenswert: denn nur mächtiger, deutlicher, lebhafter schwebt mir das Bild ihrer Geduld, von allen ihren übrigen Vorzügen begleitet, vor der Seele; nur im Leiden empfinden wir recht vollkommen alle die großen Eigenschaften, die nötig sind um es zu ertragen.

Als Mittler den Freund in diesem Grade resigniert fand, hielt er mit seinem Anbringen nicht zurück, das er jedoch stufenweise, wie der Gedanke bei den Frauen entsprungen, wie er nach und nach zum Vorsatz gereift war, historisch vortrug. Eduard äußerte sich kaum dagegen. Aus dem wenigen, was er sagte, schien hervorzugehen, dass er jenen alles überlasse; sein gegenwärtiger Schmerz schien ihn gegen alles gleichgültig gemacht zu haben.

Kaum aber war er allein, so stand er auf und ging in dem Zimmer hin und wider. Er fühlte seinen Schmerz nicht mehr, er war ganz außer sich beschäftigt. Schon unter Mittlers Erzählung hatte die Einbildungskraft des Liebenden sich lebhaft ergangen. Er sah Ottilien, allein oder so gut als allein, auf wohlbekanntem Wege, in einem gewohnten Wirtshause, dessen Zimmer er so oft betreten; er dachte, er überlegte, oder vielmehr, er dachte, er überlegte nicht; er wünschte, er wollte nur. Er musste sie sehn, sie sprechen. Wozu, warum, was daraus entstehen sollte? davon konnte die Rede nicht sein. Er widerstand nicht, er musste.

Der Kammerdiener ward ins Vertrauen gezogen, und erforschte sogleich Tag und Stunde, wann Ottilie reisen würde. Der Morgen brach an; Eduard säumte nicht, unbegleitet sich zu Pferde dahin zu begeben, wo Ottilie übernachten sollte. Er kam nur allzu zeitig dort an; die überraschte Wirtin empfing ihn mit Freuden: sie war ihm ein großes Familienglück schuldig geworden. Er hatte ihrem Sohn, der als Soldat sich sehr brav gehalten, ein Ehrenzeichen verschafft, indem er dessen Tat, wobei er allein gegenwärtig gewesen, heraushob, mit Eifer bis vor den Feldherrn brachte und die Hindernisse einiger Misswollenden überwand. Sie wusste nicht, was sie ihm alles zuliebe tun sollte. Sie räumte schnell in ihrer Putzstube, die freilich auch zugleich Garderobe und Vorratskammer war, möglichst zusammen; allein er kündigte ihr die Ankunft eines Frauenzimmers an, die hier hereinziehen sollte, und ließ für sich eine Kammer hinten auf dem Gange notdürftig einrichten. Der Wirtin erschien die Sache geheimnisvoll, und es war ihr angenehm, ihrem Gönner, der sich dabei sehr interessiert und tätig zeigte, etwas Gefälliges zu erweisen. Und er, mit welcher Empfindung brachte er die lange Zeit bis zum Abend hin! Er betrachtete das Zimmer rings umher, in dem er sie sehen sollte; es schien ihm in seiner ganzen häuslichen Seltsamkeit ein himmlischer Aufenthalt. Was dachte er sich nicht alles aus, ob er Ottilien überraschen, ob er sie vorbereiten sollte! Endlich gewann die letztere Meinung Oberhand; er setzte sich hin und schrieb. Dies Blatt sollte sie empfangen.

Eduard an Ottilien

Indem du diesen Brief liesest, Geliebteste, bin ich in deiner Nähe. Du musst nicht erschrecken, dich nicht entsetzen; du hast von mir nichts zu befürchten. Ich werde mich nicht zu dir drängen. Du siehst mich nicht eher als du es erlaubst.

Bedenke vorher deine Lage, die meinige. Wie sehr danke ich dir, dass du keinen entscheidenden Schritt zu tun vorhast; aber bedeutend genug ist er, tu ihn nicht! Hier, auf einer Art von Scheideweg, überlege nochmals: kannst du mein sein, willst du mein sein? O du erzeigest uns allen eine große Wohltat und mir eine überschwängliche.

Lass mich dich wiedersehen, dich mit Freuden wiedersehen. Lass mich die schöne Frage mündlich tun, und beantworte sie mir mit deinem schönen Selbst. An meine Brust, Ottilie! hieher, wo du manchmal geruht hast und wo du immer hingehörst!

Indem er schrieb, ergriff ihn das Gefühl, sein Höchstersehntes nahe sich, es werde nun gleich gegenwärtig sein. Zu dieser Türe wird sie hereintreten, diesen Brief wird sie lesen, wirklich wird sie wie sonst vor mir dastehen, deren Erscheinung ich mir so oft herbeisehnte. Wird sie noch dieselbe sein? Hat sich ihre Gestalt, haben sich ihre Gesinnungen verändert? Er hielt die Feder noch in der Hand, er wollte schreiben wie er dachte; aber der Wagen rollte in den Hof. Mit flüchtiger Feder setzte er noch hinzu: Ich höre dich kommen. Auf einen Augenblick leb wohl!

Er faltete den Brief, überschrieb ihn; zum Siegeln war es zu spät. Er sprang in die Kammer, durch die er nachher auf den Gang zu gelangen wusste, und augenblicks fiel ihm ein, dass er die Uhr mit dem Petschaft noch auf dem Tisch gelassen. Sie sollte diese nicht zuerst sehen; er sprang zurück und holte sie glücklich weg. Vom Vorsaal her vernahm er schon die Wirtin, die auf das Zimmer losging, um es dem Gast anzuweisen. Er eilte gegen die Kammertür, aber sie war zugefahren. Den Schlüssel hatte er beim Hineinspringen heruntergeworfen, der lag inwendig; das Schloss war zugeschnappt und er stund gebannt. Heftig drängte er an der Türe; sie gab nicht nach. O wie hätte er gewünscht als ein Geist durch die Spalten zu schlüpfen! Vergebens! Er verbarg sein Gesicht an den Türpfosten. Ottilie trat herein, die Wirtin, als sie ihn erblickte, zurück. Auch Ottilien konnte er nicht einen

Augenblick verborgen bleiben. Er wendete sich gegen sie, und so standen die Liebenden abermals auf die seltsamste Weise gegeneinander. Sie sah ihn ruhig und ernsthaft an, ohne vor- oder zurückzugehen, und als er eine Bewegung machte, sich ihr zu nähern, trat sie einige Schritte zurück bis an den Tisch. Auch er trat wieder zurück. Ottilie, rief er aus, lass mich das furchtbare Schweigen brechen! Sind wir nur Schatten, die einander gegenüberstehen? Aber vor allen Dingen höre! es ist Zufall, dass du mich gleich jetzt hier findest. Neben dir liegt ein Brief, der dich vorbereiten sollte. Lies, ich bitte dich, lies ihn! und dann beschließe was du kannst.

Sie blickte herab auf den Brief und nach einigem Besinnen nahm sie ihn auf, erbrach und las ihn. Ohne die Miene zu verändern hatte sie ihn gelesen und so legte sie ihn leise weg; dann drückte sie die flachen, in die Höhe gehobenen Hände zusammen, führte sie gegen die Brust, indem sie sich nur wenig vorwärts neigte, und sah den dringend Fordernden mit einem solchen Blick an, dass er von allem abzustehen genötigt war, was er verlangen oder wünschen mochte. Diese Bewegung zerriss ihm das Herz. Er konnte den Anblick, er konnte die Stellung Ottiliens nicht ertragen. Es sah völlig aus, als würde sie in die Knie sinken, wenn er beharrte. Er eilte verzweifelnd zur Tür hinaus und schickte die Wirtin zu der Einsamen.

Er ging auf dem Vorsaal auf und ab. Es war Nacht geworden, im Zimmer blieb es stille. Endlich trat die Wirtin heraus, und zog den Schlüssel ab. Die gute Frau war gerührt, war verlegen, sie wusste nicht was sie tun sollte. Zuletzt im Weggehen bot sie den Schlüssel Eduarden an, der ihn ablehnte. Sie ließ das Licht stehen und entfernte sich.

Eduard im tiefsten Kummer warf sich auf Ottiliens Schwelle, die er mit seinen Tränen benetzte. Jammervoller brachten kaum jemals in solcher Nähe Liebende eine Nacht zu.

Der Tag brach an; der Kutscher trieb, die Wirtin schloss auf und trat in das Zimmer. Sie fand Ottilien angekleidet eingeschlafen, sie ging zurück und winkte Eduarden mit einem teilnehmenden Lächeln. Beide traten vor die Schlafende; aber auch diesen Anblick vermochte Eduard nicht auszuhalten. Die Wirtin wagte nicht das ruhende Kind zu wecken, sie setzte sich gegenüber. Endlich schlug Ottilie die schönen Augen auf und richtete sich auf ihre Füße. Sie lehnt das Frühstück ab, und nun tritt Eduard vor sie. Er bittet sie inständig nur ein Wort zu reden, ihren Willen zu erklären: er wolle allen ihren Willen, schwört er; aber sie schweigt. Nochmals fragt er sie liebevoll und dringend, ob sie ihm angehören wolle? Wie lieblich bewegt sie, mit niedergeschlagenen Augen, ihr Haupt zu einem sanften Nein. Er fragt, ob sie nach der Pension wolle? Gleichgültig verneint sie das. Aber als er fragt, ob er sie zu Charlotten zurückfahren dürfe, bejaht sie's mit einem getrosten Neigen des Hauptes. Er eilt ans Fenster dem Kutscher Befehle zu geben; aber hinter ihm weg ist sie, wie der Blitz zur Stube hinaus, die Treppe hinab in dem Wagen. Der Kutscher nimmt den Weg nach dem Schlosse zurück; Eduard folgt zu Pferde in einiger Entfernung.

Siebzehntes Kapitel

Wie höchst überrascht war Charlotte als sie Ottilien vorfahren und Eduarden zu Pferde sogleich in den Schlosshof hereinsprengen sah. Sie eilte bis zur Türschwelle: Ottilie steigt aus und nähert sich mit Eduarden. Mit Eifer und Gewalt fasst sie die Hände beider Ehegatten, drückt sie zusammen und eilt auf ihr Zimmer. Eduard wirft sich Charlotten um den Hals und zerfließt in Tränen; er kann sich nicht erklären, bittet Geduld mit ihm zu haben, Ottilien beizustehen, ihr zu helfen. Charlotte eilt auf Ottiliens Zimmer und ihr schaudert da sie hineintritt: es war schon ganz ausgeräumt, nur die leeren Wände standen da. Es erschien so weitläufig als unerfreulich. Man hatte alles weggetragen, nur das Köfferchen, unschlüssig wo man es hinstellen sollte, in der Mitte des Zimmers stehen gelassen. Ottilie lag auf dem Boden, Arm und Haupt über den Koffer gestreckt. Charlotte bemüht sich um sie, fragt was vorgegangen, und erhält keine Antwort.

Sie lässt ihr Mädchen, das mit Erquickungen kommt, bei Ottilien und eilt zu Eduarden. Sie findet ihn im Saal; auch er belehrt sie nicht. Er wirft sich vor ihr nieder, er badet ihre Hände in Tränen, er flieht auf sein Zimmer, und als sie ihm nachfolgen will, begegnet ihr der Kammerdiener, der sie aufklärt soweit er vermag. Das Übrige denkt sie sich zusammen, und dann sogleich mit Entschlossenheit an das, was der Augenblick fordert. Ottiliens Zimmer ist aufs baldigste wieder eingerichtet. Eduard hat die seinigen angetroffen, bis auf das letzte Papier, wie er sie verlassen.

Die dreie scheinen sich wieder gegeneinander zu finden; aber Ottilie fährt fort zu schweigen, und Eduard vermag nichts, als seine Gattin um Geduld zu bitten, die ihm selbst zu fehlen scheint. Charlotte sendet Boten an Mittlern und an den Major. Jener war nicht anzutreffen; dieser kommt. Gegen ihn schüttet Eduard sein Herz aus, ihm gesteht er jeden kleinsten Umstand, und so erfährt Charlotte was begegnet, was die Lage so sonderbar verändert, was die Gemüter aufgeregt.

Sie spricht aufs liebevollste mit ihrem Gemahl. Sie weiß keine andere Bitte zu tun als nur, dass man das Kind gegenwärtig nicht bestürmen möge. Eduard fühlt den Wert, die Liebe, die Vernunft seiner Gattin; aber seine Neigung beherrscht ihn ausschließlich. Charlotte macht ihm Hoffnung, verspricht ihm in die Scheidung zu willigen. Er traut nicht; er ist so krank, dass ihn Hoffnung und Glaube abwechselnd verlassen; er dringt in Charlotten, sie soll dem Major ihre Hand zusagen; eine Art von wahnsinnigem Unmut hat ihn ergriffen. Charlotte, ihn zu besänftigen, ihn zu erhalten, tut was er fordert. Sie sagt dem Major ihre Hand zu, auf den Fall, dass Ottilie sich mit Eduarden verbinden wolle, jedoch unter ausdrücklicher Bedingung, dass die beiden Männer für den Augenblick zusammen eine Reise machen. Der Major hat für seinen Hof ein auswärtiges Geschäft, und Eduard verspricht ihn zu begleiten. Man macht Anstalten und man beruhigt sich einigermaßen, indem wenigstens etwas geschieht.

Unterdessen kann man bemerken, dass Ottilie kaum Speise noch Trank zu sich nimmt, indem sie immerfort bei ihrem Schweigen verharrt. Man redet ihr zu, sie wird ängstlich; man unterlässt es. Denn haben wir nicht meistenteils die Schwäche, dass wir jemanden auch zu seinem Besten nicht gern quälen mögen? Charlotte sann alle Mittel durch, endlich geriet sie auf den Gedanken, jenen Gehülfen aus der Pension kommen zu lassen, der über Ottilien viel vermochte, der wegen ihres unvermuteten Außenbleibens sich sehr freundlich geäußert, aber keine Antwort erhalten hatte.

Man spricht, um Ottilie nicht zu überraschen, von diesem Vorsatz in ihrer Gegenwart. Sie scheint nicht einzustimmen; sie bedenkt sich; endlich scheint ein Entschluss in ihr zu reifen, sie eilt nach ihrem Zimmer und sendet noch vor Abend an die Versammelten folgendes Schreiben.

Ottilie den Freunden

Warum soll ich ausdrücklich sagen, meine Geliebten, was sich von selbst versteht? Ich bin aus meiner Bahn geschritten und ich soll nicht wieder hinein. Ein feindseliger Dämon, der Macht über mich gewonnen, scheint mich von außen zu hindern, hätte ich mich auch mit mir selbst wieder zur Einigkeit gefunden.

Ganz rein war mein Vorsatz, Eduarden zu entsagen, mich von ihm zu entfernen. Ihm hofft' ich nicht wieder zu begegnen. Es ist anders geworden; er stand selbst gegen seinen eigenen Willen vor mir. Mein Versprechen mich mit ihm in keine Unterredung einzulassen, habe ich vielleicht zu buchstäblich genommen und gedeutet. Nach Gefühl und Gewissen des Augenblicks schwieg ich, verstummt' ich vor dem Freunde, und nun habe ich nichts mehr zu sagen. Ein strenges Ordensgelübde, welches den, der es mit Überlegung eingeht, vielleicht unbequem ängstiget, habe ich zufällig vom Gefühl gedrungen, über mich genommen. Lasst mich darin beharren, solange mir das Herz gebietet. Beruft keine Mittelsperson! Dringt nicht in mich, dass ich reden, dass ich mehr Speise und Trank genießen soll, als ich höchstens bedarf. Helft mir durch Nachsicht und Geduld über diese Zeit hinweg. Ich bin jung, die Jugend stellt sich unversehens wieder her. Duldet mich in eurer Gegenwart, erfreut mich durch eure Liebe, belehrt mich durch eure Unterhaltung! aber mein Innres überlasst mir selbst.

Die längst vorbereitete Abreise der Männer unterblieb, weil jenes auswärtige Geschäft des Majors sich verzögerte: wie erwünscht für Eduard! Nun durch Ottiliens Blatt aufs Neue angeregt, durch ihre trostvollen hoffnunggebenden Worte wieder ermutigt und zu standhaftem Ausharren berechtigt, erklärte er auf einmal: er werde sich nicht entfernen. Wie töricht! rief er aus, das Unentbehrlichste, Notwendigste vorsätzlich, voreilig wegzuwerfen, das, wenn uns auch der Verlust bedroht, vielleicht noch zu erhalten wäre! Und was soll es heißen? Doch nur, dass der Mensch ja scheine, wollen, wählen zu können. So habe ich oft, beherrscht von solchem albernen Dünkel, Stunden, ja Tage zu früh mich von Freunden losgerissen, um nur nicht von dem letzten unausweichlichen Termin entschieden gezwungen zu werden. Diesmal aber will ich bleiben. Warum soll ich mich entfernen? Ist sie nicht schon von mir entfernt? Es fällt mir nicht ein, ihre Hand zu fassen, sie an mein Herz zu drücken; sogar darf ich es nicht denken, es schaudert mir. Sie hat sich nicht von mir weg-, sie hat sich über mich weggehoben.

Und so blieb er, wie er wollte, wie er musste. Aber auch dem Behagen glich nichts, wenn er sich mit ihr zusammenfand. Und so war auch ihr dieselbe Empfindung geblieben; auch sie konnte sich dieser seligen Notwendigkeit nicht entziehen. Nach wie vor übten sie eine unbeschreibliche, fast magische Anziehungskraft gegeneinander aus. Sie wohnten unter einem Dache; aber selbst ohne gerade aneinander zu denken, mit andern Dingen beschäftigt, von der Gesellschaft hin- und hergezogen, näherten sie sich einander. Fanden sie sich in einem Saale, so dauerte es nicht lange und sie standen, sie saßen nebeneinander. Nur die nächste Nähe konnte sie beruhigen, aber auch völlig beruhigen, und diese Nähe war genug; nicht eines Blickes, nicht eines Wortes, keiner Gebärde, keiner Berührung bedurfte es, nur des reinen Zusammenseins. Dann waren es nicht zwei Menschen, es war nur ein Mensch im bewusstlosen vollkommnen Behagen, mit sich selbst zufrieden und mit der Welt. Ja, hätte man eins von beiden am letzten Ende der Wohnung festgehalten, das andere hätte sich nach und nach von selbst, ohne Vorsatz zu ihm hinbewegt. Das Leben war ihnen ein Rätsel, dessen Auflösung sie nur miteinander fanden.

Ottilie war durchaus heiter und gelassen, so dass man sich über sie völlig beruhigen konnte. Sie entfernte sich wenig aus der Gesellschaft, nur hatte sie es erlangt, allein zu speisen. Niemand als Nanny bediente sie.

Was einem jeden Menschen gewöhnlich begegnet, wiederholt sich mehr als man glaubt, weil seine Natur hiezu die nächste Bestimmung gibt. Charakter, Individualität, Neigung, Richtung, Örtlichkeit, Umgebungen und Gewohnheiten bilden zusammen ein Ganzes, in welchem jeder Mensch, wie in einem Elemente, in einer Atmosphäre, schwimmt, worin es ihm allein bequem und behaglich ist. Und so finden wir die Menschen, über deren Veränderlichkeit so viele Klage geführt wird, nach vielen Jahren zu unserm Erstaunen unverändert, und nach äußern und innern unendlichen Anregungen unveränderlich.

So bewegte sich auch in dem täglichen Zusammenleben unserer Freunde fast alles wieder in dem alten Gleise. Noch immer äußerte Ottilie stillschweigend durch manche Gefälligkeit ihr zuvorkommendes Wesen; und so jedes nach seiner Art. Auf diese Weise zeigte sich der häusliche Zirkel als ein Scheinbild des vorigen Lebens, und der Wahn, als ob noch alles beim Alten sei, war verzeihlich.

Die herbstlichen Tage, an Länge jenen Frühlingstagen gleich, riefen die Gesellschaft um eben die Stunde aus dem Freien ins Haus zurück. Der Schmuck an Früchten und Blumen, der dieser Zeit eigen ist, ließ glauben als wenn es der Herbst jenes ersten Frühlings wäre: die Zwischenzeit war ins Vergessen gefallen. Denn nun blühten die Blumen, dergleichen man in jenen ersten Tagen auch gesäet hatte; nun reiften Früchte an den Bäumen, die man damals blühen gesehen.

Der Major ging ab und zu; auch Mittler ließ sich öfter sehen. Die Abendsitzungen waren meistens regelmäßig. Eduard las gewöhnlich; lebhafter, gefühlvoller, besser, ja sogar heiterer, wenn man will, als jemals. Es war als wenn er, so gut durch Fröhlichkeit als durch Gefühl, Ottiliens Erstarren wieder beleben, ihr Schweigen wieder auflösen wollte. Er setzte sich wie vormals, dass sie ihm ins Buch sehen konnte, ja er ward unruhig, zerstreut, wenn sie nicht hineinsah, wenn er nicht gewiss war, dass sie seinen Worten mit ihren Augen folgte.

Jedes unerfreuliche unbequeme Gefühl der mittleren Zeit war ausgelöscht. Keines trug mehr dem andern etwas nach; jede Art von Bitterkeit war verschwunden. Der Major begleitete mit der Violine das Klavierspiel Charlottens, so wie Eduards Flöte mit Ottiliens Behandlung des Saiteninstruments wieder wie vormals zusammentraf. So rückte man dem Geburtstage Eduards näher, dessen Feier man vor einem Jahre nicht erreicht hatte. Er sollte ohne Festlichkeit in stillem freundlichem Behagen diesmal gefeiert werden. So war man, halb stillschweigend halb ausdrücklich, miteinander übereingekommen. Doch je näher diese Epoche heranrückte, vermehrte sich das Feierliche in Ottiliens Wesen, das man bisher mehr empfunden als bemerkt hatte. Sie schien im Garten oft die Blumen zu mustern; sie hatte dem Gärtner angedeutet, die Sommergewächse aller Art zu schonen, und sich besonders bei den Astern aufgehalten, die gerade dieses Jahr in unmäßiger Menge blühten.

Achtzehntes Kapitel

Das Bedeutendste jedoch, was die Freunde mit stiller Aufmerksamkeit beobachteten, war, dass Ottilie den Koffer zum ersten Mal ausgepackt und daraus Verschiedenes gewählt und abgeschnitten hatte, was zu einem einzigen, aber ganzen und vollen Anzug hinreichte. Als sie das Übrige mit Beihülfe Nannys wieder einpacken wollte, konnte sie kaum damit zu Stande kommen; der Raum war übervoll, obgleich schon ein Teil herausgenommen war. Das junge habgierige Mädchen konnte sich nicht sattsehen, besonders da sie auch für alle kleineren Stücke des Anzugs gesorgt fand. Schuhe, Strümpfe, Strumpfbänder mit Devisen, Handschuhe und so manches andere war noch übrig. Sie bat Ottilien, ihr nur etwas davon zu schenken. Diese verweigerte es; zog aber sogleich die Schublade einer Kommode heraus und ließ das Kind wählen, das hastig und ungeschickt zugriff und mit der Beute gleich davonlief, um den übrigen Hausgenossen ihr Glück zu verkünden und vorzuzeigen.

Zuletzt gelang es Ottilien alles sorgfältig wieder einzuschichten; sie öffnete hierauf ein verborgenes Fach das im Deckel angebracht war. Dort hatte sie kleine Zettelchen und Briefe Eduards, mancherlei aufgetrocknete Blumenerinnerungen früherer Spaziergänge, eine Locke ihres Geliebten, und was sonst noch verborgen. Noch eins fügte sie hinzu – es war das Porträt ihres Vaters – und verschloss das Ganze, worauf sie den zarten Schlüssel an dem goldnen Kettchen wieder um den Hals an ihre Brust hing.

Mancherlei Hoffnungen waren indes in dem Herzen der Freunde rege geworden. Charlotte war überzeugt, Ottilie werde auf jenen Tag wieder zu sprechen anfangen: denn sie hatte bisher eine heimliche Geschäftigkeit bewiesen, eine Art von heiterer Selbstzufriedenheit, ein Lächeln wie es demjenigen auf dem Gesichte schwebt, der Geliebten etwas Gutes und Erfreuliches verbirgt. Niemand wusste, dass Ottilie gar manche Stunde in großer Schwachheit hinbrachte, aus der sie sich nur für die Zeiten, wo sie erschien, durch Geisteskraft emporhielt.

Mittler hatte sich diese Zeit öfter sehen lassen und war länger geblieben als sonst gewöhnlich. Der hartnäckige Mann wusste nur zu wohl, dass es einen gewissen Moment gibt, wo allein das Eisen zu schmieden ist. Ottiliens Schweigen so wie ihre Weigerung legte er zu seinen Gunsten aus. Es war bisher kein Schritt zu Scheidung der Gatten geschehen; er hoffte das Schicksal des guten Mädchens auf irgendeine andere günstige Weise zu bestimmen; er horchte, er gab nach, er gab zu verstehen und führte sich nach seiner Weise klug genug auf.

Allein überwältigt war er stets, sobald er Anlass fand, sein Raisonnement über Materien zu äußern, denen er eine große Wichtigkeit beilegte. Er lebte viel in sich, und wenn er mit andern war, so verhielt er sich gewöhnlich nur handelnd gegen sie. Brach nun einmal unter Freunden seine Rede los, wie wir schon öfter gesehen haben, so rollte sie ohne Rücksicht fort, verletzte oder heilte, nutzte oder schadete, wie es sich gerade fügen mochte.

Den Abend vor Eduards Geburtstage saßen Charlotte und der Major, Eduarden, der ausgeritten war, erwartend beisammen; Mittler ging im Zimmer auf und ab; Ottilie war auf dem ihrigen geblieben, den morgenden Schmuck auseinanderlegend und ihrem Mädchen manches andeutend, welches sie vollkommen verstand und die stummen Anordnungen geschickt befolgte.

Mittler war gerade auf eine seiner Lieblingsmaterien gekommen. Er pflegte gern zu behaupten, dass sowohl bei der Erziehung der Kinder als bei der Leitung der Völker nichts ungeschickter und barbarischer sei als Verbote, als verbietende Gesetze und Anordnungen. Der Mensch ist von Hause aus tätig, sagte er, und wenn man ihm zu gebieten versteht, so fährt er gleich dahinter her, handelt und richtet aus. Ich für meine Person, mag lieber in meinem Kreise Fehler und Gebrechen so lange dulden, bis ich die entgegengesetzte Tugend gebieten kann, als dass ich den Fehler loswürde und nichts Rechtes an seiner Stelle sähe. Der Mensch tut recht gern das Gute, das Zweckmäßige, wenn er nur dazu kommen kann; er tut es, damit er was zu tun hat, und sinnt darüber nicht weiter nach, als über alberne Streiche, die er aus Müßiggang und langer Weile vornimmt.

Wie verdrießlich ist mir's oft, mit anzuhören, wie man die Zehngebote in der Kinderlehre wiederholen lässt. Das vierte ist noch ein ganz hübsches, vernünftiges, gebietendes Gebot: Du sollst Vater und Mutter ehren. Wenn sich das die Kinder recht in den Sinn schreiben, so haben sie den ganzen Tag daran auszuüben. Nun aber das fünfte, was soll man dazu sagen? Du sollst nicht töten. Als wenn irgendein Mensch im mindesten Lust hätte den andern totzuschlagen! Man hasst einen, man erzürnt sich, man übereilt sich und in Gefolg von dem und manchem andern kann es wohl kommen, dass man gelegentlich einen totschlägt. Aber ist es nicht eine barbarische Anstalt, den Kindern Mord und Totschlag zu verbieten? Wenn es hieße: sorge für des andern Leben, entferne was ihm schädlich sein kann, rette ihn mit deiner eigenen Gefahr; wenn du ihn beschädigst, denke dass du dich selbst beschädigst: das sind Gebote wie sie unter gebildeten vernünftigen Völkern statthaben, und die man bei der Katechismuslehre nur kümmerlich in dem Wasistdas nachschleppt.

Und nun gar das sechste, das finde ich ganz abscheulich! Was? die Neugierde vorahnender Kinder auf gefährliche Mysterien reizen, ihre Einbildungskraft zu wunderlichen Bildern und Vorstellungen aufregen, die gerade das, was man entfernen will, mit Gewalt heranbringen! Weit besser wäre es, dass dergleichen von einem heimlichen Gericht willkürlich bestraft würde, als dass man vor Kirch' und Gemeinde davon plappern lässt.

In dem Augenblick trat Ottilie herein – Du sollst nicht ehebrechen, fuhr Mittler fort: wie grob, wie unanständig! Klänge es nicht ganz anders wenn es hieße: Du sollst Ehrfurcht haben vor der ehelichen Verbindung; wo du Gatten siehst die sich lieben, sollst du dich darüber freuen und teil daran nehmen wie an dem Glück eines heitern Tages. Sollte sich irgend in ihrem Verhältnis etwas trüben, so sollst du suchen es aufzuklären: du sollst suchen sie zu begütigen, sie zu besänftigen, ihnen ihre wechselseitigen Vorteile deutlich zu machen, und mit schöner Uneigennützigkeit das Wohl der andern fördern, indem du ihnen fühlbar machst, was für ein Glück aus jeder Pflicht und besonders aus dieser entspringt, welche Mann und Weib unauflöslich verbindet.

Charlotte saß wie auf Kohlen, und der Zustand war ihr umso ängstlicher, als sie überzeugt war, dass Mittler nicht wusste, was und wo er's sagte, und ehe sie ihn noch unterbrechen konnte, sah sie schon Ottilien, deren Gestalt sich verwandelt hatte, aus dem Zimmer gehen.

Sie erlassen uns wohl das siebente Gebot, sagte Charlotte mit erzwungenem Lächeln. Alle die übrigen, versetzte Mittler, wenn ich nur das rette, worauf die andern beruhen.

Mit entsetzlichem Schrei hereinstürzend rief Nanny: Sie stirbt! Das Fräulein stirbt! Kommen Sie! Kommen Sie!

Als Ottilie nach ihrem Zimmer schwankend zurückgekommen war, lag der morgende Schmuck auf mehreren Stühlen völlig ausgebreitet, und das Mädchen, das betrachtend und bewundernd daran hin- und herging, rief jubelnd aus: Sehen Sie nur, liebstes Fräulein, das ist ein Brautschmuck ganz Ihrer wert!

Ottilie vernahm diese Worte und sank auf den Sofa. Nanny sieht ihre Herrin erblassen, erstarren: sie läuft zu Charlotten; man kommt. Der ärztliche Hausfreund eilt herbei; es scheint ihm nur eine Erschöpfung. Er lässt etwas Kraftbrühe bringen; Ottilie weist sie mit Abscheu weg, ja sie fällt fast in Zuckungen als man die Tasse dem Munde nähert. Er fragt mit Ernst und Hast, wie es ihm der Umstand eingab: was Ottilie heute genossen habe? Das Mädchen stockt; er wiederholt seine Frage, das Mädchen bekennt, Ottilie habe nichts genossen.

Nanny erscheint ihm ängstlicher als billig. Er reißt sie in ein

Nebenzimmer, Charlotte folgt, das Mädchen wirft sich auf die Knie, sie gesteht, dass Ottilie schon lange so gut wie nichts genieße. Auf Andringen Ottiliens habe sie die Speisen an ihrer Statt genossen; verschwiegen habe sie es wegen bittender und drohender Gebärden ihrer Gebieterin, und auch, setzte sie unschuldig hinzu: weil es ihr gar so gut geschmeckt.

Der Major und Mittler kamen heran, sie fanden Charlotten tätig in Gesellschaft des Arztes. Das bleiche himmlische Kind saß, sich selbst bewusst wie es schien, in der Ecke des Sofas. Man bittet sie sich niederzulegen; sie verweigert's, winkt aber, dass man das Köfferchen herbeibringe. Sie setzt ihre Füße darauf und findet sich in einer halb liegenden bequemen Stellung. Sie scheint Abschied nehmen zu wollen, ihre Gebärden drücken den Umstehenden die zarteste Anhänglichkeit aus, Liebe, Dankbarkeit, Abbitte und das herzlichste Lebewohl.

Eduard, der vom Pferde steigt, vernimmt den Zustand, er stürzt in das Zimmer, er wirft sich an ihre Seite nieder, fasst ihre Hand und überschwemmt sie mit stummen Tränen. So bleibt er lange. Endlich ruft er aus: Soll ich deine Stimme nicht wieder hören? wirst du nicht mit einem Wort für mich ins Leben zurückkehren? Gut, gut! ich folge dir hinüber: da werden wir mit andern Sprachen reden!

Sie drückt ihm kräftig die Hand, sie blickt ihn lebevoll und liebevoll an, und nach einem tiefen Atemzug, nach einer himmlischen stummen Bewegung der Lippen: Versprich mir zu leben! ruft sie aus, mit holder zärtlicher Anstrengung, doch gleich sinkt sie zurück. Ich versprech' es! rief er ihr entgegen, doch er rief es ihr nur nach; sie war schon abgeschieden.

Nach einer tränenvollen Nacht fiel die Sorge, die geliebten Reste zu bestatten, Charlotten anheim. Der Major und Mittler standen ihr bei. Eduards Zustand war zu bejammern. Wie er sich aus seiner Verzweiflung nur hervorheben und einigermaßen besinnen konnte, bestand er darauf: Ottilie sollte nicht aus dem Schlosse gebracht, sie sollte gewartet, gepflegt, als eine

Lebende behandelt werden; denn sie sei nicht tot, sie könne nicht tot sein. Man tat ihm seinen Willen, insofern man wenigstens das unterließ, was er verboten hatte. Er verlangte nicht sie zu sehen.

Noch ein anderer Schreck ergriff, noch eine andere Sorge beschäftigte die Freunde. Nanny von dem Arzt heftig gescholten, durch Drohungen zum Bekenntnis genötigt, und nach dem Bekenntnis mit Vorwürfen überhäuft, war entflohen. Nach langem Suchen fand man sie wieder, sie schien außer sich zu sein. Ihre Eltern nahmen sie zu sich. Die beste Begegnung schien nicht anzuschlagen, man musste sie einsperren, weil sie wieder zu entfliehen drohte.

Stufenweise gelang es, Eduarden der heftigsten Verzweiflung zu entreißen, aber nur zu seinem Unglück: denn es ward ihm deutlich, es ward ihm gewiss, dass er das Glück seines Lebens für immer verloren habe. Man wagte es ihm vorzustellen, dass Ottilie in jener Kapelle beigesetzt, noch immer unter den Lebendigen bleiben und einer freundlichen stillen Wohnung nicht entbehren würde. Es fiel schwer seine Einwilligung zu erhalten, und nur unter der Bedingung, dass sie im offenen Sarge hinausgetragen, und in dem Gewölbe allenfalls nur mit einem Glasdeckel zugedeckt und eine immerbrennende Lampe gestiftet werden sollte, ließ er sich's zuletzt gefallen und schien sich in alles ergeben zu haben.

Man kleidete den holden Körper in jenen Schmuck den sie sich selbst vorbereitet hatte; man setzte ihr einen Kranz von Asterblumen auf das Haupt, die wie traurige Gestirne ahnungsvoll glänzten. Die Bahre, die Kirche, die Kapelle zu schmücken, wurden alle Gärten ihres Schmucks beraubt. Sie lagen verödet als wenn bereits der Winter alle Freude aus den Beeten weggetilgt hätte. Beim frühsten Morgen wurde sie im offnen Sarge aus dem Schloss getragen und die aufgehende Sonne rötete nochmals das himmlische Gesicht. Die Begleitenden drängten sich um die Träger, niemand wollte vorausgehn, niemand folgen, jedermann sie umgeben, jedermann noch zum letzten Male ihre Gegenwart genießen. Knaben, Männer und Frauen, keins blieb ungerührt. Untröstlich waren die Mädchen, die ihren Verlust am unmittelbarsten empfanden.

Nanny fehlte. Man hatte sie zurückgehalten oder vielmehr man hatte ihr den Tag und die Stunde des Begräbnisses verheimlicht. Man bewachte sie bei ihren Eltern in einer Kammer, die nach dem Garten ging. Als sie aber die Glocken läuten hörte, ward sie nur allzu bald inne, was vorging, und da ihre Wächterin, aus Neugierde den Zug zu sehen, sie verließ, entkam sie zum Fenster hinaus auf einen Gang und von da, weil sie alle Türen verschlossen fand, auf den Oberboden.

Eben schwankte der Zug den reinlichen, mit Blättern bestreuten Weg durchs Dorf hin. Nanny sah ihre Gebieterin deutlich unter sich, deutlicher, vollständiger, schöner als alle, die dem Zuge folgten. Überirdisch, wie auf Wolken oder Wogen getragen, schien sie ihrer Dienerin zu winken, und diese verworren, schwankend, taumelnd stürzte hinab.

Auseinander fuhr die Menge mit einem entsetzlichen Schrei nach allen Seiten. Vom Drängen und Getümmel waren die Träger genötigt die Bahre niederzusetzen. Das Kind lag ganz nahe daran; es schien an allen Gliedern zerschmettert. Man hob es auf; und zufällig oder aus besonderer Fügung lehnte man es über die Leiche, ja es schien selbst noch mit dem letzten Lebensrest seine geliebte Herrin erreichen zu wollen. Kaum aber hatten ihre schlotternden Glieder Ottiliens Gewand, ihre kraftlosen Finger Ottiliens gefaltete Hände berührt, als das Mädchen aufsprang, Arme und Augen zuerst gen Himmel erhob, dann auf die Knie vor dem Sarge niederstürzte und andächtig entzückt zu der Herrin hinaufstaunte.

Endlich sprang sie wie begeistert auf und rief mit heiliger Freude: Ja, sie hat mir vergeben! Was mir kein Mensch, was ich mir selbst nicht vergeben konnte, vergibt mir Gott durch ihren Blick, ihre Gebärde, ihren Mund. Nun ruht sie wieder so still und sanft: aber ihr habt gesehen wie sie sich aufrichtete und mit entfalteten Händen mich segnete, wie sie mich freundlich anblickte! Ihr habt es alle gehört, ihr seid Zeugen, dass sie zu mir sagte: Dir ist vergeben! – Ich bin nun keine Mörderin mehr unter euch; sie hat mir verziehen, Gott hat mir verziehen, und niemand kann mir mehr etwas anhaben.

Umhergedrängt stand die Menge; sie waren erstaunt, sie horchten und sahen hin und wider, und kaum wusste jemand was er beginnen sollte. Tragt sie nun zur Ruhe! sagte das Mädchen: sie hat das Ihrige getan und gelitten, und kann nicht mehr unter uns wohnen. Die Bahre bewegte sich weiter, Nanny folgte zuerst und man gelangte zur Kirche, zur Kapelle.

So stand nun der Sarg Ottiliens, zu ihren Häupten der Sarg des Kindes, zu ihren Füßen das Köfferchen, in ein starkes eichenes Behältnis eingeschlossen. Man hatte für eine Wächterin gesorgt, welche in der ersten Zeit des Leichnams wahrnehmen sollte, der unter seiner Glasdecke gar liebenswürdig dalag. Aber Nanny wollte sich dieses Amt nicht nehmen lassen; sie wollte allein, ohne Gesellin bleiben und der zum ersten Mal angezündeten Lampe fleißig warten. Sie verlangte dies so eifrig und hartnäckig, dass man ihr nachgab, um ein größeres Gemütsübel, das sich befürchten ließ, zu verhüten.

Aber sie blieb nicht lange allein: denn gleich mit sinkender Nacht, als das schwebende Licht sein volles Recht ausübend einen helleren Schein verbreitete, öffnete sich die Türe und es trat der Architekt in die Kapelle, deren fromm verzierte Wände, bei so mildem Schimmer, altertümlicher und ahnungsvoller, als er je hätte glauben können, ihm entgegendrangen.

Nanny saß an der einen Seite des Sarges. Sie erkannte ihn gleich; aber schweigend deutete sie auf die verblichene Herrin. Und so stand er auf der andern Seite, in jugendlicher Kraft und Anmut, auf sich selbst zurückgewiesen, starr, in sich gekehrt, mit niedergesenkten Armen, gefalteten, mitleidig gerungenen Händen, Haupt und Blick nach der Entseelten hingeneigt.

Schon einmal hatte er so vor Belisar gestanden. Unwillkürlich geriet er jetzt in die gleiche Stellung; und wie natürlich war sie auch diesmal! Auch hier war etwas unschätzbar Würdiges von seiner Höhe herabgestürzt: und wenn dort Tapferkeit, Klugheit, Macht, Rang und Vermögen in einem Manne als unwiederbringlich verloren bedauert wurden; wenn Eigenschaften, die der Nation, dem Fürsten, in entscheidenden Momenten unentbehrlich sind, nicht geschätzt, vielmehr verworfen und ausgestoßen worden, so waren hier so viel andere stille Tugenden, von der Natur erst kurz aus ihren gehaltreichen Tiefen hervorgerufen, durch ihre gleichgültige Hand schnell wieder ausgetilgt: seltene, schöne, liebenswürdige Tugenden, deren friedliche Einwirkung die bedürftige Welt zu jeder Zeit mit wonnevollem Genügen umfängt und mit sehnsüchtiger Trauer vermisst.

Der Jüngling schwieg, auch das Mädchen eine Zeitlang, als sie ihm aber die Tränen häufig aus dem Auge quellen sah, als er sich im Schmerz ganz aufzulösen schien, sprach sie mit so viel Wahrheit und Kraft, mit so viel Wohlwollen und Sicherheit ihm zu, dass er über den Fluss ihrer Rede erstaunt, sich zu fassen vermochte, und seine schöne Freundin ihm in einer höhern Region lebend und wirkend vorschwebte. Seine Tränen trockneten, seine Schmerzen linderten sich, kniend nahm er von Ottilien, mit einem herzlichen Händedruck von Nanny Abschied, und noch in der Nacht ritt er vom Orte weg ohne weiter jemand gesehen zu haben.

Der Wundarzt war die Nacht über, ohne des Mädchens Wissen, in der Kirche geblieben, und fand, als er sie des Morgens besuchte, sie heiter und getrosten Mutes. Er war auf mancherlei Verirrungen gefasst; er dachte schon, sie werde ihm von nächtlichen Unterredungen mit Ottilien und von andern solchen Erscheinungen sprechen, aber sie war natürlich, ruhig und sich völlig selbstbewusst. Sie erinnerte sich vollkommen aller früheren Zeiten, aller Zustände mit großer Genauigkeit, und nichts in ihren Reden schritt aus dem Gange des Wahren und Wirklichen heraus, als nur die Begebenheit beim Leichenbegängnis, die sie mit Freudigkeit oft wiederholte: wie Ottilie sich aufgerichtet, sie gesegnet, ihr verziehen, und sie dadurch für immer beruhigt habe.

Der fortdauernd schöne, mehr schlaf- als totenähnliche Zustand Ottiliens zog mehrere Menschen herbei. Die Bewohner und Anwohner wollten sie noch sehen, und jeder mochte gern aus Nannys Munde das Unglaubliche hören; manche um darüber zu spotten, die meisten um daran zu zweifeln und wenige um sich glaubend dagegen zu verhalten.

Jedes Bedürfnis, dessen wirkliche Befriedigung versagt ist, nötigt zum Glauben. Die vor den Augen aller Welt zerschmetterte Nanny war durch Berührung des frommen Körpers wieder gesund geworden: warum sollte nicht auch ein ähnliches Glück hier andern bereitet werden? Zärtliche Mütter brachten zuerst heimlich ihre Kinder, die von irgendeinem Übel behaftet waren, und sie glaubten eine plötzliche Besserung zu spüren. Das Zutrauen vermehrte sich, und zuletzt war niemand so alt und so schwach, der sich nicht an dieser Stelle eine Erquickung und Erleichterung gesucht hätte. Der Zudrang wuchs und man sah sich genötigt die Kapelle, ja, außer den Stunden des Gottesdienstes, die Kirche zu verschließen.

Eduard wagte sich nicht wieder zu der Abgeschiedenen. Er lebte nur vor sich hin, er schien keine Träne mehr zu haben, keines Schmerzes weiter fähig zu sein. Seine Teilnahme an der Unterhaltung, sein Genuss von Speis' und Trank vermindert sich mit jedem Tage. Nur noch einige Erquickung scheint er aus dem Glase zu schlürfen, das ihm freilich kein wahrhafter Prophet gewesen. Er betrachtet noch immer gern die verschlungenen Namenszüge und sein ernstheiterer Blick dabei scheint anzudeuten, dass er auch jetzt noch auf eine Vereinigung hoffe. Und wie den Glücklichen jeder Nebenumstand zu begünstigen, jedes Ungefähr mit emporzuheben scheint, so mögen sich auch gern die kleinsten Vorfälle zur Kränkung, zum Verderben des Unglücklichen vereinigen. Denn eines Tages, als Eduard das geliebte Glas zum Munde brachte, entfernte er es mit Entsetzen wieder: es war dasselbe und nicht dasselbe; er vermisst ein kleines Kennzeichen. Man dringt in den Kammerdiener und dieser muss gestehen: das echte Glas sei unlängst zerbrochen, und ein gleiches, auch aus Eduards Jugendzeit, untergeschoben worden. Eduard kann nicht zürnen, sein Schicksal ist ausgesprochen durch die Tat: wie soll ihn das Gleichnis rühren? Aber doch drückt es ihn tief. Der Trank scheint ihm von nun an zu widerstehen; er scheint sich mit Vorsatz der Speise, des Gesprächs zu enthalten.

Aber von Zeit zu Zeit überfällt ihn eine Unruhe. Er verlangt wieder etwas zu genießen, er fängt wieder an zu sprechen. Ach! sagte er einmal zu dem Major, der ihm wenig von der Seite kam: was bin ich unglücklich, dass mein ganzes Bestreben nur immer eine Nachahmung, ein falsches Bemühen bleibt! Was ihr Seligkeit gewesen, wird mir Pein; und doch, um dieser Seligkeit willen, bin ich genötigt diese Pein zu übernehmen. Ich muss ihr nach, auf diesem Wege nach: aber meine Natur hält mich zurück und mein Versprechen. Es ist eine schreckliche Aufgabe, das Unnachahmliche nachzuahmen. Ich fühle wohl, Bester, es gehört Genie zu allem, auch zum Märtyrertum.

Was sollen wir, bei diesem hoffnungslosen Zustande, der ehegattlichen, freundschaftlichen, ärztlichen Bemühungen gedenken, in welchen sich Eduards Angehörige eine Zeitlang hin- und herwogten. Endlich fand man ihn tot. Mittler machte zuerst diese traurige Entdeckung. Er berief den Arzt und beobachtete, nach seiner gewöhnlichen Fassung, genau die Umstände in denen man den Verblichenen angetroffen hatte. Charlotte stürzte herbei: ein Verdacht des Selbstmordes regte sich in ihr; sie wollte sich, sie wollte die andern einer unverzeihlichen Unvorsichtigkeit anklagen. Doch der Arzt aus natürlichen, und Mittler aus sittlichen Gründen, wussten sie bald vom Gegenteil zu überzeugen. Ganz deutlich war Eduard von seinem Ende überrascht worden. Er hatte, was er bisher sorgfältig zu verbergen pflegte, das ihm von Ottilien übrig Gebliebene, in einem stillen Augenblick, vor sich aus einem Kästchen, aus einer Brieftasche ausgebreitet: eine Locke, Blumen in glücklicher Stunde gepflückt, alle Blättchen, die sie ihm geschrieben, von jenem ersten an, das ihm seine Gattin so zufällig ahnungsreich übergeben hatte. Das alles konnte er nicht einer ungefähren Entdeckung mit Willen preisgeben. Und so lag denn auch dieses vor kurzem zu unendlicher Bewegung aufgeregte Herz in unstörbarer Ruhe; und wie er in Gedanken an die Heilige eingeschlafen war, so konnte man wohl ihn selig nennen. Charlotte gab ihm seinen Platz neben Ottilien und verordnete, dass niemand weiter in diesem Gewölbe beigesetzt werde. Unter dieser Bedingung machte sie für Kirche und Schule, für den Geistlichen und den Schullehrer ansehnliche Stiftungen.

So ruhen die Liebenden nebeneinander. Friede schwebt über ihrer Stätte, heitere verwandte Engelsbilder schauen vom Gewölbe auf sie herab, und welch ein freundlicher Augenblick wird es sein, wenn sie dereinst wieder zusammen erwachen.

Zu dieser Ausgabe

Die Textgrundlage für die vorliegende Ausgabe ist:

> Johann Wolfgang Goethe: Gedenkausgabe der Werke, Briefe und Gespräche. Hrsg. von Ernst Beutler. Bd. 9: Die Wahlverwandtschaften. Die Novellen. Die Maximen und Reflexionen. Zürich: Artemis, 1949.

Die Orthographie wurde behutsam modernisiert, dabei im Falle der Getrennt- und Zusammenschreibung sowie der Groß- und Kleinschreibung möglichst konservativ verfahren. Die Zeichensetzung folgt der Druckvorlage.

Nachwort

> Wahrlich, es würde euch bange werden, wenn die ganze Welt, wie ihr es fordert, einmal im Ernst durchaus verständlich würde.
>
> Friedrich Schlegel, *Über die Unverständlichkeit* (1799/1800)

Als Goethe in den Jahren 1807 bis 1809 an den *Wahlverwandtschaften* schrieb, stand er, recht betrachtet, im völligen Abseits des damaligen Literaturbetriebs. Die eigenen großen literarischen Erfolge lagen über drei Jahrzehnte zurück, die Weimarer Dramen *Iphigenie, Tasso* und *Egmont* fanden nur ausgesuchtes Publikum, selbst die relativen ›Erfolge‹ der 1790er Jahre – *Reineke Fuchs, Hermann und Dorothea* sowie der *Wilhelm Meister* – blieben weit hinter der Wirkung eines *Götz*, eines *Werther* zurück. Die neue jugendliche Schriftstellergeneration der Frühromantiker, Tieck, Novalis, die Gebrüder Schlegel, hatte längst den älteren Weimarer Geheimrat verdrängt; nach der napoleonischen Besetzung Europas 1806 waren es vor allem junge patriotische Schriftsteller, die viel stärker in die kulturelle Wahrnehmung der Zeit rückten: Theodor Körner, Ernst Moritz Arndt, Adam Müller, auch Heinrich von Kleist. Und was im Publikum tatsächlich gelesen wurde, was auf deutschsprachigen Bühnen tatsächlich gespielt wurde, macht den Abstand Goethes zum Literaturbetrieb im Jahre 1809 erst recht deutlich: Kotzebue, Iffland, Friedrich Laun, Julius von Voß und Heinrich Clauren. – Goethe als Autor der *Wahlverwandtschaften* erscheint buchstäblich isoliert.

Und diese Isolation ist nicht nur ein Generationenkonflikt, ist auch nicht nur auf ästhetisch-programmatische oder politische Differenzen zurückzuführen. Sie ist zuallererst der Effekt des Scheiterns des weimarisch-klassizistischen Kunst- und Kulturpolitik-Projekts, dann auch Ergebnis des Niedergangs der kleinen thüringischen Residenzstadt als kulturellen Zentrums des vornapoleonischen Reiches. Weimar rückt zunehmend aus der Mitte deutschsprachiger Kultur heraus: Die Auflösung des Heiligen Römischen Reiches Deutscher Nation nach Napoleons Durchzug 1806 mindert die Bedeutung der früheren Residenzstädte beträchtlich; mit der wachsenden Bedeutung Preußens wird Berlin zum Zentrum – nicht zufällig wird die preußische Residenz für die junge Schriftstellergeneration um Hoffmann, Brentano, Arnim und Eichendorff zum wichtigsten kulturellen Begegnungsort. Weimar – und mit ihm Goethe – wird randständig.

Goethes große klassizistische Publikationsprojekte – die *Propyläen* ebenso wie die *Weimarischen Kunstaufgaben* – stießen auf Desinteresse, Unverständnis und Ablehnung im Publikum, klassizistische Ästhetik ließ sich ebenso wenig vermitteln wie philhellenistisch orientierte Kulturpolitik. Nach dem Tod Herders im Dezember 1803 und zumal nach dem Friedrich Schillers im Mai 1805 stand Goethe in Weimar allein da: Vor allem die Schriftsteller-Werkstatt mit Schiller war eine einmalig glückliche Konstellation gewesen, die überhaupt erst eine so forciert vorgetragene klassizistische Programmatik ermöglicht hatte. Spätestens mit Schillers Tod muss Goethe das vollständige Scheitern des Kunstprojekts ›Klassik‹ wahrnehmen und letztlich anerkennen – die Brüchigkeit der Konzeption war ihm von allem Anfang an bewusst. Der Tod der langjährigen Freunde und Begleiter führte zudem das eigene Alter vor Augen – nach damaligem Ermessen: die eigene Todesnähe, eine existenzielle Krise, verschärft durch äußere Bedrohung, Krieg und langwährende schwere Krankheit.

Wenn man so will – und es spricht vieles dafür, dies zu tun –, kann man jene Epoche, die ungenauerweise als ›Weimarer Klassik‹ bezeichnet wird, als den Hoch-, End- und Umschlagspunkt der (ästhetischen) Spätaufklärung begreifen. Nach der Französischen Revolution und angesichts der Terreur und des beginnenden napoleonischen Eroberungsfeldzuges durch ganz Europa musste die Frage gestellt werden, ob die Menschheit, wie die Aufklärung ungeheuer fortschrittsoptimistisch gehofft hatte, sowohl durch Erziehung des Einzelnen als auch durch vernunftmäßige Organisation des gesellschaftlichen Ganzen in der Lage sei, die Verbesserung der Welt selber zu bewerkstelligen. Neben den politischen und militärischen Erfahrungen erweisen auch Nachrichten von der katastrophalen Proletarisierung riesiger Menschenmassen in der sich entwickelnden modernen Industriegesellschaft vor allem in England, dass dieser Fortschritts- und Erziehungsoptimismus obsolet sei – das Ende des 18. Jahrhunderts ist auf der Seite seiner klügsten Köpfe durch die Desillusionierung der Aufklärung gekennzeichnet.

In diesem Zusammenhang ist der von Goethe und Schiller ausgeprägte ›Weimarer Klassizismus‹ eine spezifisch ästhetische Antwort auf die Katastrophenerfahrungen am Beginn der Moderne: Kunst wird hier, etwa in Schillers Briefen *Über die ästhetische Erziehung des Menschen* (1793/95), zum utopischen Vorausbild einer sinnhaften, unentfremdeten Menschlichkeit, zur spielerischen Erprobung von Autonomie und Selbstbestimmung. Kunst und ästhetische Erziehung sollen gewährleisten, was gesellschaftlich immer schwieriger bzw. unmöglicher zu realisieren scheint; die Kunst ist somit das letzte Refugium der optimistischen Aufklärungshoffnungen – und damit auch ihr Gegenteil: Da nämlich Kunst in Rätseln spricht und die begriffliche Auflösung grundsätzlich verweigert, widersetzt sie sich dem rationalistischen Logozentrismus des 18. Jahrhunderts. Insofern ist klassizistische Kunst und Ästhetik das letzte Stadium des Aufklärungszeitalters und gleichzeitig das erste *nach der Aufklärung*!

So unterschiedlich Weimarer Klassizismus und Romantik auf den ersten Blick erscheinen mögen, so unverträglich einzelne Klassizisten und Romantiker sich auch einander gegenüber verhalten haben – eigentlich lässt sich die Romantik schlichtweg als die zweite ästhetische Antwort auf die gleiche Modernisierungskrise verstehen: Mit den Schlagworten ›Poetisierung der Welt‹ und ›Neue Mythologie‹ setzen sich antirationalistische und ästhetische Konzepte an die Stelle der überlebten Aufklärung. Frühromantik und Weimarer Klassizismus verlaufen (auch zeitlich) parallel, entscheidend ist zunächst nur ein Generationsunterschied; Novalis, Tieck, die Gebrüder Schlegel und andere gehören zu den Jungen, die gegen die Alten, gegen Goethe und Schiller, aufstehen – und deren ästhetische Konzepte werden nicht mehr wahrgenommen!

Ganz vom Rande des damaligen Literaturbetriebes also veröffentlicht Goethe im Oktober 1809 *Die Wahlverwandtschaften.* Er ist sich dieser Randstellung – deutlicher: des fundamentalen Desinteresses im Publikum am ›neuen Goethe‹ sehr genau bewusst: Dem Freunde Karl Friedrich von Reinhard schreibt er am 31. Dezember 1809: »Die ›Wahlverwandtschaften‹ schicke ich eigentlich als ein Zirkular an meine Freunde, damit sie meiner wieder einmal an manchen Orten und Enden gedächten. Wenn die Menge dieses Werkchen nebenher auch liest, so kann es mir ganz recht sein. Ich weiß, zu wem ich eigentlich gesprochen habe, und wo ich nicht missverstanden werde. [...] Das Publikum, besonders das deutsche, ist eine närrische Karikatur des Demos; es bildet sich wirklich ein, eine Art von Instanz, von Senat auszumachen, und im Leben und Lesen dieses oder jenes wegvotieren zu können was ihm nicht gefällt.«

Einmal abgesehen davon, dass Goethe die Ungunst des Publikums mit eigener Missachtung beantwortet: Die ›Menge‹ hat das ›Werkchen nebenher‹ eben *nicht* gelesen. *Die Wahlverwandtschaften* fallen am Markt durch. Lobend äußern sich jene Freunde, an die das Buch als ›Zirkular‹ geht – gleichsam als Lebenszeichen, gegenteilig wohl die Mehrheit des Publikums:

Rehbergs vernichtende Rezension in der Halleschen *Allgemeinen Literatur-Zeitung* (am 1. Januar 1810) spricht ebenso dafür wie das Resümee Abekens zu Beginn seiner (wohlwollenden) Besprechung im *Morgenblatt für gebildete Stände* (22.–24. Januar 1810): »Dass die *Wahlverwandtschaften* viele Menschen nicht ansprechen, dass so sonderbare Urteile über sie gefällt werden, befremdet mich nicht.« Walter Benjamin resümiert die mehrheitlich negative zeitgenössische Wirkung folgendermaßen: »Unter den Stimmen der Zeitgenossen wiegen wenig diejenigen [...] die das Werk mit der konventionellen Achtung begrüßen, die schon damals jedem Goetheschen geschuldet wurde. Wichtig sind die ausgeprägten Sätze, wie sie unterm Namen einzelner hervorragender Berichterstatter erhalten sind. Sie sind darum nicht untypisch. Vielmehr gab es gerade unter ihren Schreibern am Ersten solche, die das aussprechen, was Geringere nur aus Achtung vor dem Dichter nicht bekennen wollten. [...] Kopfscheu, dumpf, wie geschlagen stand [das Publikum] vor einem Werke, in dem es nur die Hilfe aus den Wirrnissen des eignen Lebens suchen zu sollen meinte, ohne selbstlos in das Wesen eines fremden sich versenken zu wollen« (S. 141). Auf den eigentlich »erschrecklichen« Misserfolg des Buches nimmt noch Hans Mayer in seiner *Goethe*-Monographie (1973) Bezug, wenn er konstatiert: »Bände der Erstausgabe des Romans von 1809 konnte man zu Beginn des 20. Jahrhunderts jederzeit erwerben« (S. 75).

Die relative Unverkäuflichkeit der *Wahlverwandtschaften* lässt sich auch aus der sehr begrenzten Anzahl eigenständiger Veröffentlichungen des Romans im 19. Jahrhundert ablesen – der 2. Auflage von 1810 folgte lange keine mehr außerhalb der großen Werkausgaben (1873 in einem Prosa-Sammelband von Gustav Wendt, im Reclam Verlag erst um 1900 – außerhalb der Universal-Bibliothek). Eigentlich entdecken erst die 1920er Jahre den Roman.

Die Frage aber ist, *was* den Roman zu sperrig machte für eine breite Rezeption. Das kann nicht bloß am wachsenden Abstand Goethes zum Literaturbetrieb, an der wechselseitigen Missachtung von Schriftsteller und Publikum gelegen haben. Und weiter muss gefragt werden: Ist nicht gerade das Programmatisch-Unverständliche, das rätselhaft Bleibende an dem Roman dasjenige, das ihn auszeichnet einerseits als vielleicht einen der letzten (resignativen?) Rückblicke auf den Vernunftoptimismus des Aufklärungsjahrhunderts, dessen Gesellschaftsordnung sich spätestens mit dem Niedergang des Heiligen Römischen Reiches auflöste? Oder ist er andererseits eine der frühen und im Verhältnis zur Romantik alternativen Antworten auf die Problemstellungen einer am Horizont sichtbar werdenden industriellen Moderne, die die Entfremdungserfahrungen, die schon die philhellenistischen Illusionen seit Winckelmann entscheidend modellierten, radikal verschärfen?

Und hinterlässt der Roman vielleicht bewusst eine *nicht* befriedigende Antwort und lässt, selbst ratlos, den Leser unberaten zurück? Ist nicht gleichsam die ›negative Energie‹, mit der sowohl auf das Aufklärungsjahrhundert zurückgeblickt wird als auch jedem naiv vertrauenden rationalen Weltzugang selbst in die Zukunft hinein eine Absage erteilt wird, ein Schlag ins Gesicht jenes zukunftszugewandten ›neuen‹ 19. Jahrhunderts, der die scharfe, angeblich moralische Verurteilung des Textes begründet hat?

Mit dieser Ratlosigkeit des Romans steht er, wie halb schon der *Werther*, radikal dem Roman als aufgeklärter Institution des 18. Jahrhunderts gegenüber. Und damit wäre das Befremden gegenüber den *Wahlverwandtschaften* auch einfach Dokument der Unfähigkeit – oder genauer: der noch nicht ausgebildeten Fähigkeit des Lesepublikums –, jenseits auktorialer Wahrheitsangebote ästhetische Erfahrung zu machen. Ein Rückblick sei hier gestattet: Der Roman – die unklassischste literarische Kunstform –, entwickelte im Aufklärungsjahrhundert unterschiedlichste Spielarten: Abenteuerroman und Robinsonade stellen eine aufgeklärt geordnete Gegenwelt zur katastrophalen Welt Europas vor; der empfindsame Roman präsentiert Tugendvervielfältigungs- und Erziehungsmodelle – bei Gellert etwa, bei Wieland und Sophie von La Roche; radikalisierte Empfindsamkeit dann bietet der *Werther*, gleichzeitig aber Aufklärung der Seele – in Konkurrenz dazu stehen echte (Campes *Robinson*) und ironisch gebrochene (Wielands *Don Sylvio*) Erziehungsromane, daneben desillusionierte, sozusagen verzweifelte Aufklärungsromane wie Wezels *Robinson Krusoe* und *Belphegor*; schließlich bildet den Höhe- und Endpunkt des Aufklärungsromans der Bildungs-, Entwicklungs- und Gesellschaftsroman: Moritz' *Anton Reiser* und Goethes *Lehrjahre*.

Insgesamt erscheint der Roman des 18. Jahrhunderts als Institution im Kontext eines aufgeklärten literarischen Kommunikationszusammenhangs, dem entscheidende Funktionen beigemessen werden: Vermittlung von Wissen und Welterklärung, Präsentation von Tugend- und Handlungsmodellen bzw. Anti-Modellen, Modellierung von Empfindsamkeit, vernunftmäßigem Handeln, Leidenschaft, Lesen, Präsentation und Reflexion von Selbstbildung und Fremderziehung und vieles andere mehr. – In welchem Verhältnis nun stehen, so muss gefragt werden, die *Wahlverwandtschaften* zu dieser aufgeklärten Institution ›Roman‹? Was am Roman ist es, das ihn gleichsam aus dieser Institution herausrückt?

Um diese Fragen beantworten zu können, ist ein ausführlicherer Blick auf den Text selbst notwendig – der annäherungshalber wiederum in Frageform beginnt: Was eigentlich entwirft Goethe in den *Wahlverwandtschaften*? Das Bild einer vergangenen Epoche, das einen letzten Blick auf den niedergehenden Stand des dilettierenden Landadels wirft? Bilder der Korrumpierbarkeit fundamentaler gesellschaftlicher Institutionen wie der Ehe? Das brüchige oder zerbrechliche Bild einer modellhaften kleinen Gesellschaft, die versucht, die Beziehungen, Lebensläufe, Welt- und Kommunikationsverhältnisse vernunftmäßig zu regeln, und die Unterminierung dieses aufklärungsoptimistisch erscheinenden Projekts durch Natur, Trieb, Mythos? Oder nur ein gleichsam erzählerisch durchgeführtes Gesellschafts-Experiment, das in einem relativ geschlossenen Raum Figuren zusammenführt und gespannt darauf schaut, was mit diesen geschieht?

Die ersten Kapitel der *Wahlverwandtschaften* umreißen sehr genau und differenziert die Ausgangssituation der Romanhandlung, die Ausgangsposition, die Eduard und Charlotte einnehmen. Die zentralen Koordinaten dieser Situation sind einerseits die Zugehörigkeit der Hauptfiguren zum besitzenden Landadel im Deutschland nach der Französischen Revolution – also ein soziologisches *und* bewusstseinsgeschichtliches Kriterium –, andererseits aber das geistesgeschichtliche und als solches gerade auch an die Sozialgeschichte gebundene Kriterium von Aufklärung, von Rationalität – von der später zu reden sein wird.

Das Bild einer vergangenen Welt – Deutscher Landadel um 1800: Die Einführung Eduards ganz zu Beginn stellt ihn als typischen Vertreter des deutschen Landadels vor: Ein »reiche[r] Baron im besten Mannesalter« (S. 7), durch Heirat mit einer viel älteren Frau nach deren Tod in den »Besitz eines großen Vermögens« (S. 11) gekommen, durch elterliche Erziehung verwöhnt und Dilettant auf der Querflöte. Der Notwendigkeit einer echten Arbeit enthoben, dient für Eduard wie für seine Frau die Arbeit in Baumschule, Garten und Park als Scheinbeschäftigung, als Ausweg aus der Langeweile adligen Landlebens und als Flucht vor der realen politischen Unmündigkeit des Landadels.

Neben Eduard gehören auch die drei anderen Hauptfiguren dem Adel an: Charlotte entstammt einer verarmten Adelsfamilie, auch sie ist vorteilhaft verwitwet, als Eduards Gemahlin genießt sie die Privilegien einer Baronesse. Der Hauptmann entstammt ebenfalls dem verarmten Adel, vom Militärdienst entpflichtet, muss er sich unterschiedliches Auskommen als Ökonom oder Verwalter suchen – eine Tätigkeit, die ihm insofern entgegenkommt, als seine Biographie fast eine bürgerliche Bildungsgeschichte darstellt. Seine Hilfe bei der Um- und Ausgestaltung von Garten, Park und Bauten auf dem Landsitz Eduards, so klug sie vorbereitet ist, unterstützt allerdings lediglich dessen dilettantische Grillen. Auch Ottilie schließlich gehört dem niederen Adel an. Nach dem Tod der Eltern ist sie sowohl der Fürsorge Charlottens als auch der wirtschaftlichen Abhängigkeit von ihr überantwortet; sie ist die einzige Figur des Romans, die Tendenz zeigt, die adlige Sphäre wirklich zu verlassen: In Anbetracht der Unmöglichkeit ihres Bleibens in Charlottes Haus möchte sie sich gegen Ende dem Lehrberuf widmen, sich einer bürgerlicheren Sphäre zuwenden. Ein Ausweg, der ihr versagt bleiben wird.

Vielfach geraten adliges Bewusstsein und Verhalten unter den ironischen Blick des Erzählers. Der Grundbesitz definiert für die Hauptfiguren die Umrisse ihrer Welt – abwesend sind gesellschaftliche Aufgaben und politische Privilegien, selbstgenügsam beschränkt man sich auf den eigenen Grundbesitz und übt dort adlige Herrschaft aus. Die scharfe Abgrenzung äußert sich, vorrangig bei Eduard, im Befehls-, im Herrschaftston: Er ist diejenige Figur, die am konsequentesten an den traditionellen Ansprüchen des eigenen Standes festhält. Aus Anlass der feierlichen Grundsteinlegung zum Lusthaus präsentiert der Erzähler die feudalistische Herrschaft Eduards auf einen Blick: Alle Einwohner des Grundbesitzes, den Anordnungen der Herrschaft verpflichtet, dienen hier der Gestaltung des Festes, der Repräsentation adligen Besitzes an Boden, Geld und Menschen.

War der Erzählerton gegenüber dem dilettierenden, unbeschäftigten adligen Wesen bisher noch ironisch-sympathisierend, wird er schärfer, kritischer angesichts von Charlottes Tochter Luciane. Die ›große‹ Welt überfällt das Landhaus: aristokratisches Gebaren in leerer Vergnügungssucht und bloßem Rausch, ungeheurer Aufwand an Personal und Material, Tage und Wochen kostspieligster Feste, Besuche und Gegenbesuche, Jagden und Fischzüge, Tanz, Maskenspiel und Pantomimen, schließlich gar eine Fülle lebender Bilder mit großem Aufwand. Wie eine Naturkatastrophe findet dieser Sturm seine Opfer unter den Schwächeren: den bürgerlichen Architekten, der vor der gesamten Gesellschaft lächerlich gemacht wird, und die stille Ottilie, gleichsam das reine Gegenbild Lucianes. – Liest man *Die Wahlverwandtschaften* als Blick zurück auf die Ständegesellschaft des untergegangenen Heiligen Römischen Reiches Deutscher Nation, so erscheint Adel hier ökonomisch, politisch und sozial überflüssig, in der Gestalt Lucianes sogar als schädlich!

Die adlige Gesellschaft der *Wahlverwandtschaften* aber ist in Teilen – das ist der zweite zentrale Aspekt des Romanstoffs – gekennzeichnet durch fast bürgerliche Rationalität, die allerdings auf rätselhafte Weise einem Mythischen zu unterliegen scheint. Die *Wahlverwandtschaften* im Spannungsfeld von Aufklärung und Irrationalem – und damit auch als Rückblick auf das Aufklärungsjahrhundert und seine Rationalitätsprojekte – zu lesen, legt, neben anderem, schon der Text der Selbstanzeige des Romans nahe, die Goethe am 4. September 1809 drucken lässt: »Es scheint, dass den Verfasser seine fortgesetzten physikalischen Arbeiten zu diesem seltsamen Titel veranlassten. Er mochte bemerkt haben, dass man in der Naturlehre sich sehr oft ethischer Gleichnisse bedient, um etwas von dem Kreise menschlichen Wissens weit Entferntes näher heranzubringen, und so hat er auch wohl in einem sittlichen Falle eine chemische Gleichnisrede zu ihrem geistigen Ursprunge zurückführen mögen, umso mehr, als doch überall nur eine Natur ist und auch durch das Reich der heitern Vernunftfreiheit die Spuren trüber, leidenschaftlicher Notwendigkeit sich unaufhaltsam hindurchziehen, die nur durch eine höhere Hand und vielleicht auch nicht in diesem Leben völlig auszulöschen sind.«

Einmal abgesehen davon, dass Goethe in dieser Anzeige auf die chemische Gleichnisrede im vierten Kapitel seines Romans anspielt – wo die Romanfiguren einander den naturwissenschaftlichen Begriff der ›Wahlverwandtschaft‹ erläutern –, stellt der Anzeigentext scheinbar programmatisch ein »Reich der heitern Vernunftfreiheit«, also eine aufgeklärte Welt, den »Spuren trüber, leidenschaftlicher Notwendigkeit« gegenüber, die jenes unterminieren.

Das Bild einer vergangenen Welt – Heiterer Aufklärungsoptimismus: Im Gegensatz zu der adligen Verfasstheit der Ausgangssituation im Hause Eduards und Charlottes steht in den ersten Kapiteln des Romans die Rationalität, die praktisch alle Bereiche dieses adligen Lebens umfasst. Rational ist die Lebens- und Eheplanung Eduards und vor allem Charlottes. Auf Eduards Wunsch, den Jugendfreund ins Haus zu holen, erinnert sie ihn an den ursprünglichen Eheplan: Das Eheleben soll, in Erinnerung an die leidenschaftliche Jugendliebe, der ruhig gebahnte Weg ins Alter sein – zumindest für Charlotte. Diese ist ohnehin in der Position der rationalen und ökonomischen Verwalterin, die in jeder Situation adlige (Selbst-)Unterhaltung und bürgerliche Ökonomie zu verbinden weiß: Rational ist der kommunikative und praktische Umgang der Eheleute, erst recht nach Ankunft des Hauptmanns wird diese kommunikative Konfliktlösungs- und Diskussionskultur weiter entwickelt. Aus kultivierten Gesprächen wird eine Selbstbildungskultur: Man liest einander vor – etwa aus chemischen Schriften. Das Gespräch über die ›Wahlverwandtschaften‹, die unterschiedliche Affinität chemischer Stoffe zueinander, ist das Paradebeispiel für ein solches Belehrungsgespräch im Roman.

Rational ist der Zugriff auf Besitz und Natur, vor allem nach der Ankunft des Hauptmanns. Eduard setzt mit dem Hauptmann gemeinsam die moderne Erfassung des Grundbesitzes und seine ästhetische und nützliche Umgestaltung um. Der Hauptmann leitet Eduard zu zweckgerichtetem Handeln an: Geschäft und Leben seien zu trennen, im Leben des Adligen greift plötzlich bürgerliche Arbeitsteilung Platz, sogar ein Archiv, ein Kontor wird eingerichtet. Mit Hilfe des Hauptmanns wird Natur rational umgestaltet, ein nicht mehr dilettantisch betriebenes, sondern nützliches und wissenschaftlich fundiertes Vorgehen auch mit Rücksicht auf das Gemeinwohl: Uferbefestigung und Ummauerung des Baches, die Verlegung des Hauptweges schaffen Ordnung und Reinlichkeit. Die Umgestaltung und ›Glättung‹ der Natur betrifft sogar den Tod: Der Friedhof wird, auf Initiative Charlottes, umstrukturiert, Grabsteine ästhetisch geordnet – Aufklärung bemächtigt sich gar, versuchsweise, des Mythos. Die Finanzierung des Ganzen gibt die Grundlage adliger Existenz preis, Grundbesitz wird teilweise kapitalisiert, wird ›flüssig gemacht‹ – allerdings nur zu Repräsentationszwecken: das Kapital bleibt tot.

Auch Charlotte handelt – im ersten Teil – rational nutzbringend im Sinne des Gemeinwohls: Sie verbannt giftige Stoffe aus dem Hause, setzt die Hausapotheke instand und lernt ›Erste Hilfe‹, vor allem mit Blick auf die möglicherweise notwendige Rettung Ertrunkener – ein zentrales Motiv des Romans. Der Hauptmann empfiehlt darüber hinaus einen Feldchirurgen, der ans Schloss gezogen werden könne, um so die medizinische Versorgung zu verbessern; die Aufgaben der »Polizei« werden erweitert, erstrecken sich jetzt auch auf Vagabundierende und Bettler. Charlotte ergreift die Initiative zur Verbesserung der Ausbildung und Betreuung der Kinder und Jugendlichen des eigenen Besitzes: Die Bauernknaben der Umgegend pflegen, unter Anleitung und uniformiert, die Parkanlagen, für die Mädchen des Dorfes wird eine Textilhandwerks- und Hauswirtschafts-›Schule‹ begründet. Charlotte vor allem und der Hauptmann vertreten im Roman die Fraktion der Reformadligen, die auf eigenem Besitz verbessern wollen, was, nur wenige Jahre zuvor, die Revolution im Nachbarland ausgelöst hat.

In der Ausgangssituation der Romanhandlung findet sich also, zusammenfassend gesagt, eine Gruppierung Adliger unterschiedlichen Reichtums, deren ökonomische Zentralgestalt der ›reiche Baron‹, der landsässige und mittelbare Adlige Eduard ist. Vor allem sein Standesbewusstsein ist traditionell geprägt, Herrschaftsausübung, ständische Distinktion, feudale Repräsentation und ästhetischer Dilettantismus charakterisieren ihn. Andererseits ist auch Eduard, sind vor allem aber seine Ehefrau und der Jugendfreund und Hauptmann geprägt von einer moderneren, bürgerlichen Geisteshaltung, die sich als rationaler Zugriff auf Leben und Ehe, auf Natur und Landschaft, auf Gesellschaft und Kommunikation und nicht zuletzt auf den Mythos, den Tod erweist. Im Gegensatz zu ihrer grundsätzlichen Zugehörigkeit zum deutschen Landadel in der Folgezeit der Französischen Revolution – die Ständegesellschaft wird hier auch nirgends in Frage gestellt – weist die Figurengruppe des Romans in der Handlungsausführung der ersten Kapitel ein hohes Maß an bürgerlicher Rationalität auf: Eine Gesellschaft im Kleinen, durch die ökonomische Basis des Grundbesitzes fürs Erste dem Reiche der Notwendigkeit enthoben, die sich die liberalere Geisteshaltung einer ›heitern Vernunftfreiheit‹ zu eigen macht – deren Geltungsmacht Charlotte allerdings schon im ersten Kapitel relativiert: »Das Bewusstsein, mein Liebster, […] ist keine hinlängliche Waffe, ja manchmal eine gefährliche, für den, der sie führt« (S. 13).

In diese Welt der heitern Vernunftfreiheit bricht nun Mythisches ein – nicht als ungeheuerliche Naturmacht oder »Schicksal«, sondern zunächst nur als Unverständliches, dem aufgeklärten Bewusstsein nicht Zugängliches, als Wunderbares und als Liebe, als zeichenhafte Andeutungen einer andersartigen Sinnhaftigkeit des Seins, dann jedoch als Schuld und Tod und zuletzt als legendenhafte Verklärung.

Trägerin dieses Mythischen ist vor allen anderen Ottilie – einerseits, indem sie das Irrationale sich bei Eduard Bahn brechen lässt, andererseits weil sie die Perspektivfigur gerade dieses Mythischen wird und zum Gegenstand des Mythos selbst. Von Anfang an erscheint sie rätselhaft, ja wunderbar. Dem gewöhnlichen Lehrbetrieb, so schreibt der Pensionsgehilfe, widersetze sie sich durch ihre Langsamkeit und unbedingte Forderung nach Folgerichtigkeit des Stoffes. Die Regeln der Grammatik sind ihr nicht zugänglich, ihre Sprache ist die stille, rituelle Gebärde, die Demutsgeste – in diesem Sinne ist sie eine Schwester Mignons aus den *Lehrjahren*. Der Roman ordnet Ottilie einer Welt jenseits der aufgeklärten Feudalwelt der Anderen zu, »einem verschwundenen goldenen Zeitalter, [...] einem verlorenen Paradiese« (S. 149).

Ihre Wirkung ist wunderbar: Trotz ihrer Stille und Zurückhaltung erfährt Eduard sie sofort als »angenehmes unterhaltendes Mädchen« (S. 51), ihre Kopfschmerzen je auf der rechten oder linken Seite ergänzen diejenigen Eduards – so wie ihre Schrift immer mehr der seinigen gleicht. Sie ist ein »Augentrost«, dem wie einem Stein heilende Wirkung zukomme: »Wer sie erblickt, den kann nichts Übles anwehen; er fühlt sich mit sich selbst und mit der Welt in Übereinstimmung.« (S. 53) Harmonisch erscheint sie, mit sich selbst und der Welt identisch. Eduard glaubt auf einem Spaziergange gar in Ottilie »ein himmlisches Wesen zu sehen, das über ihm schwebte« (S. 62).

Auch der Hauptmann und Charlotte kommen durch Ottilie aus dem alten Geleise. Gerade in scheinbaren Nebensächlichkeiten weist der Erzähler auf die Veränderung hin: »Da zeigte sich denn, dass der Hauptmann vergessen hatte seine chronometrische Sekundenuhr aufzuziehen, das erste Mal seit vielen Jahren; und sie schienen, wo nicht zu empfinden, doch zu ahnen, dass die Zeit anfange ihnen gleichgültig zu werden« (S. 161). Gerade der Hauptmann, auf alles Messen, Ordnen und Erfassen stets bedacht, wird hier zur Exemplifikationsfigur für den zunehmenden Eintritt des Irrationalen in die früher maßvolle Welt.

Von diesen wunderbaren Wirkungen bis zur Liebe, die die bisherigen Beziehungen der Figuren durchkreuzt, ist kein weiter Weg: Eduard entwickelt eine immer inniger werdende Neigung zu Ottilie, der Hauptmann und Charlotte kommen einander näher – diese allerdings kontrolliert und entsagend, wo jene den Leidenschaften nachgeben. Spätestens nach dem Besuch des Grafen und der Baronesse – der ›nebenbei‹ zum doppelten symbolischen Ehebruch führt – hat auf Seiten Eduards die irrationale Leidenschaft völlig Platz gegriffen: »In Eduards Gesinnungen, wie in seinen Handlungen, ist kein Maß mehr.« (S. 163) Der halbwegs aufgeklärte Adlige verliert hier doppelt Maß: ruhige Contenance und Selbstbeherrschung ebenso wie die Möglichkeit rationalen Zugriffs auf Natur, Geld und das eigene Selbst.

Die dem Zugriff des vernünftigen Bewusstseins entzogene Macht der Liebe zersetzt innerhalb kürzester Zeit die heitere Viererrunde. Mythisches hält nunmehr auch als Schuld Einzug in die gerade noch so geordnete Welt des Schlosses. Der doppelte Ehebruch Eduards und Charlottes ist doppelte Schuld: Treuebruch gegenüber dem anderen Geliebten und Ehebruch, weil jedes sich mit dem Geliebten vereint wähnt. Dem Kinde steht diese Schuld ins Gesicht geschrieben, es trägt die Züge der beiden anderen Geliebten. Ottilie deutet in höchstem Maße ihr eigenes Handeln als Schuld: Sowohl die Zerstörung der Ehe als vor allem dann den Tod des Kindes rechnet sie sich zu: »ich bin aus meiner Bahn geschritten, ich habe meine Gesetze gebrochen, ich habe sogar das Gefühl derselben verloren […]. […] Auf eine schreckliche Weise hat Gott mir die Augen geöffnet, in welchem Verbrechen ich befangen bin.« (S. 254) Diese Schuld kann, aus ihrer Perspektive, nur durch Entsagung und märtyrerhaften Opfertod durch Selbstaushungerung getilgt werden. – Die mythische Rede vom Selbstopfer als Sühne übermäßiger Schuld setzt die transzendentale Instanz der Entgegennahme eines solchen Opfers voraus – die Semantik der mythischen Schuld impliziert also den gänzlich irrational gewordenen Weltdeutungszusammenhang der Figuren.

Mit der Schuld tritt auch der Tod ins ›Reich heiterer Vernunftfreiheit‹: Der Tod, anfangs vom Kirchhof, aus dem Bewusstsein und dem Haushalt ausgetrieben, wird im Verlaufe der Handlung sichtbares Zeichen mythischer Macht. Der Tod des alten Geistlichen während der Taufe des Neugeborenen wird durch den schwatzenden und pseudoaufgeklärten Hobby-Schiedsmann Mittler verursacht. Die Tode des Kindes, Ottilies und Eduards tun ein Übriges – allerdings zieht sich schon von Beginn an eine zunächst fast unsichtbare Spur des Todes durch den ganzen Roman: Charlottes Veränderungen am Kirchhof, das Koffer-Geschenk Eduards an Ottilie (mit ihrem Leichenkleid), die Renovierung von Kirche und Kapelle im Kontext der Architekturtradition des Grabmals und vieles andere mehr.

Mit dem Tode eng verbunden sind Orte, die der Sphäre des Dunklen, Schicksalhaften und Mythischen angehören: Die alte Mühle am Talgrund in tiefer Schlucht, die drei Teiche, die durch die landschaftsgestalterischen Arbeiten wiederum zu dem werden, was sie ehedem waren, ein tiefer Bergsee aus Urzeiten. Gerade hier geschieht dann auch doppelt Unglück: An Ottilies Geburtstag versinkt ein Knabe, der knapp noch ins Leben zurückgeholt werden kann, später ertrinkt hier das Kind Charlottes, ohne noch gerettet werden zu können.

Dem Tod als sichtbarem Zeichen mythischer Macht folgt im Falle Ottilies die legendenhafte, mythische Verklärung. Diese setzt allerdings schon zu ihren Lebzeiten ein: Bei der Ausmalung des Kapellengewölbes geraten die Engelsbilder dem Architekten immer ähnlicher dem Gesichte Ottilies, das ›tableau vivant‹, das der Architekt nur für Ottilie und Charlotte inszeniert, zeigt jene in der Rolle der weihnachtlichen Maria: »Ottiliens Gestalt, Gebärde, Miene, Blick übertraf aber alles, was je ein Maler dargestellt hat. […] Und wer beschreibt auch die Miene der neugeschaffenen Himmelskönigin?« (S. 188) Kurz vor ihrem Tode heißt sie nur noch: »das bleiche himmlische Kind« (S. 278).

Nach ihrem Tod verstärkt sich ihre Verklärung: Das Wunder der angesichts des Trauerzuges verunglückten und durch bloße

Berührung des Leichnams ins Leben zurückgerufenen Dienerin Nanny ist der Auftakt; unterm Volk erzeugt dieses Wunder die Sage von der Heiligkeit der Toten, Kranke und Bresthafte kommen zahlreich und verspüren tatsächlich Linderung. Auch der Schlusssatz des Erzählers unterliegt der legendenhaften Verklärung: »So ruhen die Liebenden nebeneinander. Friede schwebt über ihrer Stätte, heitere verwandte Engelsbilder schauen vom Gewölbe auf sie herab, und welch ein freundlicher Augenblick wird es sein, wenn sie dereinst wieder zusammen erwachen.« (S. 285)

Zusammenfassend also lässt sich sagen, dass in den *Wahlverwandtschaften* in eine Welt der Rationalität der Lebensplanung, Welterfassung und -gestaltung, des sicheren Selbstbewusstseins heiterer Vernunftfreiheit, das Mythische eindringt als Wunderbares, als Liebe, als Schuld und als Tod und zuletzt als Verklärung. Der Roman scheint hier fast zur Legende zu tendieren.

Die mythische, naturgesetzlich scheinende Macht, die im Roman ihre tödlichen Spuren hinterlässt, ist schon Thema der ›chemischen Gleichnisrede‹, der naturwissenschaftlichen Diskussion Charlottes, Eduards und des Hauptmanns im vierten Kapitel des ersten Buches. Hier scheint der Roman, im Bild chemischer Verbindungen, die getrennt und durch die Naturkraft ›Wahlverwandtschaft‹ neu zusammengefügt werden, sich selbst auszulegen. Die drei Figuren stoßen bei der Lektüre auf den Begriff der ›Wahlverwandtschaft‹, der von dem Schweden Torbern Bergman 1775 in seinem chemischen Werk *De attractionibus electivis* als metaphorischer Begriff für die Affinität zweier chemischer Stoffe eingeführt worden war. Die drei Diskutanten erörtern den naturwissenschaftlichen Begriff der Wahlverwandtschaft und übertragen ihn gleichzeitig mit einem doppelten Beispiel auf die eigene Situation: Die Reaktion von Kalkerde mit Schwefelsäure, die Gips und gasförmiges

Kohlendioxid erzeugt, wird sogleich moralisch interpretiert und übertragen. Charlotte und Eduard werden identifizierbar mit dem Kalziumcarbonat, durch die Schwefelsäure ›Hauptmann‹ wird dieses in einen »refraktären« (S. 43), d. h. reaktionsträgen Gips verwandelt, Charlotte, die Kohlensäure, entweicht und steht bindungslos da. Mit dem Verweis auf die chemische Möglichkeit, durch Hinzugabe eines vierten Elements der Kohlensäure wieder eine Bindung zu verschaffen, wird erstmalig die beabsichtigte Hinzukunft Ottilies angesprochen. Deutlicher ist dies allerdings im zweiten Beispiel: Die vier Elemente werden mit Buchstaben bezeichnet, die sofort Charlotte, Eduard, dem Hauptmann und Ottilie zugeordnet werden. Die Wahlverwandtschafts-Reaktion, die Eduard in seinem Beispiel avisiert, läuft allerdings auf die Bindung Eduards an den Hauptmann, Charlottes an Ottilie hinaus – und reproduziert damit einerseits die zeitgleich erfahrene Situation: Eduard ist zum Hauptmann in dessen Schlossflügel gezogen; andererseits aber wird gerade diese harmlose Variante der Auslegung des chemischen Gleichnisses vom Handlungsverlauf widerlegt und bildet somit als erwartete Reaktion die Kontrastfolie zur tatsächlich eintretenden.

Die existenzielle Leichtigkeit, mit der die ›chemische Gleichnisrede‹ zunächst spielerisch auf die vier Hauptfiguren Anwendung findet – immer aus ihrer eigenen Perspektive –, kontrastiert deutlich zur tragischen Konsequenz der Handlung: Das Buchstabenspiel aus dem vierten Kapitel fortsetzend, warnt Eduard das C, den Hauptmann, vor dem D, vor Ottilie, da das B, er selbst, verwaisen würde – um allerdings sofort zu seinem A zurückzukehren, zu Charlotte, »seinem A und O« (S. 50). Das Spiel wird erweitert um das O, das einerseits Charlotte als den Anfang und das Ende von Eduards Existenz kennzeichnet, andererseits aber schon unbewusster Vorgriff auf das O auf jenem vorzeichenhaften Trinkglas ist, an dem Eduard späterhin seine Hoffnung aufrichtet.

Bedeutsamer noch vergleicht der Erzähler die sich verändernde Situation mit dem chemischen Experiment: Die noch produktiven, positiv besetzten Sympathien, die sich zwischen den neuen Paaren anspinnen, werden interpretiert analog zu einem chemischen Experiment, dessen Reaktion gewissermaßen derart zeitverzögert ist, dass der Experimentierrahmen, das Gefäß, zunächst noch nicht gesprengt wird: »Überhaupt nimmt die gewöhnliche Lebensweise einer Familie [...] auch wohl eine außerordentliche Neigung, eine werdende Leidenschaft, in sich wie ein Gefäß auf, und es kann eine ziemliche Zeit vergehen, ehe dieses neue Ingrediens eine merkliche Gärung verursacht und schäumend über den Rand schwillt.« (S. 61) Die Leidenschaft zwischen Ottilie und Eduard kennzeichnet der Erzähler schließlich als naturgesetzliche Affinität: »Nach wie vor übten sie eine unbeschreibliche, fast magische Anziehungskraft gegeneinander aus.« (S. 271)

Die ›chemische Gleichnisrede‹ dient also erstens als Modell der Auslegung der Welt durch die Romanfiguren – und scheitert als solche: Denn niemand irrt sich stärker über die Berechenbarkeit der angeblich chemischen Reaktion als Eduard, der spielerisch, in ›heitrer Vernunftfreiheit‹ ein ›Reaktionsergebnis‹ vorhersagt, ohne irgend andere Möglichkeiten in Betracht zu ziehen oder gar die tödliche Konsequenz dieser ›Gärung‹ zu erahnen. Die scheinbar aufgeklärte, naturwissenschaftlich begreifbare Vorstellung der eigenen Beziehungs- und Kommunikationsverhältnisse wird durch den Verlauf des Romans Lügen gestraft, Naturhaftes, Naturgesetzliches jenseits aller vernünftigen Kontrollierbarkeit setzt sich unaufhaltsam durch. Aufklärung erweist sich mithin als ohnmächtig gegenüber einem Verständnis der Leidenschaften.

Es ist in jedem Sinne der Erzähler, der das im Roman ausgeführte Experiment organisiert. Er ist es, der die abgeschlossene Welt der *Wahlverwandtschaften* konstruiert, sozusagen die Laborbedingungen simuliert. Er ist es, der die Figuren zusammenführt – auch und gerade in ›schicksalhaften‹, zufällig erscheinenden Begegnungen – und die dabei nach und nach frei werdenden (leidenschaftlichen) Energien beobachtet, bis zur letzten, tödlichen Konsequenz. Er ist es, der die Romanwelt gottgleich erschafft; er ist es sogar, der den Figuren ihre Namen gibt: explizit bei Eduard: »so nennen wir einen reichen Baron im besten Mannesalter« (S. 7). Von hier, vom Romanbeginn aus wird jede Namenswahl der Figuren, auch jede davon abgeleitete Buchstabensymbolik als Arrangement des Erzählers kenntlich: Schicksalhafte Bedeutsamkeit erhalten Namen und Buchstaben nur aus der eingeschränkten Perspektive der Figuren. Der Erzähler betont also einerseits seine Macht als Arrangeur, Experimentator und Beobachter.

Andererseits scheint er allerdings selbst den ›mythischen‹ Gewalten zu unterliegen, die seine Figuren töten, ihre Lebensentwürfe zerstören. Spätestens im legendenhaften Schluss, in Ottilies Verklärung und dem vermeintlich auf ein Jenseits verweisenden Schlusssatz, verlässt ihn scheinbar die schöpferhafte Distanz und Überschau; scheinbar wird der Roman hier zur Legende. Dies aber ist mitnichten ein Versehen, ein unausweichliches Unterliegen des Erzählers unter der Macht seines Stoffes. Vielmehr ist auch dieser Schluss provokative Pointe. Der gesamte Roman erzählt gleichsam neutral – auch wenn hier und da der Erzähler Sympathien oder Aversionen gegen bestimmte Figuren durchscheinen lässt: Nirgends kommentiert er wertend, gut und böse, Unschuld, Unrecht und Schuld werden nirgends den Handlungen und Gedanken der Figuren zugeordnet, nie formuliert er irgendeine Lehre. Er führt Handlungen vor, diese selber inszenierend und beobachtend – und lässt Leserin und Leser mit all den Problemen der Figuren, den Spannungen und Rätselhaftigkeiten allein. Und selbst der Romanschluss heiligt nicht im Nachhinein das Verhalten Ottilies: Vielmehr *zitiert* der Erzähler hier die Form der Legendenerzählung: Er erschafft nicht nur den Stoff, sondern hat auch Macht über die literarische Form, die dieser gewinnt – und steigert mit diesem Abschluss die Unberatenheit, in die der Roman seine Leserinnen und Leser stürzt.

Und gerade dies dürfte der innere Grund für die oft ratlosen, oft aggressiv ablehnenden (von Clemens Brentano etwa) Reaktionen auf die *Wahlverwandtschaften* gewesen sein. Nicht die kritische Darstellung der überlebten gesellschaftlichen Lebensform des Landadels, nicht die scheinbare Naturgesetzlichkeit, die, moralisierend missverstanden, die chemische Gleichnisrede dem Handeln der Figuren unterschiebt, auch nicht die Monstrosität des durch den symbolischen doppelten Ehebruch gezeichneten Kindes oder die vermeintliche Heiligung der verhinderten Ehebrecherin lösen die scharfen Abwehrreaktionen aus, sondern – die Radikalität, mit der der Roman jede moralische, positive, weltdeutende Lektüre unterläuft. Jedes aufgeklärte Konzept romanhaften Erzählens wird hier verabschiedet: Es gibt nichts mehr, über das einer sich auktorial-allwissend, belehrend und ratgebend äußern könnte. Ähnlicher Abstand herrscht zum klassizistischen Konzept: Wohl ist die Anlage des Romans bis ins Detail symmetrisch – die Kapitel- wie die Figurenkonstellation. Aber diese gleichsam harmonische Symmetrie zitieren die *Wahlverwandtschaften* nur noch als *Form*, als Möglichkeit literarischer Gestaltung – denn nirgends wird im Roman Kunst, wie noch im Rest-Optimismus der klassizistischen Projekte Goethes, als Vorausbild einer erfüllten und unentfremdeten Menschlichkeit perspektiviert.

Doch auch zum romantischen Konzept stehen die *Wahlverwandtschaften* konträr: Sie bieten keine positive, ›neue‹ Mythologie, die sich an die Stelle aufgeklärter Rationalität setzt und im Gedicht der Welt zu einer neuen, mythischen Sinnhaftigkeit verhilft. Die Provokation der *Wahlverwandtschaften* besteht in ihrer *negativen* Mythologie: Der Roman weiß um das Andere der tatsächlichen Welt, das Andere des ›Reiches heiterer Vernunftfreiheit‹, maßt sich allerdings nicht mehr an, dieses in schlüssige Sinnkonzepte oder gar Lebensorientierungen umzumünzen. Er beobachtet ein in Teilen rätselhaftes Geschehen – und mutet uns bis heute diese ungelösten Rätsel zu.

Benedikt Jeßing

Zeittafel

1749	Am 28. August wird Johann Wolfgang Goethe in Frankfurt geboren. Vater ist der kaiserliche Rat Dr. jur. Johann Caspar, die Mutter Catharina Goethe, geb. Textor.
1756–59	Unterricht im Lateinischen, Griechischen und Französischen sowie im Zeichnen.
1759–63	Goethe erhält Unterricht im Italienischen, Englischen und Hebräischen. An seinem 13. Geburtstag überreicht er seinem Vater einen ersten Band eigener Gedichte.
1765	Studienbeginn in Leipzig.
1768	Ende Juli erleidet Goethe einen Blutsturz, am 1. September kehrt er nach Frankfurt zurück.
1769	Nur langsame Erholung von schwerer Krankheit, Lektüre pansophisch-alchemistischer Schriften, die für den *Faust* wichtig werden sollen.
1770	Ende März Fortsetzung des Studiums in Straßburg. Im September besteht er sein juristisches Vorexamen. Bekanntschaft mit Johann Gottfried Herder, der ihm Homer, Shakespeare, Ossian und die Volkspoesie näherbringt.
1771	Im August promoviert Goethe zum Lizentiaten der Rechte und kehrt nach Frankfurt zurück, wo er als Advokat am Schöffengericht zugelassen wird.
1773	*Götz von Berlichingen* erscheint im Selbstverlag, das Stück wird 1774 uraufgeführt.
1774	*Die Leiden des jungen Werthers* (zweite Fassung 1786).
1775	Verlobung mit Elisabeth (Lilli) Schönemann, die im Herbst wieder gelöst wird. Übersiedlung nach Weimar auf Einladung Herzog Carl Augusts. Die Frühere Fassung des *Faust* (*Urfaust*) entsteht.

1777	Beginn der Arbeit am Roman *Wilhelm Meisters theatralische Sendung*.
1778	Anfänge der Arbeit am Schauspiel *Egmont*.
1779	Goethe wird Geheimer Rat am Weimarer Hof. Im April Uraufführung von *Iphigenie auf Tauris*.
1782	Erhebung in den Adelsstand durch Kaiser Joseph II.
1786	Am 3. September ohne Verabschiedung Aufbruch nach Italien.
1788	Rückkehr nach Weimar; Beginn der Lebensgemeinschaft mit Christiane Vulpius, die er später heiratet.
1789	Geburt des Sohnes Julius August Walther von Goethe.
1790	*Torquato Tasso* und *Faust. Ein Fragment*. Im März Beginn der zweiten, enttäuschenden Italienreise.
1794	Nähere Verbindung mit Friedrich Schiller, der starken Anteil nimmt an der Umarbeitung des *Wilhelm Meister* und der Wiederaufnahme der Arbeit am *Faust*.
1795	Zusammenarbeit mit Schiller an den Xenien, die 1796 in Schillers Musen-Almanach erscheinen.
1801	Erkrankung an Gesichtsrose, Kur in Pyrmont.
1805	Am 9. Mai stirbt Schiller, Goethe setzt ihm mit seinem »Epilog zu Schillers Glocke« ein Denkmal.
1806	Juni bis August in Karlsbad, das Goethe in den nächsten Jahren regelmäßig zur Kur aufsuchen wird.
1808	*Faust. Eine Tragödie*.
1809	*Die Wahlverwandtschaften*.
1811	Der erste Band *Aus meinem Leben. Dichtung und Wahrheit* wird herausgegeben (6 Bände bis 1816).
1815	Arbeit an der *Italienischen Reise*.
1816	Am 6. Juni stirbt Christiane. Im Dezember entwirft Goethe das Schema für *Faust. Zweiter Teil*.
1821	*Wilhelm Meisters Wanderjahre*.
1825	Wiederaufnahme der Arbeit am *Faust* (bis 1831).

1829	Erste *Faust*-Aufführung am Weimarer Theater.
1830	Ende November schwere Erkrankung.
1831	Im August schließt Goethe die Arbeit an *Faust II* ab.
1832	Am 22. März stirbt Goethe in Weimar.

Inhalt

RECLAM TASCHENBUCH Nr. 20739
2024 Philipp Reclam jun. Verlag GmbH,
Siemensstraße 32, 71254 Ditzingen
Umschlaggestaltung: Philipp Reclam jun. Verlag GmbH
Umschlagabbildung: Lukian Wasiljewitsch Popow,
Bräutigam (1904) – © akg-images
Umschlagmaterial: PEYVIDA puro 270 g/m², peyer graphic gmbh
Druck und Bindung: GGP Media GmbH,
Karl-Marx-Straße 24, 07381 Pößneck
Printed in Germany 2024
RECLAM ist eine eingetragene Marke
der Philipp Reclam jun. GmbH & Co. KG, Stuttgart
ISBN 978-3-15-020739-0

Auch als E-Book erhältlich

www.reclam.de

FSC www.fsc.org MIX Papier | Fördert gute Waldnutzung FSC® C014496